《利用海南自由贸易港政策发展四大主导产业指南》系列丛书

利用海南自由贸易港政策
发展旅游业指南

海南省旅游和文化广电体育厅　编

U0716863

海南出版社
·海口·

图书在版编目（ＣＩＰ）数据

利用海南自由贸易港政策发展旅游业指南 ／ 海南省旅游和文化广电体育厅编. — 海口：海南出版社，2023.11
（《利用海南自由贸易港政策发展四大主导产业指南》系列丛书）
ISBN 978-7-5730-1398-9

Ⅰ. ①利… Ⅱ. ①海… Ⅲ. ①自由贸易区－旅游业发展－贸易政策－海南－指南 Ⅳ. ①F592.766-62

中国国家版本馆CIP数据核字(2023)第220219号

利用海南自由贸易港政策发展旅游业指南
LIYONG HAINAN ZIYOU MAOYIGANG ZHENGCE FAZHAN LÜYOUYE ZHINAN

海南省旅游和文化广电体育厅　编
责任编辑：林　静　李　明
执行编辑：林　妍
封面设计：黎花莉
印刷装订：海南永发印刷股份有限公司
海南出版社　出版发行
地　　址：海南省海口市金盘开发区建设三横路2号
邮　　编：570216
电　　话：0898-68567076
网　　址：http://www.hncbs.cn
开　　本：787 mm×1 092 mm　1/16
印　　张：20
字　　数：346千字
版　　次：2023年11月第1版
印　　次：2023年11月第1次印刷
书　　号：ISBN 978-7-5730-1398-9
定　　价：83.00元

如发现印装质量问题,影响阅读,请与海南出版社联系调换。

编 委 会

主　　任：陈铁军
副 主 任：王忠云

主　　编：李辉卫
副 主 编：王晓华
参编人员：周兴华　张国凤　范士陈
　　　　　孟　凯　吴　珏　谢祥项

前　言

为了使海南自由贸易港政策真正服务于旅游市场主体，让旅游市场主体"看得懂、算得清、用得好"，根据国家以及海南关于自由贸易港建设的政策要求，在梳理海南自由贸易港与海南旅游业密切相关的政策的基础上，通过与多部门座谈交流、实地走访调研等方式，以旅游产业招商引资为目标导向，立足于海南旅游现在与未来发展新情况新趋势，在海南省委全面深化改革委员会办公室、海南省委自由贸易港工作委员会办公室的精心组织以及相关部门的积极配合下，我厅编制完成《利用海南自由贸易港政策发展旅游业指南》（简称《指南》）。

《指南》结构逻辑清晰、内容丰富、导向鲜明、亮点突出、形式美观，总体可读性与可操作性强。《指南》遵循"突出招商、体现特色"的基本原则与思路，从市场主体招商引资视角出发，结合海南自由贸易港核心政策全面梳理并深入解析海南旅游产业项目业态相关政策要点以及市场主体投资的综合利好与操作指南，同时立足实际与未来对相关旅游业态进行政策展望。该《指南》具体分为两篇十二章，两篇分别为"传统旅游业态"与"新兴旅游业态"，第一篇有6章，分别介绍了旅游住宿、旅游景区景点、旅游航空运输、旅游交通、旅游购物、文化旅游等6个传统旅游业态，第二篇有6章，介绍了邮轮旅游、游艇旅游、房车露营旅游、医疗旅游、会展旅游、体育旅游等6个新兴旅游业态。而每一章的编制内容体系都包括产业界定和现状分析、自由贸易港相关政策解读、基于业务场景的政策综合利好分析、操作指南、政策展望等五大部分，每一章相关的政策基本都附有二维码，扫码即可浏览相关政策内容，极其方便直观。

《指南》出版后，我厅将根据海南自由贸易港政策变化、《指南》实施过程、旅游业发展及市场主体反馈情况等，适时对《指南》进行修订。

海南省旅游和文化广电体育厅

2023 年 4 月 10 日

目　录

第一篇　传统旅游业态

第一篇
传统旅游业态

第一章　旅游住宿

一、产业界定和现状分析

（一）产业界定

根据2018年国家旅游及相关产业统计分类，旅游住宿分为一般旅游住宿服务和休养旅游住宿服务两大类，前者包含旅游饭店、一般旅馆和其他旅游住宿服务（仅包括家庭旅馆或农家旅舍、车船住宿、露营地、房车场地、旅居全挂车营地等住宿服务），后者仅包括各类休养所为游客提供的住宿服务。结合海南发展实际，在此主要界定旅游饭店和旅游民宿两大类产业形态。

旅游饭店是以接待设施为依托，通过向旅游者或者所在社区提供住宿、餐饮、娱乐等综合服务来实现经济效益和社会效益双赢的企业，也被称为酒店、宾馆、旅馆、旅社等，通常将国家旅游局授权挂牌的星级饭店统称为旅游饭店，其余的住宿业态统称为"社会旅馆"。按照星级分类，根据《中华人民共和国星级酒店评定标准》可以将酒店划分为一星级到五星级5个标准，最低为一星级，最高为白金五星级，星级越高，表示旅游饭店的档次越高。

旅游民宿是近些年发展迅猛的产品形态，在城乡均有布局，不同于一般的传统酒店，根据《旅游民宿基本要求与评价》（LB/T 065—2019）中的界定，旅游民宿是利用当地闲置资源，民宿主人参与接待，为游客提供体验当地自然、文化与生产生活方式的小型住宿设施。根据国家标准《旅游民宿基本要求与等级划分》（GB/T 41648—2022），旅游民宿等级已经由2017年出台的金宿、银宿划分方法以及2019年出台的三星级、四星级、五星级划分方法改为现在的"甲乙丙"三级制。海南省级地方标准《乡村民宿服务质量等级划分与评定》（DB46/T 460—2018）对乡村民宿的界定为：经营者利用农村房屋和院落，结合地域性自然景观、生态环境、人文风情及农林牧渔生产活动，以慢节奏生活、家庭服务、乡野体验、亲近自然为特色，为游客提供乡野生活、休闲度假的居住空间。此外，海南省出台了金宿、银宿、铜宿的三级评定标准，促进了海南旅游民宿的高质量发展。

（二）现状分析

1. 规模结构概况

据海南省酒店与餐饮行业协会的最新统计数据，截至2021年底，海南省有各类住宿企业6800余家，床位数491660个。其中，正式评定的星级旅游酒店126家（其中五星级22家、四星级41家、三星级57家、二星级4家、一星级2家），未被评定星级的准星级以上酒店约560家，公寓酒店约260余家，其余企业类型包括民宿、客栈、青年旅社、招待所等。

近年来，海南乡村民宿的发展较为迅速，截至2022年12月，依据各市县旅游和文化广电体育局（简称旅文局）的报送情况进行汇总，全省共有乡村民宿414家，已经参与评级的共165家，其中金宿14家、银宿61家、铜宿90家，主要分布在三亚、琼海、陵水等地，基本形成了三亚博后村、琼海博鳌、陵水赤岭等民宿集聚群。

2. 住宿产业发展

2022年，海南省酒店与餐饮行业协会联合迈点研究院发布的《2021—2022年海南省酒店与餐饮行业发展报告》数据显示，作为旅游业的核心产业的旅游住宿业收入为183.8亿元，同比增长14.5%；从消费规模来看，2021年1—11月海南省的住宿消费额在全国排名第20位，住宿消费中省外消费者贡献了51.5%，省外消费者贡献比高于全国平均水平19.2个百分点。

二、自由贸易港相关政策解读

（一）政策索引

1. 进口免税类

ZS*01《财政部 海关总署 税务总局关于海南自由贸易港自用生产设备"零关税"政策的通知》（财关税〔2021〕7号）

---

*本书第一至十二章均存在以拼音或英文首字母作为政策文件代号的情况，依次为ZS（住宿）、JQ（景区）、HK（航空）、JT（交通）、GW（购物）、WH（文化）、YL（邮轮）、YT（游艇）、FC（房车）、MT（医疗旅游）、HZ（会展）、TY（体育）。

ZS02《财政部 海关总署关于明确海南自由贸易港"零关税"自用生产设备相关产品范围的通知》（财关税〔2021〕8号）

ZS03《财政部 海关总署 税务总局关于调整海南自由贸易港自用生产设备"零关税"政策的通知》（财关税〔2022〕4号）

ZS04《财政部 海关总署 税务总局关于海南自由贸易港原辅料"零关税"政策的通知》（财关税〔2020〕42号）

ZS05《财政部 海关总署 税务总局关于调整海南自由贸易港原辅料"零关税"政策的通知》（财关税〔2021〕49号）

2. 企业税收类

ZS06《关于海南自由贸易港企业所得税优惠政策的通知》（财税〔2020〕31号）

ZS07《财政部 税务总局关于印发〈海南自由贸易港旅游业、现代服务业、高新技术产业企业所得税优惠目录〉的通知》（财税〔2021〕14号）

ZS08《海南自由贸易港鼓励类产业目录（2020年本）》

ZS09《国家税务总局海南省税务局关于海南自由贸易港企业所得税优惠政策有关问题的公告》（国家税务总局海南省税务局公告2020年第4号）

ZS10《国家税务总局海南省税务局 海南省财政厅 海南省市场监督管理局关于海南自由贸易港鼓励类产业企业实质性运营有关问题的公告》（2021年第1号）（扫描二维码点击底部"相关文件"链接）

ZS11《国家税务总局海南省税务局 海南省财政厅 海南省市场监督管理局关于海南自由贸易港鼓励类产业企业实质性运营有关问题的补充公告》（国家税务总局海南省税务局 海南省财政厅 海南省市场监督管理局公告2022年第5号）

3. 个人税收类

ZS12《关于海南自由贸易港高端紧缺人才个人所得税政策的通知》（财税〔2020〕32号）

ZS13《海南省财政厅 国家税务总局海南省税务局 海南省市场监督管理局中共海南省委人才发展局关于落实海南自由贸易港高端紧缺人才个人所得税优惠政策有关问题的通知》（琼财税〔2020〕1019号）

ZS14《海南省人民政府关于印发海南自由贸易港享受个人所得税优惠政策高端紧缺人才清单管理暂行办法的通知》（琼府〔2022〕31号）

ZS15《海南省财政厅 国家税务总局海南省税务局 海南省人力资源和社会保障厅 海南省市场监督管理局 中共海南省委人才发展局关于进一步明确落实海南自由贸易港高端紧缺人才个人所得税优惠政策有关事项的通知》（琼财支财〔2022〕1211号）

4. 民宿发展类

ZS16《海南省人民政府关于促进乡村民宿发展的指导意见》（琼府〔2018〕8号）

ZS17《海南省集体经营性建设用地入市试点办法》

ZS18《海南省自然资源和规划厅 海南省发展和改革委员会 海南省农业农村厅 海南省林业局关于保障和规范农村一二三产业融合发展用地的实施意见》（琼自然资规〔2021〕11号）

ZS19《中共海南省委办公厅 海南省人民政府办公厅印发〈关于大力发展农村市场主体壮大农村集体经济的十八条措施〉的通知》（琼办发〔2020〕54号）

ZS20《海南省乡村民宿管理办法（2021年修订）》（海南省住房和城乡建设厅 2021年3月14日）

ZS21《海南省人民政府关于支持产业项目发展规划和用地保障的意见》（琼府〔2021〕44号）

ZS22《三亚市乡村民宿促进和管理条例》〔三亚市人民代表大会常务委员会公告（2021）第5号〕

ZS23《三亚市人民政府关于印发三亚市农村闲置宅基地盘活利用管理办法（试行）的通知》（三府规〔2022〕23号）

ZS24《文化和旅游部 公安部 自然资源部 生态环境部 国家卫生健康委 应急管理部 市场监管总局 银保监会 国家文物局 国家乡村振兴局关于促进乡村民宿高质量发展的指导意见》（文旅市场发〔2022〕77号）

5. 住宿奖补类

ZS25《关于印发海南省旅游业高质量发展奖补资金使用实施细则的通知》（琼旅文函〔2022〕78号）

（二）要点解读

1. 进口免税类

（1）全岛封关运作前，在海南自由贸易港登记注册并具有独立法人资格的海南省酒店、民宿等旅游住宿业企业进口自用的生产设备可以享受进口"零关税"政策。

2. 企业税收类

（2）2025年前，注册在海南自由贸易港并实质性运营的旅游住宿业企业，符合鼓励类产业目录范围等条件的，可按规定享受15%的企业所得税优惠。对总机构设在海南自由贸易港的符合条件的旅游住宿业企业，仅就其设在海南自由贸易港的总机构和分支机构的所得，按规定适用15%税率；对总机构设在海南自由贸易港以外的旅游住宿业企业，仅就其设在海南自由贸易港内的符合条件的分支机构的所得，按规定适用15%税率。

（3）2025年前，对在海南自由贸易港设立的旅游住宿业企业新增境外直接投资取得的所得，符合条件的，可按规定免征企业所得税。新增境外直接投资所得应当符合以下条件：

①从境外新设分支机构取得的营业利润；或从持股比例超过20%（含）的境外子公司分回的，与新增境外直接投资相对应的股息所得。

②被投资国（地区）的企业所得税法定税率不低于5%。

2035年前，对注册在海南自由贸易港并实质性运营的旅游景区景点企业（负面清单行业除外），减按15%的税率征收企业所得税。

（4）注册在自贸港、在自贸港之外未设立分支机构的居民企业，其在自贸港应同时具备生产经营、人员、账务、资产等四要素，才属于在自贸港实质性运营。注册在自贸港、在自贸港之外设立分支机构的居民企业为跨地区经营汇总纳税企业，其对各分支机构的生产经营、人员、账务、资产等四要素都要能够实施实质性全面管理和控制，否则不属于实质性运营。注册在自贸港之外的居民企业在自贸港设立的分支机构，或者非居民企业在自贸港设立的机构、场所，具备生产经营职能，指在自贸港有固定的生产经营机构、场所，具备与生产经营相匹配的软硬件支撑条件并开展相关业务。

①生产经营在自贸港，指企业在自贸港拥有固定生产经营场所和必要的生产经营设备设施等，且主要生产经营地点在自贸港，或对生产经营实施实质性全面管理和控制的机构在自贸港；以本企业名义对外订立相关合同。

②人员在自贸港，指企业有满足生产经营需要的从业人员在自贸港实际工作，从业人员的工资薪金通过本企业在自贸港开立的银行账户发放；根据企业规模、从业人员的情况，一个纳税年度内至少需有3名（含）至30名（含）从业人员在自贸港均居住累计满183天。

③账务在自贸港，指企业会计凭证、会计账簿和财务报表等会计档案资料存放在自贸港，基本存款账户和进行主营业务结算的银行账户开立在自贸港。

3. 个人税收类

（5）2025年前，在海南自由贸易港工作的旅游住宿业企业高端人才和紧缺人才，其个人所得税实际税负超过15%的部分可以享受免征优惠政策。享受优惠政策的所得必须来源于海南自由贸易港的所得，其指的是旅游住宿企业高端紧缺人才从海南自由贸易港取得的综合所得（包括工资薪金、劳务报酬、稿酬、特许权使用费四项所得）、经营所得以及经海南省认定的人才补贴性所得，相应税款在海南自由贸易港缴纳。

（6）旅游住宿业企业高端人才和紧缺人才享受"15%"税收优惠政策应满足两大条件：

①一个纳税年度内在海南自由贸易港累计居住满183天（2023年1月1日起执行，2024年汇算清缴2023年度个人所得税起适用），"连续缴纳社保6个月以上"条件执行至2023年汇算清缴2022年度个人所得税结束。

②属于海南省各级人才管理部门所认定的人才或一个纳税年度内在海南自由贸易港收入达到30万元人民币以上（海南省根据经济社会发展状况实施动态调整）。

（7）2035年前，一个纳税年度内在海南自由贸易港累计居住满183天的旅游住宿业企业人员，其取得来源于海南自由贸易港内的综合所得和经营所得，按照3%、10%和15%三档超额累进税率征收个人所得税。

（8）高端紧缺人才按照以下方法计算海南个人所得税政策减免税额。

①居民个人综合所得减免税额计算：减免税额=（综合所得应纳税额-综合所得应纳税所得额×15%）×海南综合所得收入额÷综合所得收入额（公式一）。

②居民个人经营所得减免税额计算：减免税额=（经营所得应纳税额-经营所得应纳税所得额×15%）×海南经营所得应纳税所得额÷经营所得应纳税所得额（公式二）。

③非居民个人相关所得减免税额计算：非居民个人工资、薪金所得减免税额=（工资、薪金所得应纳税额-工资、薪金所得应纳税所得额×15%）×海南工资、薪金所得收入额÷工资、薪金所得收入额（公式三）；非居民个人劳务报酬、稿酬、特许权使用费所得减免税额=海南应纳税额-海南应纳税额×15%（公式四）；非居民个人经营所得减免税额=（经营所得应纳税额-经营所得应纳税所得额×15%）×海南经营所得应纳税所得额÷经营所得应纳税所得额（公式五）。

4. 民宿发展类

（9）政策支持在海南城市近郊、景区周边、文化遗存地、滨海避暑点等地，以及特色小镇、历史文化名镇名村、特色旅游景观名村、传统村落、美丽乡村示范村等区域优先发展乡村民宿。

（10）政策重点支持发展为休闲度假康养服务的乡村休闲度假型民宿、为城市居民节假日旅游度假体验服务的农家乐型民宿、为来海南过冬人群服务的候鸟型民宿、为学生课外实习服务的基地型民宿等四类民宿。

（11）政策鼓励将海南黎苗文化、海洋文化、红色文化、华侨文化等各类本土文化融入乡村民宿开发和建设。乡村民宿应在建筑设计、空间布局、装修装饰、景观营造、服务内容和方式等方面，体现地方、历史、民族或乡土特色的文化内涵。

（12）鼓励具有专业化经营能力的经济组织采用自营、租赁、联营、入股等方式参与乡村民宿建设、经营和管理。鼓励通过注册乡村旅游投资开发公司、组建农家乐合作社、村民入股等方式整村连片发展乡村民宿。

（13）政策鼓励探索农户自主经营型、"公司+农户"型、"合作社+农户"型乡村民宿发展模式。

（14）鼓励乡村民宿经营者加入各级政府指导的乡村民宿行业协会。

（15）乡村民宿的建筑规模原则上应当符合单栋民宿客房数量在14间以内，主体建筑应符合所在地规划控高和风貌管控要求，不超过3层，且单栋建筑面积不得超过800平方米。

（16）农村集体经营性建设用地可以按照规划入市用于乡村民宿项目，民宿企业获得农村集体经营性建设用地使用权的出租年限最长不得超过20年。

（17）企业可以通过宅基地经营权流转而开发乡村民宿，开发乡村民宿的企业享有宅基地经营权，有权在合同约定的期限内占有宅基地，依法开展生产经营并取得收益。

（18）政策鼓励企业利用经营权流转成功的宅基地发展符合乡村特点的休闲农业、乡村旅游、餐饮民宿、文化体验等新产业新业态。

（19）企业发展乡村民宿签订的宅基地经营权流转合同一般包括以下内容：双方当事人的姓名或者名称、住所、联系方式等，宅基地的坐落、面积等，流转期限和起止日期，流转方式，流转价款及其支付方式，宅基地的用途，双方当事人的权利和义务，合同到期后地上附着物的处理，宅基地被依法征收、征用、占用时有关补偿费的归属，违约责任。

（20）美丽乡村、全域旅游等占用农用地的乡村民宿项目可以保留集体用地性质采取"只转不征"方式落实项目用地。

5. 住宿奖补类

（21）在海南省内办理注册登记、财务管理规范、财务管理制度健全、诚信守法经营、未纳入严重失信主体名单并依法在海南省内申报纳税、无欠缴税款或其他违反税收规定行为的酒店、民宿等旅游住宿业企业可以申请海南省旅游业高质量发展奖补资金。

（22）海南省新评定的五星级酒店和四星级酒店分别可以申请获得奖励50万元、30万元，新评定的"金宿级""银宿级"民宿分别可以申请获得奖励20万元、10万元。

（23）对2022年度固定资产投资2000万元及以上的旅游业项目，按照其年度固定资产投资额的5%给予最高2000万元奖励。

三、基于业务场景的政策综合利好分析

（一）酒店进口自用生产设备"零关税"优惠

根据ZS01—ZS05等涉及进口"零关税"的优惠政策条目，综合测算海南自由贸易港对岛内进口酒店设备用于旅游业的经济性利好。

高端酒店的装修材料、电梯、中央空调、家具、餐具等设备许多来自进口，且高端酒店装修和设备投资一般超过总投资额的50%，而酒店设备通常每5年需更新一次，其进口需求大。以海南某酒店为例，该酒店现需进口木质家具约20套，每套5万元，现相关木质家具的进口增值税为16%（不同种类家具所需缴纳的税款种类和数值不一），最终需缴纳税额16万元，而得益于ZS01、ZS02等相关政策，该酒店可以节省16万元。

进口自用生产经营设备"零关税"政策有利于降低旅游住宿业的经营成本，对海南引进世界顶级奢华连锁酒店具有很大吸引力，同时有利于海南酒店业服务质量升级，形成成本优势，推动海南旅游住宿业发展。

（二）旅游酒店所得税优惠

根据ZS06—ZS11等涉及旅游住宿业企业所得税的优惠政策条目，综合测算

海南自由贸易港对旅游酒店缴纳企业所得税的经济性利好。

以海南与内地旅游酒店缴纳5年企业所得税为例，假设海南某星级酒店甲第一年营业收入为800万元，营业成本400万元，利润为400万元。受益于利好政策及企业环境，该旅游酒店利润率以10%的速度增长。如表1-1测算所示，以5年为发展基数，落户海南的旅游住宿企业较之于内地可以节省缴纳244.204万元的企业所得税。

表1-1　海南酒店与内地酒店缴纳企业所得税历时比较

时间 要素	第一年	第二年	第三年	第四年	第五年
营业收入（万元）	800	880	968	1064.8	1171.28
营业成本（万元）	400	440	484	532.4	585.64
内地公司所得税（万元）	100	110	121	133.1	146.41
海南公司所得税（万元）	60	66	72.6	79.86	87.846
内地累计所得税（万元）	100	210	331	464.1	610.51
海南累计所得税（万元）	60	126	198.6	278.46	366.306
酒店甲税收节省金额（万元）	40	84	132.4	185.64	244.204

（三）旅游住宿企业个人所得税优惠

根据ZS12—ZS15等涉及个人所得税的优惠政策条目，综合测算海南自由贸易港对高端紧缺旅游住宿人才个人所得税的经济性利好。

若旅游住宿企业高端紧缺人才年度工资薪金的税前收入为120万元，那么按照现行的个人所得税计算（如果不考虑社会保险、公积金、专项附加扣除等因素），应该纳入缴税的金额为120万元-6万元=114万元（减除个人所得税起征点，每月5000元），114万元所对应的税率为45%以及速算扣除数为181920元，因此该人才应该缴纳的个人所得税金额为1140000×45%-181920=331080元，则税负为331080÷1140000=29.04%。如果按照2025年之前海南自贸港高端紧缺人才个人所得税实际税负超过15%免征的优惠政策计算，那么该旅游住宿业人才享受自贸港个人所得税减免税额为1140000×（29.04%-15%）=160056元，这意味着该人才可以免征约16万元的个人所得税金额。该项个人所得税优惠政策对于吸引旅游住宿业人才无疑能发挥积极作用。

（四）乡村民宿用地流转利好

根据 ZS16—ZS24 等涉及农村宅基地流转、集体经营性建设土地入市以及鼓励打造乡村民宿、共享农庄的政策条目，综合分析海南乡村用地类政策对发展乡村民宿企业的经济性利好。

以海南省文昌市大庙村"三块地"制度改革为例，2018 年，文昌市把大庙村纳入"三块地"改革试点范畴，形成"土地整治+宅基地制度改革、集体经营性建设用地入市"联动发展模式。2018 年大庙村选定 8.79 亩建设用地，通过就地入市的方式直接进入市场出让。这块用地将建设乡村院落式民宿体验区和酒店式共享精品民宿区，并计划跟村内现有的农家乐和民宿改造建设联系起来，打造共享农庄。土地入市后，除去增值收益调节金，大庙村可获得 300 万元左右的入市收益。此外，通过租赁闲置农房打造农家乐、民宿项目，解决村里闲置劳动力就业问题，真正让村民既住在生态宜居的美丽家园，又能收获优美环境给予的发展红利。2019 年该村的民宿 A 开业，很快就斩获 4 个国际大奖，一时间声名鹊起，全包住价格在旅游旺季达到了一晚 8000 元。

2021 年 6 月，海口海控瑶城美丽乡村建设有限责任公司以 975.8685 万元竞得海口挂牌出让的首宗集体经营性建设用地约 5.96 亩。本宗土地主要用作旅馆用地，土地出让年限 40 年，容积率≤1.2，设定的投资强度指标不低于 500 万元/亩，用于建设酒店综合体项目。摘牌公司未来将利用瑶城村及周边的资源积极探索打造集休闲、旅游、观光于一体的农旅结合项目，在响应共建美丽乡村号召的同时带动村民增收就业。

支持农村宅基地流转、集体经营性建设土地入市以及鼓励打造乡村民宿、共享农庄等政策，不仅扩大了农村集体经济、盘活了农村资源要素，更有助于村民的生计可持续。

（五）旅游住宿企业奖补

根据 ZS25 等涉及旅游住宿企业奖补的优惠政策条目，综合分析海南自由贸易港旅游住宿奖补类政策对海南乡村民宿企业的经济性利好。

以海南省新评民宿为例，2020 年 12 月 31 日，三亚宿约 107 民宿、三亚莫言莫语民宿、三亚曾汐海岛民宿等 9 家民宿企业获得旅游奖补资金共计 100 万元。根据旅游住宿相关奖补政策，新评为"金宿级""银宿级"民宿分别可以获得奖励 20 万元、10 万元。得益于此项利好奖补政策，最终 1 家"金宿级"民宿企业获得奖补资金 20 万元，8 家"银宿级"民宿企业获得奖补资金 10 万元。该项奖补政策施行能够极大地调动海南乡村民宿提质升级的积极性，有利于海南乡村民宿产业高质量发展。

四、操作指南

（一）申报"零关税"酒店设备进口主体资格

办理事项	责任部门	流程	提交材料	申报入口
申报"零关税"酒店设备进口主体资格	海南省市场监督管理局、海南省发展和改革委员会、海南省工业和信息化厅、海南省自然资源和规划厅、海南省财政厅、国家税务总局海南省税务局（简称海南省税务局）、中华人民共和国海口海关（简称海口海关）	1.企业申报。企业通过中国（海南）国际贸易单一窗口网站的相关功能模块（点击"海南特色应用—零关税区—自用生产设备"菜单）进行申报，填写相关信息。2.部门主审。海南省市场监督管理局审核企业独立法人资格和注册地，并判定"其他"类企业填写的进口自用生产设备使用的行业是否属于其经营范围，而海南省发展和改革委员会、海南省工业和信息化厅、海南省自然资源和规划厅按职责审核负面清单行业企业主体资格。3.部门会审。海南省财政厅、海南省税务局、海口海关1个工作日内完成并联会审。4.审核结果同步。海南省工业和信息化厅将审核通过的企业名单通过"单一窗口"推送至海口海关、海南省税务局，审核结果由"单一窗口"反馈申请人。各单位可通过"单一窗口"查询审核结果。	无	网址：https://www.singlewindow.hn.cn

（二）旅游住宿业高层次人才认定

办理事项	责任部门	流程	提交材料	申报入口
高层次人才认定	海南省人力资源开发局（省人才服务中心），具有认定权限的市县、园区和用人单位	1.个人申报。旅游住宿业有关人才个人向所在用人单位提出认定申请，提供有关证明材料，对照《海南自由贸易港高层次人才分类标准（2020）》，选择认定类别，填写海南自由贸易港高层次人才认定申请表或海南省柔性引进高层次人才认定申报表。 2.审核和认定（备案）。申报人所在用人单位对申报人各项条件进行审核。具有认定权限的用人单位，对符合条件的A、B、C、D类人才作出认定意见后，将认定意见与申请材料报省人才服务中心认定备案；对符合条件的E类人才直接进行认定，将认定名单报省人才服务中心备案。不具有认定权限的用人单位，对符合条件的A、B、C、D、E类人才作出推荐意见，将申请材料报市县或者重点园区人才服务部门。各相关市县或者重点园区人才服务部门对符合条件的A、B、C类人才作出认定意见后，将认定意见与申请材料报省人才服务中心认定备案；对符合条件的D、E类人才直接进行认定，将认定名单报省人才服务中心备案。	1.海南自由贸易港高层次人才认定需提供： （1）近期2寸免冠白底证件照 （2）劳动合同和任职文件 （3）身份证件 （4）申请认定层级和相关佐证材料 （5）在海南缴纳社会保险记录单和个人所得税清单 （6）申报人所在单位的营业执照和法人身份证件 （7）海南自由贸易港高层次人才认定申请表	网址：https://wssp.hainan.gov.cn

续表

办理事项	责任部门	流程	提交材料	申报入口
高层次人才认定	海南省人力资源开发局（省人才服务中心），具有认定权限的市县、园区和用人单位	3.发证。海南省人力资源开发局（省人才服务中心）对符合条件的A、B、C、D类人才颁发相应的海南自由贸易港高层次人才证书，授权具有认定权限的市县和省重点园区人才服务部门对符合条件的D、E类人才颁发相应的海南自由贸易港高层次人才证书，授权具有认定权限的用人单位对符合条件的E类人才颁发相应的海南自由贸易港高层次人才证书。	2.海南省柔性引进高层次人才认定需提供：（1）近期2寸免冠白底证件照（2）柔性引才协议（聘期在3年以上且已在海南服务1年以上）（3）身份证件（4）申请认定层级和相关佐证材料（5）为海南提供服务1年以上相关佐证材料（如工资单、个人所得税记录等）（6）申报人所服务单位的营业执照和法人身份证件（7）海南省柔性引进高层次人才认定申报表	网址：https://wssp.hainan.gov.cn

（三）旅游住宿企业个人所得税优惠政策

办理事项	责任部门	流程	提交材料	申报入口
个人所得税优惠政策	海南省税务局	可在自然人电子税务局WEB端或个人所得税APP上自行申报。 1.登录自然人电子税务局官网，按照【我要办税】—【税费申报】—【综合所得申报】—【年度汇算】路径进入综合所得年度申报表并填报。 2.选择申报年度和填报方式等有关信息。 3.确认任职受雇单位及其主管税务机关。 4.填报申报表，如需查看明细，点击【详情】进入查看明细数据。 5.填报海南自贸港高端和紧缺人才个人所得税优惠及其他优惠事项。 6.提交申报。此时申报表已填写完毕，确认无误后，依次点击主表右下角的【提交申报】—【确认提交】完成申报。 7.退（补）税。申报完成后如需退税或补税，根据页面提示点击【立即缴款】或【申请退税】。 8.后续操作。可在系统顶部点击【我要查询】—【申报查询】—【更正/作废申报】查看申报信息、更正申报、作废申报等后续操作。	无	网址： https://etax.chinatax.gov.cn/

（四）旅游住宿企业所得税优惠政策

办理事项	责任部门	流程	提交材料	申报入口
企业办理减按15%的税率缴纳企业所得税	海南省税务局	登录国家税务总局海南省电子税务局官网（简称网上电子税务局），按照【我要办税】—【税费申报及缴纳】—【常规申报】路径进入填报。1.预缴申报时，在"中华人民共和国企业所得税月（季）度预缴纳税申报表（A类）"第13行"减：减免所得税额"中选择优惠事项名称"海南自由贸易港鼓励类企业减按15%税率征收企业所得税"并填写本年累计优惠金额。2.年度申报时，在"中华人民共和国企业所得税年度纳税申报表（A类）"的附表"减免所得税优惠明细表"第28.3行"海南自由贸易港鼓励类企业减按15%的税率征收企业所得税"中填写本年优惠金额。	无	网址：https://etax.hainan.chinatax.gov.cn

（五）海南省乡村民宿申请备案操作流程

办理事项	责任部门	流程	提交材料	申报入口
乡村民宿申请备案操作流程	海南乡村民宿管理综合协调部门，当地公安、消防、市场监管部门	填写申请表并现场核查。1.通过海南商事主体登记平台（海南e登记）自主申报登记，获得电子营业执照。2.通过全省"审批一张网"系统，即海南省政务服务"乡村民宿申请备案"下载并填写海南省乡村民宿开办申请表、海南乡村民宿开办告知承诺书，提交市县乡村民宿申请备案受理窗口。	1.电子营业执照 2.食品经营许可证照	1.海南e登记网址：https://e-egister.amr.hainan.gov.cn/ICPSP/index.action

续表

办理事项	责任部门	流程	提交材料	申报入口
乡村民宿申请备案操作流程	海南乡村民宿管理综合协调部门，当地公安、消防、市场监管部门	3. 接到书面申请后，由乡村民宿管理综合协调部门牵头，5个工作日内组织公安、消防、市场监管等部门开展联合受理、联合审查、联合踏勘、集体评审，在现场将评审结果一次性告知申请人，并在申请表做书面意见。符合相关食品经营许可要求的，市场监督管理部门在5个工作日内出具食品经营许可电子证照。 4. 在政务服务网提交申请。申请人在海南省"审批一张网"，即省政务服务网"乡村民宿申请备案"栏提交申请，申请人抓取电子营业执照、食品经营许可证照，扫描上传海南省乡村民宿开办申请表、海南乡村民宿开办告知承诺书，完成申请材料提交。 5. 受理、审核、审批和发证。	3. 海南省乡村民宿开办申请表	2. 海南政务服务网网址：https://wssp.hainan.gov.cn/hnwt/home

（六）三亚宅基地使用权流转民宿用地项目流程

办理事项	责任部门	流程	提交材料	申报入口
宅基地使用权流转流程	三亚市农业农村局、三亚市自然资源和规划局、三亚市不动产登记中心	农村集体经济组织与受让方就宅基地经营权流转的方式、期限、价款等进行协商并签订流转意向协议书。 1.农村集体经济组织和受让方向区农业农村主管部门提出流转申请，并提交以下材料： （1）流转意向协议书； （2）流转当事人身份证明；	1.流转意向协议书； 2.流转当事人身份证明； 3.宅基地权属证明；	海南（三亚）农村产权交易服务中心

续表

办理事项	责任部门	流程	提交材料	申报入口
宅基地使用权流转流程	三亚市农业农村局、三亚市自然资源和规划局、三亚市不动产登记中心	（3）宅基地权属证明； （4）法律法规规章规定的其他材料。 2. 区农业农村主管部门重点审查提交的材料是否真实有效，并就拟用宅基地是否符合区土地利用规划和村庄规划、流转项目规划可行性等方面征求区自然资源和规划部门等相关部门意见。 3. 区农业农村主管部门审核通过的，农村集体经济组织与受让方签订宅基地经营权流转合同。	4. 法律法规规章规定的其他材料。	海南（三亚）农村产权交易服务中心

（七）农村集体经营性建设用地民宿使用权公开交易流程

办理事项	责任部门	流程	提交材料	申报入口
农村集体经营性建设用地入市基本程序	农村集体经济组织所在地乡镇人民政府、市县自然资源和规划部门、市县人民政府	1.申请。农村集体土地所有权人拟出让、出租集体经营性建设用地，向市、县、自治县自然资源和规划主管部门提出申请的，市、县、自治县自然资源和规划主管部门应当在六十日内根据国土空间规划对拟出让、出租的集体经营性建设用地的规划条件提出意见，并会同同级发展改革、生态环境等有关主管部门一并提出产业准入和生态环境保护等要求，因补充资料、实地勘察或者情况复杂等原因需要延长提出意见时限的，可以适当延长。	备注： 1.土地入市协议应当包括土地位置、土地用途、土地面积、土地使用年限、土地使用条件、土地使用权出让金（租金）及缴交期限、土地使用权收回、违约责任等内容。	农村产权流转交易市场平台

续表

办理事项	责任部门	流程	提交材料	申报入口
农村集体经营性建设用地入市基本程序	农村集体经济组织所在地乡镇人民政府、市县自然资源和规划部门、市县人民政府	2.编制入市方案。农村集体土地所有权人应当根据规划条件、产业准入和生态环境保护要求等，编制集体经营性建设用地出让、出租等方案，并经本集体经济组织成员的村民会议三分之二以上成员或者三分之二以上村民代表同意，形成书面意见，在出让、出租前不少于十个工作日报市、县、自治县人民政府。 3.入市方案核对。市、县、自治县人民政府应当及时组织自然资源和规划、发展改革、生态环境等有关主管部门对方案进行研究，认为方案不符合规划条件或者产业准入和生态环境保护要求等的，应当在收到方案后五个工作日内提出修改意见，农村集体土地所有权人应当按照市、县、自治县人民政府的意见进行修改。 4.公开交易及签订合同。农村集体土地所有权人应当依据集体经营性建设用地出让、出租方案，以招标、拍卖、挂牌或者协议等方式确定土地使用者，双方应当使用国家规定的合同文本签订书面合同，并报市、县、自治县自然资源和规划主管部门备案。 5.缴纳税额及不动产登记。集体经营性建设用地出让、出租合同双方应当全面履行合同，按照合同约定交付土地和支付价款，并依法缴纳相关税费，持有效合同、价款支付凭证以及纳税证明等向集体经营性建设用地所在地的不动产登记机构依法申请办理不动产登记。	2.入市方案应当包括但不限于以下内容：入市宗地位置、面积、权属、土地用途、土地使用条件、使用年限、土地评估价格、配置方式（出让、出租或作价出资）、入市交易方式（招标、拍卖、挂牌或协议）、土壤污染状况调查情况等内容。	农村产权流转交易市场平台

（八）旅游住宿业企业申请奖补类流程

办理事项	责任部门	流程	提交材料	申报入口
旅游住宿企业奖补资金申报	海南省旅游和文化广电体育厅（简称省旅文厅）、海南省财政厅	1.企业申报。符合条件的旅游企业根据《关于印发海南省旅游业高质量发展奖补资金使用实施细则的通知》要求，注册登录"海易兑"平台，在规定时间内，在线提交申报材料。 2.市县初审。申报单位所在市县旅文局收到资金申报材料后，应及时会同当地有关部门，通过"海易兑"平台对申报材料进行真实性、合规性审查，提出推荐意见并在线报送省旅文厅。 3.省级审核。省旅文厅在受理申报材料后，根据需要组织专家或依照有关规定委托第三方机构等进行评审或现场核查，并结合实际分别征求相关部门意见，确定拟扶持企业名单。	1.资金申请文件； 2.申报单位营业执照复印件； 3.申报单位对资金申请报告内容和附属文件真实性负责的声明； 4.申报单位财务管理规范、财务管理制度健全相关证明文件； 5.申报营业收入上规模奖励的，还需提供营业收入相关证明；	网址：https://hqzc.wssp.hainan.gov.cn/#/home

续表

办理事项	责任部门	流程	提交材料	申报入口
旅游住宿企业奖补资金申报	海南省旅游和文化广电体育厅（简称省旅文厅）、海南省财政厅	4.公示拨付。扶持企业名单通过"海易兑"平台、省旅文厅官方网站等渠道向社会公示，公示时间不少于5个工作日。公示结束后，省旅文厅向省财政厅报送资金拨付方案及项目绩效目标表，省财政厅按程序拨付资金。	6.申报固定资产投资奖励的，还需提供固定资产投资相关证明、申报项目的审批核准备案文件、合同复印件等；7.其他有关材料，详情见《关于印发海南省旅游业高质量发展奖补资金使用实施细则的通知》第十一、十二、十三条。	网址：https://hqzc.wssp.hainan.gov.cn/#/home

五、政策展望

根据项目实地调研和典型企业走访的情况，旅游住宿行业对未来发展的政策诉求集中体现在用地政策和人才政策两个方面。

（一）用地政策

目前海南省已出台《海南省集体经营性建设用地入市试点办法》《海南省农垦经营性建设用地入市试点办法》《海南省自然资源和规划厅　海南省发展和改革委员会　海南省农业农村厅　海南省林业局关于保障和规范农村一二三产业融合发展用地的实施意见》等政策文件，对包括民宿在内的旅游产业提出了一揽子政策措施，下一步行业主管部门、要素保障部门要加强沟通协调，强化项目招商和项目策划生成，建立沟通协调机制，主动靠前服务企业，必要时行业主管部门可提供项目清单，要素保障部门积极配合，形成工作合力，一对一服务企业，解决问题，确保各类政策能够落地生效。

（二）人才政策

经与乡村农户、村委会、企业现场座谈并通过乡村项目实地调研，发现很多村民缺乏旅游参与意识与能力，一些乡村虽有小部分参与旅游发展的村民，但基本都局限于保洁、保安、服务员等一般基层岗位，旅游参与的"面"与"度"存在较大的提升空间；总体上乡村缺乏本土能人、贤人，无法发挥乡村旅游以及乡村振兴中"能人""贤人"的带头作用与效应。目前海南省层面针对乡土人才现实问题也出台了相关的政策意见与措施，为乡村本土人才培育、返乡人才激励等方面提供了宏观政策支持，然而目前的政策影响效应较弱，尚未发挥有效的人才培育与激励效应，这与乡村本土人才培育、返乡人才激励的相关政策不成体系，奖励机制及保障制度不健全等因素存在一定的关联。因此，未来出台针对"居民""能人""乡贤""新乡贤"等海南乡村振兴各类人才的培育与激励性系统政策很有必要。

第二章 旅游景区景点

一、产业界定和现状分析

（一）产业界定

根据 GB/T 17775—2003《旅游景区质量等级的划分与评定》，旅游景区指以旅游及其相关活动为主要功能或主要功能之一的空间或地域。而根据中国旅游景区协会发布的 T/CTAA 0001—2019《旅游景区分类》，按照核心旅游吸引物可将景区景点划分为自然景观类景区（核心旅游吸引物以自然景观为主）、人文景观类景区（核心旅游吸引物以人文景观为主）、乡村田园类景区（核心旅游吸引物以乡村及农业景观为主）、现代娱乐类景区（核心旅游吸引物以带有主题性的人造景观为主）、综合吸引类景区（核心吸引物包括多种类型，且重要程度难以区分）和其他吸引类景区。

2021 年，海南全省接待国内外游客 8100.43 万人次，恢复至 2019 年的 97.5%，恢复程度高于全国 32.5 个百分点；旅游总收入 1384.34 亿元，较 2019 年增长 30.9%，恢复程度高于全国 72.9 个百分点。此外，2021 年海南省集中签约、开工旅游文体产业项目 32 个，新注册旅游文体企业 40 余家。结合海南旅游发展实际，本章主要围绕旅游景区、乡村旅游点、热带雨林国家公园等类型进行现状分析。

（二）现状分析

1. 旅游景区

截至 2022 年 11 月，海南共有国家级、省级旅游度假区 6 个；旅游小镇 9 家；备案博物馆 38 个，主要分布在海口和三亚，且仅有海南省博物馆和中国（海南）南海博物馆为一级博物馆；A 级旅游景区 84 家，其中高 A 级（4A 级及以上）景区 39 个，包括 5A 级景区 6 家（如表 2-1），近十年间增长近三倍，多个市县实现A级旅游景区"零"的突破，中部地区和西部地区实现高A级旅游景区"零"的突破。

表2-1 海南省国家5A级景区分布情况

名称	所在地区	获评时间
南山文化旅游区	三亚市	2007年
大小洞天旅游区	三亚市	2007年
呀诺达雨林文化旅游区	保亭黎族苗族自治县	2012年
分界洲岛旅游区	陵水黎族自治县	2013年
槟榔谷黎苗文化旅游区	保亭黎族苗族自治县	2015年
蜈支洲岛旅游区	三亚市	2016年

2. 乡村旅游点

截至2022年12月，根据海南省旅游和文化广电体育厅公布的消息，海南有全国乡村旅游重点镇（乡）5家，分别是琼海市博鳌镇、文昌市龙楼镇、海口市秀英区石山镇、昌江黎族自治县王下乡、五指山市水满乡；全国乡村旅游重点村34家，主要分布在海口（6个）、三亚（5个）和琼海（4个）；椰级乡村旅游点229家，其中五椰级35家、四椰级39家、三椰级73家、二椰级50家、一椰级32家（如表2-2）。椰级乡村旅游点空间聚集特征比较显著，主要热点区域为海口—澄迈热点区、万宁热点区、保亭—五指山热点区、三亚热点区。

表2-2 海南省椰级乡村旅游点情况表

城市（县）	椰级乡村点数量（个）	五椰级乡村点数量（个）	一椰级乡村点数量（个）
海口	17	4	0
三亚	17	5	4
儋州	14	2	1
琼海	13	6	4
万宁	18	2	3
东方	9	0	1
澄迈	19	4	1
定安	7	0	2
陵水	9	2	0
昌江	8	1	0
保亭	13	3	2

续表

城市（县）	椰级乡村点数量（个）	五椰级乡村点数量（个）	一椰级乡村点数量（个）
文昌	19	2	2
五指山	13	0	4
乐东	14	1	5
屯昌	7	0	0
琼中	10	2	1
白沙	10	0	1
临高	12	1	1

3. 热带雨林国家公园

2021年10月，海南热带雨林国家公园成为中国第一批国家公园之一，下设尖峰岭、霸王岭、吊罗山、黎母山、鹦哥岭、五指山、毛瑞7个分局，总面积4400余平方公里，约占海南岛陆域面积的七分之一，范围涉及9个市县，包括5个国家级自然保护区、3个省级自然保护区、4个国家森林公园、6个省级森林公园及相关的国有林场。公园内允许旅游企业开展特许经营项目，包括销售商品，经营户外运动项目或者商业拍摄、商业演艺活动等文化体育服务，提供生态旅游和体验、森林康养、休闲度假、生态科普、自然教育、旅游运输等服务，生产、销售载有海南热带雨林国家公园标识的产品。

4. 美丽海湾保护与建设

美丽海湾保护与建设以"水清滩净、鱼鸥翔集、人海和谐"为目标，以习近平生态文明思想为指导，以提升海洋生态环境质量为核心，健全陆海统筹的生态环境治理制度体系，不断满足人民日益增长的优美海洋生态环境需求，着力提升亲海体验，为国家生态文明试验区、中国特色自由贸易港、美丽中国建设做出海南贡献。

2023年底前，在海口市、三亚市、万宁市、昌江黎族自治县开展美丽海湾保护与建设示范试点，将铺前湾、后水湾、三亚湾、海棠湾、小海等纳入国家规划推进的美丽海湾建设并取得实质性进展，争取实现国家级优秀案例（三亚、海口已入围，正在准备进行第二轮现场审核）"零"的突破，评选一批省级优秀案例，市县实践样板和典型模式示范引领作用进一步凸显。

2025年底前，美丽海湾保护与建设稳步推进，完成《海南省"十四五"海洋生态环境保护规划》中对美丽海湾的保护与建设，海湾内入海排污口实现规范化管理，入海河流国控和省控断面水质全部消除劣五类，海湾海洋生态环境质量保持稳定或持续改善，海洋生态保护修复取得实效，亲海空间环境质量和服务品质明显提升，公众临海亲海的获得感和幸福感显著增强。

2030年底前，美丽海湾保护与建设取得显著成效，海湾海洋生态环境质量短板基本补齐，海洋生态系统质量明显提升，海洋生物多样性得到有效保护，人民群众关于优美海洋生态环境的需要得到满足，海南美丽海湾成为海南自贸港的亮丽名片。

二、自由贸易港相关政策解读

（一）政策索引

1. 进口免税类

JQ01《财政部　海关总署　税务总局关于海南自由贸易港自用生产设备"零关税"政策的通知》（财关税〔2021〕7号）

JQ02《财政部　海关总署关于明确海南自由贸易港"零关税"自用生产设备相关产品范围的通知》（财关税〔2021〕8号）

JQ03《财政部　海关总署　税务总局关于调整海南自由贸易港自用生产设备"零关税"政策的通知》（财关税〔2022〕4号）

JQ04《财政部　海关总署　税务总局关于海南自由贸易港原辅料"零关税"政策的通知》（财关税〔2020〕42号）

JQ05《财政部 海关总署 税务总局关于调整海南自由贸易港原辅料"零关税"政策的通知》（财关税〔2021〕49号）

2. 企业税收类

JQ06《关于海南自由贸易港企业所得税优惠政策的通知》（财税〔2020〕31号）

JQ07《财政部 税务总局关于印发〈海南自由贸易港旅游业、现代服务业、高新技术产业企业所得税优惠目录〉的通知》（财税〔2021〕14号）

JQ08《海南自由贸易港鼓励类产业目录（2020年本）》

JQ09《国家税务总局海南省税务局关于海南自由贸易港企业所得税优惠政策有关问题的公告》（国家税务总局海南省税务局公告2020年第4号）

JQ10《国家税务总局海南省税务局 海南省财政厅 海南省市场监督管理局关于海南自由贸易港鼓励类产业企业实质性运营有关问题的公告》（2021年第1号）（扫描二维码点击底部"相关文件"链接）

JQ11《国家税务总局海南省税务局 海南省财政厅 海南省市场监督管理局关于海南自由贸易港鼓励类产业企业实质性运营有关问题的补充公告》（国家税务总局海南省税务局 海南省财政厅 海南省市场监督管理局公告2022年第5号）

3. 个人税收类

JQ12《关于海南自由贸易港高端紧缺人才个人所得税政策的通知》（财税〔2020〕32号）

JQ13《海南省财政厅 国家税务总局海南省税务局 海南省市场监督管理局 中共海南省委人才发展局关于落实海南自由贸易港高端紧缺人才个人所得税优惠政策有关问题的通知》（琼财税〔2020〕1019号）

JQ14《海南省人民政府关于印发海南自由贸易港享受个人所得税优惠政策高端紧缺人才清单管理暂行办法的通知》（琼府〔2022〕31号）

JQ15《海南省财政厅 国家税务总局海南省税务局 海南省人力资源和社会保障厅 海南省市场监督管理局 中共海南省委人才发展局关于进一步明确落实海南自由贸易港高端紧缺人才个人所得税优惠政策有关事项的通知》（琼财支财〔2022〕1211号）

4. 国家公园类

JQ16《海南热带雨林国家公园条例（试行）》（海南省人民代表大会常务委员会，2020年9月6日）

JQ17《海南热带雨林国家公园特许经营管理办法》（海南省人民代表大会常务委员会公告第72号）

JQ18《海南热带雨林国家公园特许经营目录》（第一批）（海南省林业局，2021年11月8日）

5. 乡村旅游类

JQ19《海南省自然资源和规划厅 海南省发展和改革委员会 海南省农业农村厅 海南省林业局关于保障和规范农村一二三产业融合发展用地的实施意见》（琼自然资规〔2021〕11号）

JQ20《海南省人民政府关于支持产业项目发展规划和用地保障的意见》（琼府〔2021〕44号）

JQ21《海南省人民政府办公厅关于印发〈海南省农垦经营性建设用地入市试点办法〉的通知》（琼府办〔2021〕66号）

JQ22《海南省自然资源和规划厅关于推进实施垦区土地综合整治的通知》（琼自然资修〔2021〕42号）

JQ23《海南省垦区土地综合整治项目管理办法（暂行）》（琼自然资办函〔2021〕30号）

6. 旅游场馆类

JQ24《海南省人民政府办公厅关于海南省促进非国有博物馆发展的意见》（琼府办〔2022〕17号）

7. 景区奖补类

JQ25《关于开展2023年海南省旅游业高质量发展奖补资金申报工作的通知》（琼旅文办函〔2023〕112号）

（二）要点解读

1. 进口免税类

（1）全岛封关运作前，在海南自由贸易港登记注册并具有独立法人资格的海南省旅游景区景点进口自用生产经营设备可以享受进口"零关税"政策。

（2）企业进口旋转木马、秋千和旋转平台，过山车，水上乘骑游乐设施，水上乐园娱乐设备，其他游乐场乘骑游乐设施和水上乐园娱乐设备，游乐场娱乐设备等文体旅游业所需的8项税号商品也可以享受进口"零关税"政策。

2. 企业税收类

（3）2025年前，注册在海南自由贸易港并实质性运营的旅游景区景点企业，符合鼓励类产业目录范围等条件的，可按规定享受15%的企业所得税优惠。对总机构设在海南自由贸易港的符合条件的旅游景区景点企业，仅就其设在海南自由贸易港的总机构和分支机构的所得，按规定适用15%税率；对总机构设在海南自由贸易港以外的旅游景区景点企业，仅就其设在海南自由贸易港内的符合条件的分支机构的所得，按规定适用15%税率。

（4）2025年前，对在海南自由贸易港设立的旅游景区景点公司新增境外直接投资取得的所得，符合条件的，可按规定免征企业所得税。新增境外直接投资所得应当符合以下条件：

①从境外新设分支机构取得的营业利润；或从持股比例超过20%（含）的境外子公司分回的，与新增境外直接投资相对应的股息所得。

②被投资国（地区）的企业所得税法定税率不低于5%。

2035年前，对注册在海南自由贸易港并实质性运营的旅游景区景点企业（负面清单行业除外），减按15%的税率征收企业所得税。

3. 个人税收类

（5）2025年之前，对在海南自由贸易港工作的旅游景区景点公司高端人才和紧缺人才，其个人所得税实际税负超过15%的部分可以享受免征优惠政策。享受优惠政策的所得必须为来源于海南的所得，其指旅游景区景点公司高端紧缺人才从海南取得的综合所得（包括工资薪金、劳务报酬、稿酬、特许权使用费四项所得）、经营所得以及经海南省认定的人才补贴性所得，相应税款在海南缴纳。

（6）旅游景区景点公司高端人才和紧缺人才享受"15%"税收优惠政策应满足两大条件：

①一个纳税年度内在海南自由贸易港累计居住满183天（2023年1月1日起执行，2024年汇算清缴2023年度个人所得税起适用），"连续缴纳社保6个月以上"条件执行至2023年汇算清缴2022年度个人所得税结束。

②属于海南省各级人才管理部门所认定的人才或一个纳税年度内在海南自由贸易港收入达到30万元人民币以上（海南省根据经济社会发展状况实施动态调整）。

（7）2035年前，一个纳税年度内在海南自由贸易港累计居住满183天的旅游景区景点公司及其人员，其取得来源于海南自贸港内的综合所得和经营所得，按照3%、10%和15%三档超额累进税率征收个人所得税。

4. 国家公园类

（8）鼓励旅游企业、社会组织和个人通过捐赠、认领、援助等形式参与海南热带雨林国家公园的保护和管理。

（9）海南热带雨林国家公园一般控制区内的经营服务活动实行特许经营制度，而公园内经批准的游憩建设项目，在选址、规模、风格等方面应当与周边自然和人文景观相协调；核心保护区内禁止开展经营服务活动。

（10）海南热带雨林国家公园一般控制区内旅游企业可以开展的特许经营范围包括服务设施类、销售商品类、租赁服务类、文体活动类、生态体验类、科普教育类、旅游运输类和标识类等9大类别。其中，涵盖博物馆、餐饮店、民宿、体育赛事、婚庆活动、生态体验、森林康养、观光直升机、低空观光飞行器等47种特许经营项目。

（11）旅游企业特许经营期限一般为10年，原则上不超过20年。与国家公园管理机构合作，从事自然教育等提升海南热带雨林国家公园管理成效的活动的旅游企业可以免收或者减收特许经营使用费。

5. 乡村旅游类

（12）农村一、二、三产业融合发展用地及共享农庄等农村产业用地在符合省和市县国土空间规划、相关产业规划及政策要求的前提下，允许以出让、租赁、作价出资（入股）等方式利用农村集体经营性建设用地进行旅游景区景点项目建设。

（13）允许用于实施"美丽乡村""全域旅游"等项目的农用地保留集体用地性质，采取"只转不征"方式落实项目用地。

（14）根据我省有关规定，在农垦经营性建设用地入市试点范围内，农垦经营性建设用地使用权可以经依法办理手续后自主开发，也可以通过转让、租赁、与他人联合办企业等方式进入土地市场公开交易用于乡村旅游项目，自主开发和入市开发的项目必须符合国家和我省产业政策以及生态环保要求，不得用于商品住宅建设。

6. 旅游场馆类

（15）政策鼓励利用符合国土空间规划的农村集体土地进行非国有博物馆建设。

（16）经认定属于非营利性博物馆、纪念馆等的公益旅游类项目，可按照国家划拨用地目录采取划拨或协议出让、作价出资、招拍挂等方式供地。

（17）政策支持符合条件的非国有博物馆纳入财政支持的博物馆免费开放经费补助范畴。非国有博物馆建设需缴纳的城市基础设施配套费符合规定的实行减半征收。非国有博物馆建设资金国内贷款部分，可以享受一定的贷款贴息支持，贴息期限最长不超过3年。

7. 景区奖补类

（18）旅游业项目2022年度固定资产投资2000万元及以上的，按照其年度固定资产投资额的5%给予最高2000万元奖励。

（19）标准化奖励（针对2022年已获评但尚未获得奖励的单位）。

①对成功创建国家级旅游度假区、省级旅游度假区的分别给予500万元、300万元奖励。对新评为5A、4A和3A级旅游景区的分别给予500万元、300万元、200万元奖励。

②对新获得省认定的旅游小镇奖励100万元。对成功创建国家级夜间文化和旅游消费集聚区、省级夜间文化和旅游消费集聚区、国家级旅游休闲街区的分别给予300万元、200万元、100万元奖励。

③对新评定的5椰级、4椰级、3椰级乡村旅游点分别奖励50万元、30万元、10万元。

（20）非国有博物馆项目可以享受不超过出资总额5%的一次性项目建设补贴，最高补贴额度不超过2000万元。

（21）非国有博物馆可以享受如下三种等级的定级奖励补贴。

①对在非国有博物馆运行评估工作中，被评定为国家三级博物馆的非国有博物馆，给予一次性补贴800万元。

②对被评定为国家二级博物馆的，给予一次性补贴1000万元。

③对被评定为国家一级博物馆的，给予一次性补贴1500万元。定级补贴按从高不重复原则执行。

三、基于业务场景的政策综合利好分析

（一）海南景区进口自用生产设备免税

根据JQ01—JQ05等涉及景区进口自用生产设备"零关税"的相关政策，综合测算海南自由贸易港对岛内景区景点进口生产设备的经济性利好。

2021年11月，海南某景区甲购买的一批从欧洲进口的索道设备成为首批用于海南旅游业发展的"零关税"自用生产设备，累计货值达6419万元，合计减免税款约1415万元。2022年3月，三亚某公司乙购买的一批进口大型游乐设施运抵三亚，货值87.5万欧元，享受税收优惠减免124.8万元人民币，是海南自由贸易港自用生产设备"零关税"政策升级、扩大政策适用范围后的首笔业务。2022年4月初，海南某景区丙顺利申请园区"海啸巨浪"（U型过山车）设备免关税出关，涉及设备金额4000万元，免税金额600万元。"零关税"政策的实施大大降低了景区项目建设成本，利于吸引企业投资海南旅游项目，同时有利于景区设备的更新升级，提升景区吸引力，为游客提供更优质的体验与享受，为海南自由贸易港建设注入源源不断的动力。

（二）海南省旅游景区企业所得税优惠

根据JQ06—JQ11等涉及企业所得税的优惠政策，综合测算海南自由贸易港对旅游景区企业缴纳企业所得税的经济性利好。

以海南与内地旅游景区公司缴纳5年企业所得税为例，假如海南省某旅游景区企业第一年营业收入为8000万元，营业成本4000万元，受益于海南自贸港多项利好政策，旅游景区市场日益发展，该旅游景区企业营业收入与成本以每年10%的速率增长。如表2-3测算所示，以5年为发展基数，落户海南的旅游景区企业较之于内地可以节省2442.04万元的企业所得税。

表2-3　海南与内地旅游景区公司缴纳企业所得税历时比较

时间 要素	第一年	第二年	第三年	第四年	第五年
营业收入（万元）	8000	8800	9680	10648	11712.8
营业成本（万元）	4000	4400	4840	5324	5856.4
内地公司所得税（万元）	1000	1100	1210	1331	1464.1
海南公司所得税（万元）	600	660	726	798.6	878.46
内地累计所得税（万元）	1000	2100	3310	4641	6105.1
海南累计所得税（万元）	600	1260	1986	2784.6	3663.06
海南旅游景区税收节省金额（万元）	400	840	1324	1856.4	2442.04

（三）海南省旅游景区个人所得税优惠

根据JQ12—JQ15等涉及个人所得税的优惠政策，综合测算海南自由贸易港对高端紧缺旅游景区人才个人所得税的经济性利好。

若旅游景区企业高端紧缺人才年度工资薪金的税前收入为60万元，那么按照现行的个人所得税计算（如果不考虑社会保险、公积金、专项附加扣除等因素），应纳税所得额为60万元−6万元=54万元（扣除基本减除费用，每月5000元，一个纳税年度6万元），54万元所对应的税率为30%以及速算扣除数为52920元，因此该人才应该缴纳的个人所得税金额为540000×30%−52920=109080元，税负为109080÷540000=20.2%。如果按照2025年之前海南自贸港高端紧缺人才个人所得税实际税负超过15%免征的优惠政策计算，那么该旅游景区企业高端紧缺人才享受自贸港个人所得税减免税额为540000×（20.2%−15%）=28080元，这意味着该人才可以免征约2.8万元的个人所得税金额。该项个人所得税优惠政策利于海南省吸引旅游景区行业高端人才，对于海南旅游景区行业提质升级具有重要的助推意义。

（四）海南热带雨林国家公园经营利好

根据JQ16—JQ18等涉及海南热带雨林国家公园的相关政策，综合分析海南自贸港政策对海南热带雨林国家公园特许经营的实质利好。

得益于海南热带雨林国家公园相关政策，旅游企业可以按规定投资参与到海南热带雨林国家公园业态的特许经营项目之中。2021年11月8日，海南省林业局发布《海南热带雨林国家公园特许经营目录》，企业可以申请9类47种特许经营服务项目。假如海南省某旅游企业想要投资经营海南热带雨林国家公园相关游憩服务项目，则根据相关政策，其可以选择服务设施、销售商品、租赁服务、住宿餐饮、文体活动、生态体验和度假康养、科普教育、旅游运输和标识等类型项目，通过与国家公园管理局以及社区居民协商签订特许经营协议的方式开展企业机构的特许经营行为。该特许经营政策的出台利于吸引社会资本投资参与海南热带雨林国家公园建设，破解国家公园发展中的资金缺乏难题，同时也利于政府、企业、社区等多元利益主体合作共赢，促进海南热带雨林资源在保护中发展。

（五）海南垦区共享农庄投资建设利好

根据 JQ19—JQ23 等涉及垦区土地整治的相关政策，综合分析海南自贸港政策对海南共享农庄投资发展的利好。

得益于海南共享农庄相关政策，企业可以利用这些政策投资发展海南乡村共享农庄。海南省农垦投资控股集团有限公司 2022 年大力推动南田共享农庄、大丰咖啡共享农庄、蓝洋温泉共享农庄（一期樱花庄园）、红明荔海共享农庄、南平立信共享农庄等 5 个共享农庄项目建设。以三亚某共享农庄丁为例，其规划建设有农业农事、文化体育运动旅游、康养农庄三大板块，内有健康生活、运动生活、特色度假、活力运动、自然探索等旅游项目，以及黎场集镇、桥东农场、果王农场、万橡农场，致力构建一站式文化体育运动康养旅游度假目的地。该公司借助垦地融合相关政策红利，通过共享农庄的形式实现"农业+旅游"等产业的深度融合，打造多产融合新业态。共享农庄用地、投资等相关政策有利于整合、盘活、优化农民土地和房屋等资源，同时有助于实现乡村振兴，提升乡村旅游发展竞争力。

（六）海南旅游景区景点奖励补贴利好

根据 JQ25 等涉及景区景点奖补的优惠政策，综合测算海南自由贸易港政策对景区景点奖补的经济性利好。

根据涉及旅游景区景点相关奖补的支持政策，旅游景区景点企业可以依据"年度固定资产投资额的 5% 享受奖励""非国有博物馆投资额 5% 以及定级奖励补贴"等申请获得奖补资金。以海南省非博物馆景区 A、非国有博物馆 B、非国有博物馆 C、非国有博物馆 D 等四家景区为例，如表 2-4 所示，非博物馆景区 A 年度固定资产投资 2000 万元可申请获得总计 100 万元的奖励补贴；国家三级、二级、一级的年度固定资产投资 5000 万元的非国有博物馆 B 分别可以获得奖补资金总计 1050 万元、1250 万元、1750 万元；国家三级、二级、一级的年度固定资产投资 6000 万元的非国有博物馆 C 分别可以获得奖补资金总计 1100 万元、1300 万元、1800 万元；国家三级、二级、一级的年度固定资产投资 7000 万元的非国有博物馆 D 分别可以获得奖补资金总计 1150 万元、1350 万元、1850 万元。这些相关奖补政策施行能够充分调动各景区景点投资与发展的积极性和主动性，有利于海南打造高质量的旅游服务项目与产品。

表2-4　旅游景区奖补利好情况

编号 要素	旅游景区景点								
	非博物馆 景区A	非国有博物馆B			非国有博物馆C			非国有博物馆D		
年投资额（万元）	2000	5000			6000			7000		
补贴（万元）	100	250			300			350		
博物馆级别	无	三级	二级	一级	三级	二级	一级	三级	二级	一级
补贴（万元）	100	800	1000	1500	800	1000	1500	800	1000	1500
总计（万元）	100	1050	1250	1750	1100	1300	1800	1150	1350	1850

四、操作指南

（一）企业办理进口"零关税"旅游自用生产设备通关手续

办理事项	责任部门	流程	提交材料	申报入口
办理进口"零关税"旅游自用生产设备通关手续	海口海关	1. 主体资格申报。企业首次申报进口"零关税"自用生产设备前，应该通过中国（海南）国际贸易单一窗口网站申请进口"零关税"自用生产设备主体资格。 2. 海关注册登记。符合政策条件的企业首次申报前应该按有关要求在海关注册登记。注册登记手续包括4种渠道：	自用生产设备进口许可的申办材料： 1.进口用户的营业执照附件（原件仅供核验，复印件需加盖公章）。 2.机电产品进口申请表盖章原件。	网址：www.singlewindow.hn.cn

续表

办理事项	责任部门	流程	提交材料	申报入口
办理进口"零关税"旅游自用生产设备通关手续	海口海关	（1）登录"互联网+海关"全国一体化在线政务服务平台，进入"企业管理和稽查"模块进行进出口注册登记； （2）通过中国（海南）国际贸易单一窗口注册登记； （3）未取得营业执照的企业可以通过市场监督管理部门"多证合一"渠道申请海关注册登记； （4）前往企业所在地海关业务窗口提交纸质材料进行现场办理。 3.完善账户信息。符合申报政策条件的首次申报企业应在"单一窗口"中点击【加贸保税】—【海南零关税设备、交通工具及游艇】完善企业账户信息。 4.企业进口申报。企业在"单一窗口"申报，填报进口报关单要求包括： （1）企业申报进口"零关税"自用生产设备时，进口报关单"申报地海关"应填报"海口海关"下设的隶属海关或业务现场的关区名称及代码（不含"三沙海关"）；	3.申请进口报告。（写明本年度已申领自动进口许可证情况、已报关情况及本次申领情况，介绍企业概况、行业情况、进口产品的技术性能及进口计划。网上报送电子数据时"企业进口说明"栏目中简要写明上述内容。） 4.货物进口合同复印件。（外文合同必须附中文翻译版本，原件仅供核验，复印件需加盖公章，网上报送电子数据时在"企业进口说明"栏目中注明合同号及预计到港时间。） 5.属于委托代理进口的，应当提交委托代理进口协议。 6.零关税进口自用生产设备应当提交的材料： （1）自用进口生产设备使用的，应在申请进口报告中写明，承诺在海关监管年限内，未经海关审核同意不得转让；	网址：www.singlewindow.hn.cn

续表

办理事项	责任部门	流程	提交材料	申报入口
办理进口"零关税"旅游自用生产设备通关手续	海口海关	(2)"征免性质"填报为"零关税自用生产设备"(代码：491)，自愿缴纳进口环节增值税和消费税的，应当在报关时将"征性质"填报为"零关税自用生产设备（缴纳进口环节税）"(代码：493)； (3)"监管方式"填报为"一般贸易"(0110)； (4) 征减免税方式填报为"随征免性质"(代码：5)； (5)"消费使用单位"填报企业名称。 5.海关通关审核。海关对企业申报进行审核，审核无误的予以放行，并将放行报关单数据记入企业账户信息中。	(2) 其他情况申请进口的，需提交情况说明，在网上申报时应将上述情况在"企业进口说明"栏中写明。 "零关税"政策进口通关申办材料： 1.自动进口许可证 2.进出口合同 3.进口代理协议 4.发票 5.相关货物的产品情况说明	网址：www.singlewindow.hn.cn

（二）企业高层次人才认定

办理事项	责任部门	流程	提交材料	申报入口
高层次人才认定	海南省人力资源开发局（省人才服务中心），具有认定权限的市县、园区和用人单位	1.个人申报。旅游企业有关人才个人向所在用人单位提出认定申请，提供有关证明材料，对照《海南自由贸易港高层次人才分类标准(2020)》，选择认定类别，填写海南自由贸易港高层次人才认定申请表或海南省柔性引进高层次人才认定申报表。 2.审核和认定（备案）。申报人所在用人单位对申报人各项条件进行审核。	1. 海南自由贸易港高层次人才认定需提供： (1) 近期2寸免冠白底证件照； (2) 劳动合同和任职文件； (3) 身份证件； (4) 申请认定层级和相关佐证材料； (5) 在海南缴纳社会保险记录单和个人所得税清单；	网址：https://wssp.hainan.gov.cn/hnwt/talent-service

续表

办理事项	责任部门	流程	提交材料	申报入口
高层次人才认定	海南省人力资源开发局（省人才服务中心），具有认定权限的市县、园区和用人单位	具有认定权限的用人单位，对符合条件的A、B、C、D类人才作出认定意见后，将认定意见与申请材料报省人才服务中心认定备案；对符合条件的E类人才直接进行认定，将认定名单报省人才服务中心备案。不具有认定权限的用人单位，对符合条件的A、B、C、D、E类人才作出推荐意见，将申请材料报市县或者重点园区人才服务部门。各相关市县或者重点园区人才服务部门对符合条件的A、B、C类人才作出认定意见后，将认定意见与申请材料报省人才服务中心认定备案；对符合条件的D、E类人才直接进行认定，将认定名单报省人才服务中心备案。3.发证。省人力资源开发局（省人才服务中心）对符合条件的A、B、C、D类人才颁发相应的海南自由贸易港高层次人才证书，授权具有认定权限的市县和省重点园区人才服务部门对符合条件的D、E类人才颁发相应的海南自由贸易港高层次人才证书，授权具有认定权限的用人单位对符合条件的E类人才颁发相应的海南自由贸易港高层次人才证书。	（6）申报人所在单位的营业执照和法人身份证件；（7）海南自由贸易港高层次人才认定申请表。2.海南省柔性引进高层次人才认定需提供：（1）近期2寸免冠白底证件照；（2）柔性引才协议（聘期在3年以上且在海南服务1年以上）；（3）身份证件；（4）申请认定层级和相关佐证材料；（5）为海南提供服务1年以上相关佐证材料（如工资单、个人所得税记录等）；（6）申报人所服务单位的营业执照和法人身份证件；（7）海南省柔性引进高层次人才认定申报表。	网址：https://wssp.hainan.gov.cn/hnwt/talent-service

（三）企业个人所得税优惠政策

办理事项	责任部门	流程	提交材料	申报入口
个人所得税优惠政策	海南省税务局	可在自然人电子税务局WEB端或个人所得税APP上自行申报。 1.登录自然人电子税务局官网，按照【我要办税】—【税费申报】—【综合所得申报】—【年度汇算】路径进入综合所得年度申报表并填报。 2.选择申报年度和填报方式等有关信息。 3.确认任职受雇单位及其主管税务机关。 4.填报申报表，如需查看明细，点击【详情】进入查看明细数据。 5.填报海南自贸港高端和紧缺人才个人所得税优惠及其他优惠事项。 6.提交申报。此时申报表已填写完毕，确认无误后，依次点击主表右下角的【提交申报】—【确认提交】完成申报。 7.退（补）税。申报完成后如需退税或补税，根据页面提示点击【立即缴款】或【申请退税】。 8.后续操作。可在系统顶部点击【我要查询】—【申报查询】—【更正/作废申报】查看申报信息、更正申报、作废申报等后续操作。	无	网址：https://etax.chinatax.gov.cn/

（四）企业所得税优惠政策

办理事项	责任部门	流程	提交材料	申报入口
企业办理减按15%的税率缴纳企业所得税	海南省税务局	登录网上电子税务局，按照【我要办税】—【税费申报及缴纳】—【常规申报】路径进入填报。 1. 预缴申报时，在"中华人民共和国企业所得税月（季）度预缴纳税申报表（A类）"第13行"减：减免所得税额"中选择优惠事项名称"海南自由贸易港鼓励类企业减按15%税率征收企业所得税"并填写本年累计优惠金额。 2. 年度申报时，在"中华人民共和国企业所得税年度纳税申报表（A类）"的附表"减免所得税优惠明细表"第28.3行"海南自由贸易港鼓励类企业减按15%的税率征收企业所得税"中填写本年优惠金额。	无	网址：https://etax.hainan.chinatax.gov.cn

（五）国家公园特许经营者进入流程

办理事项	责任部门	流程	提交材料	申报入口
国家公园特许经营者进入流程	国家公园管理机构、海南省人民政府、海南省财务部门	符合《海南热带雨林国家公园特许经营目录》的经营活动可以申请特许经营。 1.国家公园管理机构应当通过竞争方式确定特许经营者，包括以下三种方式。	备注： 特许经营项目的经营期限、缴纳特许经营使用费、提前终止特许经营协议的相关问题请分别参考《海南热带雨林国家公园特许经营管理办法》第十七条、第十八条、第二十一条。	

续表

办理事项	责任部门	流程	提交材料	申报入口
国家公园特许经营者进入流程	国家公园管理机构、海南省人民政府、海南省财务部门	（1）招标。具备招标条件的特许经营项目，应当优先采用招标方式确定特许经营者（具体项目参考《海南热带雨林国家公园特许经营管理办法》第十一条）。 （2）竞争性谈判或者竞争性磋商。 （3）法律、法规规定的其他竞争方式。 2.需要授予土地等自然资源使用权、涉及固定资产投资的特许经营项目，由国家公园管理机构和所在地县级以上人民政府有关部门联合实施组合性特许，确定特许经营者。具体办法由省人民政府制定。 3.与国家公园管理机构签订特许经营协议（协议具体内容参考《海南热带雨林国家公园特许经营管理办法》第十六条）。	备注： 特许经营项目的经营期限、缴纳特许经营使用费、提前终止特许经营协议的相关问题请分别参考《海南热带雨林国家公园特许经营管理办法》第十七条、第十八条、第二十一条。	

（六）农垦经营性建设用地入市流程

办理事项	责任部门	流程	提交材料	申报入口
农垦经营性建设用地存量入市发展乡村旅游	海南省市县自然资源和规划部门、海南省市县人民政府	1.申请及审查。符合本办法规定的入市条件的地块土地使用权人（海南省农垦投资控股集团有限公司或其下属二级企业），持经批准的全域土地综合整治试点方案向当地市县自然资源和规划部门递交入市申请。	备注： 1.入市申请书应当写明拟入市宗地位置、权属、地上附着物等基本情况。	

续表

办理事项	责任部门	流程	提交材料	申报入口
农垦经营性建设用地存量入市发展乡村旅游	海南省市县自然资源和规划部门、海南省市县人民政府	市县自然资源和规划部门会同有关部门对拟入市宗地是否符合入市条件进行审查。经审查符合条件的，出具审查意见，并依据详细规划（含依法实施的控制性详细规划及村庄规划）明确拟入市宗地的土地使用条件。 2.地价评估。对经审查同意入市的宗地，由土地使用权人（海南省农垦投资控股集团有限公司或其下属二级企业）委托有资质的单位进行地价评估，并拟定入市方案。 3.入市方案拟定。入市地块土地使用权人（海南省农垦投资控股集团有限公司或其下属二级企业）应当会同市县自然资源和规划部门根据地块评估价格、产业政策等因素，集体决策确定底价，并予以保密。底价不得低于入市成本，不得低于国家规定的相应国有建设用地出让最低价标准。 4.入市方案审批。入市方案经所在市县自然资源和规划部门组织有关部门审查后，报请所在市县人民政府批准。 5.公告及交易。入市方案经批准后，由所在市县自然资源和规划部门在中国土地市场网、海南省公共资源交易服务中心网站，以及本省主要媒体上发布入市交易公告，并进入省级土地交易市场进行公开交易。 6.签订成交确认书及公示。土地成交后，受让人、承租人应当在交易现场与入市地块土地使用权人（海南省农垦投资控股集团有限公司或其下属二级企业）签订土地成交确认书。交易结果应当在入市农场和中国土地市场网、海南省公共资源交易服务中心网站等进行公布，接受社会和群众监督。 7.签订流转协议。土地交易结束之日起20个工作日内，交易双方应当按照成交确认书签订土地流转协议，并报所在市县自然资源和规划部门备案。	2.入市方案应当包括但不限于以下内容：入市宗地界址、面积、权属、土地用途、规划条件、使用期限、土地评估价格、配置方式（转让、租赁或与他人联合办企业）、入市交易方式（招标、拍卖、挂牌）、产业准入和生态环境保护要求、土壤污染状况调查情况等内容。 3.土地流转协议应当载明土地界址、面积、用途、规划条件、使用期限、交易价款支付、交地时间和开工竣工期限、产业准入和生态环境保护要求，约定提前收回的条件、补偿方式、土地使用权届满续期和地上建筑物、构筑物等附着物处理方式，以及违约责任和解决争议的方法等内容。	

续表

办理事项	责任部门	流程	提交材料	申报入口
农垦经营性建设用地整治入市发展乡村旅游	海南省市县自然资源和规划部门、海南省市县人民政府	1.前期工作。按照《海南省自然资源和规划厅关于推进实施垦区土地综合整治的通知》（琼自然资修〔2021〕42号）和《海南省垦区土地综合整治项目管理办法（暂行）》（琼自然资办函〔2021〕30号）等规定，由海南省农垦投资控股集团有限公司或其下属二级企业组织编制具体项目实施方案并报省自然资源和规划部门审查，明确复垦地块和入市地块位置、面积等情况，审查通过后将此作为整治入市的依据。 2.复垦验收。农垦零星、分散的生产居民点建设用地，经农垦组织复垦为农用地后，由海南省农垦投资控股集团有限公司或其下属二级企业报省自然资源和规划部门申请竣工验收和项目备案，对通过竣工验收与新增耕地复核的项目，省自然资源和规划部门按程序下达验收批复、进行新增耕地备案。 3.增减挂钩。将复垦形成的建设用地指标腾挪至入市地块，入市地块不再单独办理农用地转用审批手续，不占用年度新增建设用地计划指标，不需缴纳新增建设用地土地有偿使用费、耕地开垦费，符合《中华人民共和国耕地占用税法》第七条规定免征情形的，可免征耕地占用税。涉及占用耕地的，复垦备案的新增耕地面积、数量和产能指标应当大于或等于占用耕地面积、数量和产能。	无	

续表

办理事项	责任部门	流程	提交材料	申报入口
农垦经营性建设用地整治入市发展乡村旅游	海南省市县自然资源和规划部门、海南省市县人民政府	4. 地块入市。入市程序按照《海南省农垦经营性建设用地入市试点办法》（琼府办〔2021〕66号）第十一条规定执行。 5. 地类变更。市县自然资源和规划部门在年度土地现状变更调查时，应及时变更整治地块和入市地块的现状地类。	无	
农垦经营性建设用地新增入市发展乡村旅游	海南省市县自然资源和规划部门、海南省市县人民政府	1. 申请及审查。按照《海南省农垦经营性建设用地入市试点办法》（琼府办〔2021〕66号）第十一条第一项规定执行。 2. 办理农转用手续。拟入市地块由土地使用权人（海南省农垦投资控股集团有限公司或其下属二级企业）报所在市县人民政府同意后，依法办理农用地转用手续，所在市县人民政府不收回国有划拨土地使用权。其中，审批权限属于市县人民政府的，所在市县人民政府一并批准农转用方案和入市方案；审批权限属于省人民政府的，应先按有关规定报请省人民政府批准。涉及的新增建设用地指标从省级安排给省农垦系统的新增建设用地计划指标中扣减，耕地占补指标由省农垦投资控股集团有限公司统筹保障。	备注： 地价评估需评估国有出让农用地使用权地价和国有出让建设用地使用权地价。入市地块需补缴的地价款为国有出让农用地使用权评估地价×40%+（国有出让建设用地使用权评估地价−国有出让农用地使用权评估地价）×100%。	

续表

办理事项	责任部门	流程	提交材料	申报入口
农垦经营性建设用地新增入市发展乡村旅游	市县自然资源和规划部门、所在市县人民政府	3.地价评估和补缴地价款。土地使用权人（海南省农垦投资控股集团有限公司或其下属二级企业）可在办理不动产登记前，补缴地价款。 4.地块入市。入市方案拟定和审批、公告及交易、签订成交确认书及公示、签订流转协议等内容和程序，按照《海南省农垦经营性建设用地入市试点办法》（琼府办〔2021〕66号）第十一条规定执行。	备注： 地价评估需评估国有出让农用地使用权地价和国有出让建设用地使用权地价。入市地块需补缴的地价款为国有出让农用地使用权评估地价×40%+（国有出让建设用地使用权评估地价−国有出让农用地使用权评估地价）×100%。	

（七）企业申请奖补类流程

办理事项	责任部门	流程	提交材料	申报入口
旅游业奖补资金申报	海南省旅游和文化广电体育厅、海南省财政厅	1.企业申报。符合条件的旅游企业根据《关于印发海南省旅游业高质量发展奖补资金使用实施细则的通知》要求，注册登录"海易兑"平台，在规定时间内，在线提交申报材料。 2.市县初审。申报单位所在市县旅文局收到资金申请材料后，应及时会同当地有关部门，通过"海易兑"平台对申报材料进行真实性、合规性审查，提出推荐意见并在线报送省旅文厅。	1.资金申请文件； 2.申报单位营业执照复印件； 3.申报单位对资金申请报告内容和附属文件真实性负责的声明； 4.申报单位财务管理规范、财务管理制度健全相关证明文件； 5.申报营业收入上规模奖励的，还需提供营业收入相关证明；	网址：https://hqzc.wssp.hainan.gov.cn/#/home

续表

办理事项	责任部门	流程	提交材料	申报入口
旅游业奖补资金申报	海南省旅游和文化广电体育厅、海南省财政厅	3.省级审核。省旅文厅在受理申报材料后，根据需要通过组织专家或依照有关规定委托第三方机构等方式进行评审或现场核查，并结合实际分别征求相关部门意见，确定拟扶持企业名单。 4.公示拨付。扶持企业名单通过"海易兑"平台、省旅文厅官方网站等渠道向社会公示，公示时间不少于5个工作日。公示结束后，省旅文厅向省财政厅报送资金拨付方案及项目绩效目标表，省财政厅按程序拨付资金。	6.申报固定资产投资奖励的，还需提供固定资产投资相关证明、申报项目的审批核准备案文件、合同复印件等； 7.其他有关材料，详情见《关于印发海南省旅游业高质量发展奖补资金使用实施细则的通知》第十一、十二、十三条。	网址： https://hqzc.wssp.hainan.gov.cn/#/home

五、政策展望

根据项目实地调研和典型企业走访的情况，旅游景区景点行业关于未来发展的政策诉求集中体现在国家公园、乡村旅游两类业态上。

（一）国家公园

现行政策下，海南热带雨林国家公园一般控制区内旅游企业可以开展特许经营项目，涵盖博物馆、餐饮店、民宿、体育赛事、婚庆活动、生态体验、森林康养、观光直升机、低空观光飞行器等47种。然而，囿于生态环境保护的要求，特许经营项目在落地执行的过程中，普遍存在用地、建设等方面的限制，未来有必要在确保生态红线的前提下进行政策填补。

（二）乡村旅游

现行的包括农村一、二、三产业融合发展用地及集体经营性建设用地入市等政策，为海南乡村旅游发展提供了重要保障。下一步应把工作重点放在政策落实落地、充分释放政策效能上，建议行业主管部门、要素保障部门要加强沟通协调，强化项目招商和项目策划生成，建立沟通协调机制，主动靠前服务企业，必要时行业主管部门可提供项目清单、要素保障部门积极配合，形成工作合力，一对一服务企业，确保各类政策能够落地生效，为此，未来有必要在符合"多规合一"的前提下进行政策填补。此外，根据企业走访调研情况得知，很多邻近的乡村旅游点之间缺乏交通串联和联动营销，存在产品同质化、空间竞争化等问题，未来需要政府层面通过整体规划指引、出台联动性营销和推广政策方案，推动各乡村旅游点连线成片，形成合力，增强吸引力。

第三章　旅游航空运输

一、产业界定和现状分析

（一）产业界定

旅游航空运输是一种商业航空活动，其指的是以航空器进行经营性的以旅游客运为主体的航空活动。旅游航空运输的经营性表明这是一种商业活动，以营利为目的；它又是运输活动，这种航空活动是交通运输的一个组成部分，与铁路、公路、水路和管道运输共同组成了国家的交通运输体系。

旅游航空运输是一种现代化的先进运输方式，在20世纪迅速崛起和发展，在长距离国际和国内旅游中处于绝对垄断地位。与其他运输方式相比，其最大的特点是快捷、舒适、安全，并且具有一定的机动性。航空运输虽然成本高、能耗大，但具有快速、省时、可跨越各种天然障碍的优点，使游客能够在短时间内到相距遥远的世界各地旅游，因此在400千米以上的长距离旅游和国际旅游中占有重要地位。

（二）现状分析

1. 旅游航空运输发展总体情况

2012年8月，海南省政府民航工作办公室成立，为海南民航发展提供了坚强的组织保障；2018年10月，该办公室转隶为海南省交通运输厅民用航空办公室，继续开展运输航线航班加密工作。2012年以来，海南省先后建成琼海博鳌机场、三沙永兴机场2个运输机场，并完成了海口美兰国际机场二期扩建、三亚凤凰国际机场三期改扩建、琼海博鳌机场扩建等一批重大运输机场项目，海南运输机场超负荷运转的情况得到明显改善。

运输机场主要生产指标快速增长，航线网络跨越式完善。海口美兰国际机场、三亚凤凰国际机场2018年进入两千万级旅客吞吐量机场行列，海南是全国继上海、广东后第三个同时有2个两千万级旅客吞吐量机场的省份。此外，全省运输机场境内航线已覆盖全国所有省份主要城市，2019年共有境内航线448条，较2012年增加207条；境外航线数量突破100条，达到103条，较2012年增加64条，初步构建"四小时八小时"飞行经济圈。其中，2016年开通的海口—重庆—罗马航线实现了西欧国家定期航线"零"的突破，2018年开通的三亚—伦敦航线实现了西欧国家定期直飞航线"零"的突破，2021年开通的海口—巴黎航线实现了洲际定期货运航线"零"的突破，2021年开通的海口—新加坡—雅加达航线实现了第五航权货运航线"零"的突破。

2. 航权基本情况

航权是世界航空业通过国际民航组织制定的一种国家性质的航空运输权利，航空运输只要超出自己的国界就涉及其他国家的主权，因此国际航空运输需要在全球行业范围内有一个统一的规定，航权就属于这个规定的一部分。

（1）第一航权：领空飞越权

飞出国界的第一个问题就是要飞入或飞越其他国家的领空，允许或不允许，就形成了第一种权利。其指在不着陆的情况下，本国航机可以在协议国领空上飞过，前往其他国家目的地。

例如：北京—旧金山，中途飞越日本领空，需要和日本签订领空飞越权，获取第一航权，否则只能绕道飞行，增加燃料消耗和延长飞行时间。

（2）第二航权：技术经停权

航空公司飞远程航线，由于距离太远无法从始发地直接飞到目的地，需要选择一个地方进行中途加油或者清洁客舱等技术工作，那么在这个地方的起降就叫作技术经停。技术经停权，仅允许用于非商业的技术处理，也就是不允许在当地上下客货。比如中国飞美国的航班，曾经在美国安克雷奇作技术经停。本国航机可以因技术需要（如添加燃料、因飞机故障或气象原因备降）在协议国降落、经停，但不得作任何业务性工作如上下客、货、邮。

例如：北京—纽约，如果由于飞机机型不能直接飞抵，中间需要在日本降落并加油，但不允许在日本机场上下旅客和货物，此时就要和日本签订技术经停权。

（3）第三航权：目的地下客权

本国航机可以在协议国境内卸下乘客、邮件或货物。

例如：北京—东京，如获得第三航权，中国民航飞机承运的旅客、货物可在东京进港，但只能空机返回。

（4）第四航权：目的地上客权

本国航机可以在协议国境内载运乘客、邮件或货物返回。

例如：北京—东京，如获得第四航权，中国民航飞机能载运旅客、邮件或货物搭乘原机返回北京。

第三、四航权，是一对孪生兄弟。航空公司要飞国际航线，就是要进行国际客货运输，将本国的客货运到其他国家，将其他国家的客货运到本国，这种最基本的商业活动权利就是第三、四航权。

（5）第五航权：中间点权或延远权

可以先将第三国的地点作为中转站上下客货的权利，第五航权是要和两个或两个以上的国家进行谈判。

例如：新加坡—厦门—芝加哥，新加坡航空获得第五航权，可以在新加坡—芝加哥航线上在厦门经停，上下客货。第五种权利（第三国运输权）：承运人前往获得准许的国家，并将从第三国载运的客货卸到该国，或者从该国载运客货前往第三国。

第五航权是针对两个国家的双边协定而言的，在两国的协定中允许对方行使有关第三国运输的权利。但是在没有第三国同意的情况下，这个权利等于没有。因此航空公司在运用这个权利的时候，必然同时要考虑中国与这个"第三国"有没有相应的权利。第五航权之所以复杂，就是因为它涉及多个双边协定，并且在不同的协定中意味着不同种类的航权。第五航权的开放意味着外航不仅要分享对飞国之间的市场，同时还要分享中国到第三国的市场资源。

（6）第六航权：桥梁权

某国或地区的航空公司在境外两国或地区间载运客货且中经其登记国或地区（此为第三及第四自由的结合）的权利。

例如：伦敦—北京—首尔，国航将源自英国的旅客运经北京后再运到韩国。

（7）第七航权：完全第三国运输权

某国或地区的航空公司完全在其本国或地区领域以外经营独立的航线，有在境外两国或地区间载运客货的权利。

例如：伦敦—巴黎，由汉莎航空公司承运。

（8）第八航权：（连续的）国内运输权

某国或地区的航空公司在他国或地区领域内两地间载运客货的权利（境内

经营权），但是只能是以自己国家为起点的一条航线在别国的延长。

例如：北京—成都，由日本航空公司承运。

（9）第九航权：（非连续的）国内运输权

本国航机可以到协议国作国内航线运营。

海南自由贸易港将分阶段、分步骤试点开放第七航权，此前仅有个别国家在个别城市开放货运第七航权，但同时放开客、货运第七航权尚属首次。海南自由贸易港试点开放第七航权是中国民用航空局（简称民航局）落实党中央、国务院决策部署的重要举措，既体现了民航在航权方面超高水准的开放（除海南外，世界上其他自由港基本未开放客运第七航权），符合中央对海南自由贸易港对标高标准的战略定位，同时也将在带动海南全面开放方面起到战略先导作用，推动海南实现贸易投资的国际化，增强海南旅游市场活力。

3. 海南旅游航空机场发展情况

（1）海口美兰国际机场

海口美兰国际机场位于中国海南省海口市东南方向18公里处，为国际机场、区域航空枢纽。海口美兰国际机场于1999年5月25日正式通航；2011年12月成为中国国内首家拥有离岛免税店的机场；2015年11月开始二期扩建项目；2016年1月完成一期航站楼改扩建工程；2019年4月，海口美兰国际机场二期航站楼主体工程基本完工；2020年6月1日，二期扩建项目进行首次校飞；2021年12月2日，机场二期项目正式投运。2022年1月，海口美兰国际机场官网数据显示，海口美兰国际机场占地面积1140公顷，站坪面积125.02万平方米，拥有1条长3600米、宽45米的跑道和1条长3600米、宽60米的跑道；航站楼总规模近45万平方米，停机位139个。2023年第一季度，美兰机场运营航线195条，其中国内航线185条，国际及地区客货运航线10条。

（2）三亚凤凰国际机场

三亚凤凰国际机场位于中国海南省三亚市天涯区凤凰村，东距三亚市中心约11千米，为4E级民用运输国际机场，是中国国内干线机场。三亚凤凰国际机场于1994年7月1日正式通航，占地面积7000余亩，跑道长3400米、宽60米（含道肩），飞行区等级为4E级，可满足波音747-400、空客340等大型飞机全载起降的要求。现有航站楼面积10.63万平方米（其中T1航站楼面积6.1万平方米、T2航站楼面积1.8万平方米、国际航站楼面积1.53万平方米、贵宾航站楼面积1.2万平方米），停机位83个，登机廊桥18座。

三亚凤凰国际机场的航线网络已覆盖全国所有省会城市。截至2023年7月，三亚凤凰国际机场已开通航线168条，其中国内航线130条，国际航线35条，地区航线3条；与国内外106个城市通航，其中国内59个城市，地区3个城市，国际44个城市。2007年，该机场旅客吞吐量突破500万人次，跨入大中型机场行列；2011年旅客吞吐量首次突破千万人次，进入千万级机场行列；2018年旅客吞吐量突破2000万人次，成为国内首家跻身"两千万俱乐部"的非省会地级市机场；2019年国际（地区）旅客吞吐量首次突破100万人次，翻开三亚民航史上的新篇章；2020年凤凰国际机场高峰小时容量标准调增至25架次/小时，航班放量工作历时9年获重大突破，2021年连续第11年旅客吞吐量超1000万人次，拓展了机场发展空间。

（3）琼海博鳌机场

琼海博鳌机场位于中国海南省琼海市中原镇，距琼海市区12千米，距博鳌国际会议中心15千米，飞行区等级为4C级，是博鳌亚洲论坛的重点配套项目。

琼海博鳌机场于2016年3月17日正式通航，定名为琼海博鳌机场。2016年4月，机场启动二期扩建工程；2017年3月，机场二期扩建工程竣工验收。2019年1月机场官网信息显示，琼海博鳌机场拥有两座航站楼，即中国国内航站楼（9900平方米）、国际及港澳台航站楼（6848平方米），拥有3200米跑道一条、52个机位，最大使用机型为波音B737-800和空客A320。截至2021年6月，琼海博鳌机场无基地航空，共开通航线7条，通航城市8个。

二、自由贸易港相关政策解读

（一）政策索引

1. 进口免税类

HK01《财政部 海关总署 税务总局关于海南自由贸易港自用生产设备"零关税"政策的通知》（财关税〔2021〕7号）

HK02《财政部 海关总署关于明确海南自由贸易港"零关税"自用生产设备相关产品范围的通知》（财关税〔2021〕8号）

HK03《财政部 海关总署 税务总局关于调整海南自由贸易港自用生产设备"零关税"政策的通知》（财关税〔2022〕4号）

HK04《财政部 海关总署 税务总局关于海南自由贸易港原辅料"零关税"政策的通知》（财关税〔2020〕42号）

HK05《财政部 海关总署 税务总局关于调整海南自由贸易港原辅料"零关税"政策的通知》（财关税〔2021〕49号）

HK06《关于海南自由贸易港交通工具及游艇"零关税"政策的通知》（财关税〔2020〕54号）

HK07《海南省人民政府关于印发海南自由贸易港"零关税"进口交通工具及游艇管理办法（试行）的通知》（琼府〔2020〕60号）

HK08《海南自由贸易港交通工具及游艇"零关税"政策海关实施办法（试行）》（海关总署公告2021年第1号）

2. 企业税收类

HK09《关于海南自由贸易港企业所得税优惠政策的通知》（财税〔2020〕31号）

HK10《财政部 税务总局关于印发〈海南自由贸易港旅游业、现代服务业、高新技术产业企业所得税优惠目录〉的通知》（财税〔2021〕14号）

HK11《海南自由贸易港鼓励类产业目录（2020年本）》

HK12《国家税务总局海南省税务局关于海南自由贸易港企业所得税优惠政策有关问题的公告》（国家税务总局海南省税务局公告2020年第4号）

HK13《国家税务总局海南省税务局 海南省财政厅 海南省市场监督管理局关于海南自由贸易港鼓励类产业企业实质性运营有关问题的公告》（2021年第1号）（扫描二维码点击底部"相关文件"链接）

HK14《国家税务总局海南省税务局 海南省财政厅 海南省市场监督管理局关于海南自由贸易港鼓励类产业企业实质性运营有关问题的补充公告》（国家税务总局海南省税务局 海南省财政厅 海南省市场监督管理局公告2022年第5号）

3. 个人税收类

HK15《关于海南自由贸易港高端紧缺人才个人所得税政策的通知》（财税〔2020〕32号）

HK16《海南省财政厅 国家税务总局海南省税务局 海南省市场监督管理局 中共海南省委人才发展局关于落实海南自由贸易港高端紧缺人才个人所得税优惠政策有关问题的通知》（琼财税〔2020〕1019号）

HK17《海南省人民政府关于印发海南自由贸易港享受个人所得税优惠政策高端紧缺人才清单管理暂行办法的通知》（琼府〔2022〕31号）

HK18《海南省财政厅 国家税务总局海南省税务局 海南省人力资源和社会保障厅 海南省市场监督管理局 中共海南省委人才发展局关于进一步明确落实海南自由贸易港高端紧缺人才个人所得税优惠政策有关事项的通知》（琼财支财〔2022〕1211号）

4. 航空发展类

HK19《关于59国人员入境旅游免签政策注意事项的通告》（海南省公安厅、海南省旅游和文化广电体育厅，2018年11月）

HK20《公安部通报出台支持海南全面深化改革开放移民出入境、交通管理政策措施》（公安部，2019年7月3日）

HK21《民航局关于加快海南民航业发展支持海南全面深化改革开放的实施意见》（民航发〔2019〕36号）

HK22《海南自由贸易港试点开放第七航权实施方案》（中国民用航空局，2020年6月3日）

5. 航空奖补类

HK23《关于印发海南省旅游业高质量发展奖补资金使用实施细则的通知》（琼旅文函〔2022〕78号）

（二）要点解读

1. 进口免税类

（1）全岛封关运作前，在海南自由贸易港登记注册并具有独立法人资格的海南航空运输企业进口用于交通运输、旅游业的航空器等营运用交通工具可以享受进口"零关税"政策。

2. 企业税收类

（2）2025年前，注册在海南自由贸易港并实质性运营的海南旅游航空运输企业，符合鼓励类产业目录范围等条件的，可按规定享受15%的企业所得税优惠。对总机构设在海南自由贸易港的符合条件的海南旅游航空运输企业，仅就其设在海南自由贸易港的总机构和分支机构的所得，按规定适用15%税率；对总机构设在海南自由贸易港以外的海南旅游航空运输企业，仅就其设在海南自由贸易港内的符合条件的分支机构的所得，按规定适用15%税率。

（3）2025年前，对在海南自由贸易港设立的海南旅游航空运输企业新增境外直接投资取得的所得，符合条件的，可按规定免征企业所得税。新增境外直接投资所得应当符合以下条件：

①从境外新设分支机构取得的营业利润；或从持股比例超过20%（含）的境外子公司分回的，与新增境外直接投资相对应的股息所得。

②被投资国（地区）的企业所得税法定税率不低于5%。

2035年前，对注册在海南自由贸易港并实质性运营的旅游景区景点企业（负面清单行业除外），减按15%的税率征收企业所得税。

3. 个人税收类

（4）2025年前，对在海南自由贸易港工作的海南旅游航空运输企业高端人才和紧缺人才，其个人所得税实际税负超过15%的部分可以享受免征优惠政策。享受优惠政策的所得必须是来源于海南的所得，即海南旅游航空运输企业高端紧缺人才从海南取得的综合所得（包括工资薪金、劳务报酬、稿酬、特许权使用费四项所得）、经营所得以及经海南省认定的人才补贴性所得，相应税款在海南缴纳。

（5）海南旅游航空运输企业高端人才和紧缺人才享受"15%"税收优惠政策应满足以下条件：

①一个纳税年度内在海南自由贸易港累计居住满183天（2023年1月1日起执行，2024年汇算清缴2023年度个人所得税起适用），"连续缴纳社保6个月以上"条件执行至2023年汇算清缴2022年度个人所得税结束。

②属于海南省各级人才管理部门所认定的人才或一个纳税年度内在海南自由贸易港收入达到30万元人民币以上（海南省根据经济社会发展状况实施动态调整）。

③对因职业特点一个纳税年度内在海南自由贸易港累计居住不满183天的航空行业特定人员，在满足上述第二条的同时，一个纳税年度内在海南自由贸易港以单位职工身份连续缴纳职工基本养老保险（与中国签订社会保障协定的国家中免缴人员除外）6个月以上（须包含本年度12月当月），并与在海南自由贸易港注册且实质性运营的企业或单位签订1年以上的劳动合同、聘用协议或可提供其他同等条件劳动人事关系证明材料的，由本人在规定的时间内向税务部门提交申请并说明情况，经由海南省人力资源和社会保障部门组织评审认定通过后，可享受优惠政策。

（6）2035年前，一个纳税年度内在海南自由贸易港累计居住满183天的海南旅游航空运输企业或人员，其取得来源于海南自由贸易港内的综合所得和经营所得，按照3%、10%和15%三档超额累进税率征收个人所得税。

4. 航空发展类

（7）实施免签入境政策的59国包括：俄罗斯、英国、法国、德国、挪威、乌克兰、意大利、奥地利、芬兰、荷兰、丹麦、瑞士、瑞典、西班牙、比利时、捷克、爱沙尼亚、希腊、匈牙利、冰岛、拉脱维亚、立陶宛、卢森堡、马耳他、波兰、葡萄牙、斯洛伐克、斯洛文尼亚、爱尔兰、塞浦路斯、保加利亚、罗马尼亚、塞尔维亚、克罗地亚、波黑、黑山、马其顿、阿尔巴尼亚、美国、加拿大、巴西、墨西哥、阿根廷、智利、澳大利亚、新西兰、韩国、日本、新加坡、马来西亚、泰国、哈萨克斯坦、菲律宾、印度尼西亚、文莱、阿联酋、卡塔尔、摩纳哥、白俄罗斯。

（8）在现行59国人员入境旅游免签政策的基础上，进一步优化入境免签政策，实施更加开放的免签入境政策。政策支持拓展外国人免签入境渠道，符合免签条件的外国人可自行申报或通过单位邀请接待免签入境。

（9）扩大外国人免签入境事由范围，外国人可以商贸、访问、探亲、医疗、会展、体育竞技等事由免签入境海南；对海南引进的外籍高级管理人员以及长期工作或投资的外国人，进一步提供办理口岸签证、长期签证、居留许可和永久居留便利服务，使引才引智政策更具吸引力。免签入境后停留时间从15天或21天统一延长至30天。

（10）航权经营包括第三、四、五航权以及第七航权，第七航权试点开放政策的适用主体为外国旅游航空运输企业，但不包括中国香港、澳门、台湾地区航空公司。

（11）政策支持境外航空公司、旅行社依法参股海南航空企业。政策支持指定的外国旅游航空运输企业在海南具有国际航空运输口岸的地点经营第三、四、五航权以及试点经营第七航权的定期国际客运和（或）货运航班。

（12）政策支持中外旅游航空运输企业积极使用海南开放第三、四、五航权的已有政策，加密海南直达全球主要客源地的国际航线。指定的外国旅游航空运输企业经营第三、四、五航权航班时，可根据双边航权安排规定的航线表及运力额度，在海南与中国境内除北京、上海、广州以外的具有国际航空运输口岸的地点之间行使客运中途分程权，每条航线班次最多每周为7班。

（13）中外旅游航空运输公司经营第三、四、五航权具有客运中途分程权，而外国空运企业经营的第七航权则无中途分程权。第七航权航班存在班次限制，每条航线客、货总班次最高每周分别为7班，而海南省已开放的第三、四、五航权航班无班次限制。

5. 航空奖补类

（14）在海南省内办理注册登记、财务管理规范、财务管理制度健全、诚信守法经营、未纳入严重失信主体名单并依法在海南省内申报纳税，无欠缴税款或其他违反税收规定行为的旅游航空运输企业可以申请海南省旅游业高质量发展奖补资金。

（15）2022年旅游航空运输企业项目年度固定资产投资达到2000万元及以上的，可以申请按照其年度固定资产投资额的5%获得最高2000万元奖励。

三、基于业务场景的政策综合利好分析

（一）海南航空飞机进口享免税

根据HK01—HK08等涉及旅游航空运输企业进口"零关税"的政策，综合测算海南自由贸易港政策对旅游航空企业进口航空器或飞机的经济性利好。

以中州航空有限责任公司申报进口的波音777-200LRF型飞机为例，中州航空有限责任公司利用相关利好政策，使得这架飞机在海口海关所属海口美兰机场海关通关放行，货值1亿美元，为公司减免税款9589万元人民币。这是海南自由贸易港交通工具及游艇"零关税"政策实施以来首次享惠的"零关税"大型飞机，创下交通工具及游艇"零关税"政策项下单票惠享数额新高。进口企业实实在在享受到了自由贸易港"零关税"政策带来的税收减免，大幅降低

了航空企业经营成本，增强了旅游航空运输企业在海南发展的信心。

（二）海南航空企业所得税优惠

根据 HK09—HK14 等涉及企业所得税的优惠政策，综合测算海南自由贸易港对航空公司缴纳企业所得税的经济性利好。

以海南与内地航空公司缴纳 5 年企业所得税为例，假如海南省某航空公司第一年营业收入为 6000 万元，营业成本 3000 万元，受益于海南自贸港航空多项利好政策，航空市场日益发展，该航空公司营业收入与成本以每年 10% 的速率增长。如表 3-1 测算所示，以 5 年为发展基数，落户海南的航空公司较之于内地可以节省缴纳 1831.53 万元的企业所得税。

表3-1　海南与内地航空公司缴纳企业所得税历时比较

时间 要素	第一年	第二年	第三年	第四年	第五年
营业收入（万元）	6000	6600	7260	7986	8784.6
营业成本（万元）	3000	3300	3630	3993	4392.3
内地公司所得税（万元）	750	825	907.5	998.25	1098.075
海南公司所得税（万元）	450	495	544.5	598.95	658.845
内地累计所得税（万元）	750	1575	2482.5	3480.75	4578.825
海南累计所得税（万元）	450	945	1489.5	2088.45	2747.295
海南游艇税收节省金额（万元）	300	630	993	1392.3	1831.53

（三）海南航空企业个人所得税优惠

根据 HK15—HK18 等涉及个人所得税的优惠政策，综合测算海南自由贸易港对高端紧缺航空人才个人所得税的经济性利好。

若航空公司高端紧缺人才年度工资薪金的税前收入为 90 万元，那么按照现行的个人所得税计算（不考虑社会保险、公积金、专项附加扣除等因素），应纳税所得额为 90 万元-6 万元=84 万元（扣除基本减除费用，每月 5000 元，一个纳税年度 6 万元），84 万元所对应的税率为 35% 以及速算扣除数为 85920 元，因此该人才应该缴纳的个人所得税金额为 840000×35%-85920=208080 元，税负为 208080÷840000=24.77%。如果按照 2025 年之前海南自由贸易港高端紧缺人才个人所得税实际税负超过 15% 免征的优惠政策计算，那么该航空公司高端紧缺人才享受自贸港个人所得税减免税额为840000×（24.77%-15%）=82068元，这意味着该人才可以免征约8.2万元的个人所得税。该项个人所得税优惠政策利于海南省吸引航空行业高端人才，对于海南航空行业提质升级具有重要的助推意义。

（四）海南航空企业商贸接待利好

根据HK19、HK20等涉及入境免签的政策，综合分析海南自由贸易港入境免签政策对海南航空企业商贸接待等方面的实质性利好。

根据相关政策，海南自由贸易港在对26国开放免签政策的基础上，优化了入境免签政策，扩大了免签国家范围，适用入境免签政策的国家由26国放宽到59国；免签入境后停留时间从15天或21天统一延长至30天；同时在保留旅行社邀请接待模式的前提下，将团队免签放宽为个人免签，旅客可由接待单位邀请免签入境。在海南免签新政策的实施首日即2018年5月1日，就有来自韩国、印度尼西亚、哈萨克斯坦、新加坡、俄罗斯等国的6个入境航班共计767人从三亚凤凰国际机场入境。这些政策一方面有利于海南航空企业邀请接待同行业商贸人员，另一方面也为海南旅游航空运输企业拓展国外航线奠定了重要基础。

（五）海南自由贸易港第七航权利好

根据HK22等涉及海南自由贸易港第七航权试点的政策，综合分析海南自由贸易港政策对海南旅游航空运输业发展的实质性利好。

外国空运企业可以利用第七航权相关政策，申请经营以海南为中心的独立国际航线，例如德国的汉莎航空股份公司目前承运伦敦至巴黎的航线。以香港国际机场和新加坡樟宜机场为例，在香港实施开放航权政策后，香港国际机场自2010年后超越美国孟菲斯机场，成为全球货运吞吐量最大的机场，已经连续九年稳居世界第一，2019年货物吞吐量达到480万吨，占香港全年对外贸易额的42%。而新加坡积极推行第七航权的航权开放政策后，新加坡樟宜机场2017年货物吞吐量突破了200万吨，排名全球机场第12位，在2019年成为全球第八大货运枢纽。

由此可见，海南第七航权的开放也将给海南自由贸易港和航空公司带来利好，有利于吸引国外的航空公司来琼发展，开发更多以海南为起点和终点的航线，扩大公司航线和规模，提升公司的影响力和国际竞争力。同时，第七航权的开放有利于海南各大航空公司积极竞争，有利于航空公司提升自身管理水平，开发更多优质航线与高质量产品。除此之外，航权的开放能够增加海南出入境市场航空运力的投放，完善海南自贸港航空运输网络，扩大海南航空市场规模，推动海南旅游航空运输业转型升级与高质量发展。

（六）海南旅游航空企业奖补

根据涉及海南旅游航空企业奖补的优惠政策HK23，综合测算与分析海南自由贸易港政策对海南旅游航空企业奖补的经济性利好。

以海南旅游航空企业5年项目年度固定资产为例，假设第一年固定资产投资为8000万元，固定资产投资每年以10%的速率增长，如表3-2测算，以5年为发展基数，海南旅游航空企业5年可累计获得2442.04万元政府奖励。

表3-2　海南旅游航空企业5年奖励一览表

时间 要素	第一年	第二年	第三年	第四年	第五年
年度固定资产投资（万元）	8000	8800	9680	10648	11712.8
奖励（万元）	400	440	484	532.4	585.64
累计所得奖励（万元）	400	840	1324	1856.4	2442.04

四、操作指南

（一）申报 "零关税" 交通工具进口主体资格

办理事项	责任部门	流程	提交材料	申报入口
申报"零关税"交通工具进口主体资格	海南省交通运输厅、海口海关	1.系统登录。企业通过中国（海南）国际贸易单一窗口登录。 2.登录后，从"海南特色应用—零关税区—交通工具及游艇"菜单进入"企业主体申报"栏目。 3.填写申报信息。选择申报行业类型，填写企业基本信息，上传营业执照，完成系统填报。 4.审核与修改。审核通过则单据信息无法修改，如若审批不通过可修改并重新提交。	营业执照	网址：www.singlewindow.hn.cn

（二）旅游航空运输企业进口"零关税"交通工具通关

办理事项	责任部门	流程	提交材料	申报入口
"零关税"交通工具进口通关	海口海关、海南海事部门政务中心、中国船级社海南分社	首次申报进口旅游交通工具的企业，应登录中国（海南）国际贸易单一窗口点击【加贸保税】—【海南零关税设备、交通工具及游艇】完善企业账户信息。 报关申办流程： 1.收到到货通知。 2.准备进口报关文件。 3.录入报关单上传随附单据。 4.单证审核无误且无查证指令，海关放行。如征免性质为494的，企业缴纳相关进口税款后放行。 5.进口企业至码头提货。	1.进口合同； 2.建造证明； 3.发票； 4.产品图片及相关情况说明； 5.进口代理协议书； 6.另涉及监管证件管理的应提交相关监管证件。 备注："零关税"游艇进口货物检验报关单填报要求： 1.企业申报进口"零关税"交通工具及游艇时，进口报关单"申报地海关"应填报"海口海关"下设的隶属海关或业务现场的关区名称及代码（不含"三沙海关"），征免性质填报为"零关税交通工具及游艇"（代码：492）。 2.自愿缴纳进口环节增值税和消费税的，应当在报关时将征免性质填报为"零关税交通工具及游艇（缴纳进口环节税）"（代码：494）。 3.监管方式填报为"一般贸易"（0110）、"租赁不满1年"（代码：1500）、"租赁贸易"（代码：1523）。 4.征减免税方式填报为"随征免性质"（代码：5）。 5.消费使用单位填报企业名称。	1.中国（海南）国际贸易单一窗口网址：http://www.singlewindow.hn.cn 电话：0898-65203029 2.中华人民共和国海口海关电话：0898-65365739 3.中国船级社海南分社综合业务处电话：0898-66770036 4.中国船级社海南分社三亚办事处电话：0898-88657619

（三）旅游航空业高层次人才认定

办理事项	责任部门	流程	提交材料	申报入口
高层次人才认定	海南省人力资源开发局（省人才服务中心），具有认定权限的市县、园区和用人单位	1.个人申报。旅游航空业有关人才个人向所在用人单位提出认定申请，提供有关证明材料，对照《海南自由贸易港高层次人才分类标准（2020）》，选择认定类别，填写海南自由贸易港高层次人才认定申请表或海南省柔性引进高层次人才认定申报表。 2.审核和认定（备案）。申报人所在用人单位对申报人各项条件进行审核。具有认定权限的用人单位，对符合条件的A、B、C、D类人才作出认定意见后，将认定意见与申请材料报省人才服务中心认定备案；对符合条件的E类人才直接进行认定，将认定名单报省人才服务中心备案。 不具有认定权限的用人单位，对符合条件的A、B、C、D、E类人才作出推荐意见，将申请材料报市县或者重点园区人才服务部门。各相关市县或者重点园区人才服务部门对符合条件的A、B、C类人才作出认定意见后，将认定意见与申请材料报省人才服务中心认定备案；对符合条件的D、E类人才直接进行认定，将认定名单报省人才服务中心备案。	1.海南自由贸易港高层次人才认定需提供： （1）近期2寸免冠白底证件照； （2）劳动合同和任职文件； （3）身份证件； （4）申请认定层级和相关佐证材料； （5）在海南缴纳社会保险记录单和个人所得税清单； （6）申报人所在单位的营业执照和法人身份证件； （7）海南自由贸易港高层次人才认定申请表。 2.海南省柔性引进高层次人才认定需提供： （1）近期2寸免冠白底证件照； （2）柔性引才协议（聘期在3年以上且已在海南服务1年以上）；	网址：https://wssp.hainan.gov.cn/hnwt/talent-service

续表

办理事项	责任部门	流程	提交材料	申报入口
高层次人才认定	海南省人力资源开发局（省人才服务中心），具有认定权限的市县、园区和用人单位	3.发证。省人力资源开发局（省人才服务中心）对符合条件的A、B、C、D类人才颁发相应的海南自由贸易港高层次人才证书；授权具有认定权限的市县和省重点园区人才服务部门对符合条件的D、E类人才颁发相应的海南自由贸易港高层次人才证书；授权具有认定权限的用人单位对符合条件的E类人才颁发相应的海南自由贸易港高层次人才证书。	（3）身份证件； （4）申请认定层级和相关佐证材料； （5）为海南提供服务1年以上相关佐证材料（如工资单、个人所得税记录等）； （6）申报人所服务单位的营业执照和法人身份证件； （7）海南省柔性引进高层次人才认定申报表。	网址：https://wssp.hainan.gov.cn/hnwt/talent-service

（四）旅游航空运输企业个人所得税优惠

办理事项	责任部门	流程	提交材料	申报入口
个人所得税优惠政策	海南省税务局	可在自然人电子税务局WEB端或个人所得税APP上自行申报。 1.登录自然人电子税务局官网，按照【我要办税】—【税费申报】—【综合所得申报】—【年度汇算】路径进入综合所得年度申报表并填报。 2.选择申报年度和填报方式等有关信息。 3.确认任职受雇单位及其主管税务机关。 4.填报申报表，如需查看明细，点击【详情】进入查看明细数据。 5.填报海南自贸港高端紧缺人才个人所得税优惠及其他优惠事项。	无	网址：https://etax.chinatax.gov.cn/

续表

办理事项	责任部门	流程	提交材料	申报入口
个人所得税优惠政策	海南省税务局	6.提交申报。此时申报表已填写完毕，确认无误后，依次点击主表右下角的【提交申报】—【确认提交】完成申报。 7.退（补）税。申报完成后如需退税或补税，根据页面提示点击【立即缴款】或【申请退税】。 8.后续操作。可在系统顶部点击【我要查询】—【申报查询】—【更正/作废申报】查看申报信息、更正申报、作废申报等后续操作。	无	网址：https://etax.chinatax.gov.cn/

（五）旅游航空运输企业所得税优惠政策

办理事项	责任部门	流程	提交材料	申报入口
企业办理减按15%的税率缴纳企业所得税	海南省税务局	登录网上电子税务局，按照【我要办税】—【税费申报及缴纳】—【常规申报】路径进入填报。1.预缴申报时，在"中华人民共和国企业所得税月（季）度预缴纳税申报表（A类）"第13行"减：减免所得税额"中选择优惠事项名称"海南自由贸易港鼓励类企业减按15%税率征收企业所得税"并填写本年累计优惠金额。 2.年度申报时，在"中华人民共和国企业所得税年度纳税申报表（A类）"的附表"减免所得税优惠明细表"第28.3行"海南自由贸易港鼓励类企业减按15%的税率征收企业所得税"中填写本年优惠金额。	无	网址：https://etax.hainan.chinatax.gov.cn

（六）海南自由贸易港第七航权申请流程

办理事项	责任部门	流程	提交材料	申报入口
第七航权申请	民航局	1.外国空运企业应向其所在国申请，获得经营至中国的国际客货航班的指定。民航局将综合考虑海南经济社会发展需要、航空运输市场需求、空域保障能力、申请人安全运营水平及经营管理能力等因素，对外国空运企业的指定进行确认。2.申请人应按照现有程序依次申请外国公共航空运承运人运行合格审定、外国航空运输企业航线经营许可、航班时刻和预先飞行计划等。3.第七航权试点开放政策的适用主体为外国空运企业，但不包括中国香港、澳门、台湾地区航空公司。	1.外国航空运输企业航线经营许可 2.航班时刻 3.预先飞行计划	

（七）旅游航空运输企业申请奖补类流程

办理事项	责任部门	流程	提交材料	申报入口
海南旅游航空运输企业奖补资金申报	海南省旅游和文化广电体育厅、海南省财政厅	1.企业申报。符合条件的旅游航空运输企业根据《关于印发海南省旅游业高质量发展奖补资金使用实施细则的通知》要求，注册登录"海易兑"平台，在规定时间内，在线提交申报材料。	1.资金申请文件；2.申报单位营业执照复印件；3.申报单位对资金申请报告内容和附属文件真实性负责的声明；	网址：https://hqzc.wssp.hainan.gov.cn/#/home

续表

办理事项	责任部门	流程	提交材料	申报入口
海南旅游航空运输企业奖补资金申报	海南省旅游和文化广电体育厅、海南省财政厅	2.市县初审。申报单位所在市县旅文局收到资金申报材料后，应及时会同当地有关部门，通过"海易兑"平台对申报材料进行真实性、合规性审查，提出推荐意见并在线报送省旅文厅。 3.省级审核。省旅文厅在受理申报材料后，根据需要通过组织专家或依照有关规定委托第三方机构等方式进行评审或现场核查，并结合实际分别征求相关部门意见，确定拟扶持企业名单。 4.公示拨付。扶持企业名单通过"海易兑"平台、省旅文厅官方网站等渠道向社会公示，公示时间不少于5个工作日。公示结束后，省旅文厅向省财政厅报送资金拨付方案及项目绩效目标表，省财政厅按程序拨付资金。	4.申报单位财务管理规范、财务管理制度健全相关证明文件； 5.申报营业收入上规模奖励的，还需提供营业收入相关证明； 6.申报固定资产投资奖励的，还需提供固定资产投资相关证明、申报项目的审批核准备案文件、合同复印件等； 7.其他有关材料，详情见《关于印发海南省旅游业高质量发展奖补资金使用实施细则的通知》第十一、十二、十三条。	网址：https://hqzc.wssp.hainan.gov.cn/#/home

五、政策展望

根据项目实践调研与典型企业走访的情况，旅游航空运输业对未来发展的政策诉求主要体现在航权开放和航空奖补两大方面。

（一）航权开放

根据现有涉及海南第七航权试点的政策，外国空运企业可以申请运营以海南为中心的国际航线，利于海南加密国际航线网络，这对于海南旅游航空运输业的转型高质量发展具有重要意义。然而，根据对企业进行走访与调研，发现部分中国航空公司对第七航权开放而带来的市场竞争表示一定程度的担忧，对航空运输管理与市场监管政策缺乏了解。因此，未来有必要在航空运输市场监管方面进行政策填补，出台海南第七航权试点政策的配套监管实施细则，建立海南航空运输企业航线经营的竞争、安全、争端解决保障性机制，促进本国航空企业与外国航空企业航线经营的双向合作与共赢。

（二）航空奖补

海南目前已经出台旅游业高质量发展奖补资金政策，这项政策虽然对海南旅游业的恢复与发展具有促进作用，但其关于海南旅游航空运输业发展奖补内容提及较少。此外，根据对企业进行走访与调研，发现不少航空公司反映目前的航空专项奖补政策都聚焦于货运，很少涉及航空客运的奖补资金。因此，未来有必要出台聚焦海南旅游客运航空奖补的方案及实施细则，这对于缓解海南旅游航空企业运营压力、促进旅游航空企业恢复与振兴发展具有重要的推动意义。

第四章　旅游交通

一、产业界定和现状分析

（一）产业界定

旅游地交通是旅游交通系统中的重要组成部分，指的是为到达目的地后的旅客所提供的公路、高铁、高速、旅游专线、旅游车辆等交通设施与服务。结合海南实际，海南岛旅游交通区别于旅客抵离海岛所使用的外部交通，是旅客抵达海岛后在海岛区域范围内所接触的岛内交通方式与服务体系。

道路旅游客运是旅游地内部交通体系中重要一环。根据2019年施行的《海南经济特区道路旅游客运管理若干规定》，道路旅游客运指的是以运送进行游览、度假、休闲、商务、通勤等活动的旅客为目的，由经营者提供旅游客运车辆和驾驶劳务，按照约定的起始地、目的地和路线行驶，按行驶里程或者包用时间计费并支付费用的道路包车客运方式，包括包车客运和非定线旅游客运。

（二）现状分析

1. 海南环岛旅游公路现状

（1）旅游公路总体概况

根据《海南环岛旅游公路及驿站规划》，海南环岛旅游公路路线主线总里程约1000公里，贯穿海口、文昌、琼海、万宁、陵水、三亚、乐东、东方、昌江、儋州、临高、澄迈等沿海12个市县和洋浦经济开发区，有机串联沿途约9类84段景观区域、22个滨海岬角、25座灯塔、68个特色海湾、26个滨海潟湖、16片红树林、40个驿站、31家A级以上景区、21处旅游度假区、261处滨海名胜古迹，以这些景点景区、特色城镇、美丽乡村、服务驿站等为点，以环岛旅游公路为串线，致力打造业态创新、配套完备、体验丰富的国际一流风景旅游道、"路道型"旅游综合体、国际旅游消费中心新平台。

（2）旅游公路建设进度

当前海南正在加速推进海南环岛旅游公路项目建设，海南省交通运输厅数据显示，2022年上半年，海南环岛旅游公路项目累计完成投资15.09亿元，超额完成上半年14亿元投资目标；累计完成投资76.2亿元，占预算总投资143.9亿元的52.9%，超时序完成投资过半目标。2022年9月起，环岛旅游公路全线开始路面摊铺，2022年底全线线线基本成型，2023年6月底前，环岛旅游公路基本建成分段通车，2023年12月底前，公路全线建成通车。

（3）旅游公路驿站布局

海南环岛旅游公路沿线拟建40个公路驿站，旨在打造集"旅游服务基地、特色旅游产品、区域整合平台"功能三位于一体的综合型旅游服务设施。环岛旅游公路驿站分为自然景观资源型和历史人文资源型两大类，并细分为6小类（如表4-1）。沿线每隔20公里至40公里设立一个驿站，它们本身既是旅游服务基地，又是特色旅游产品，还可以是区域整合平台；环岛旅游公路驿站既有独立选址，也有结合旅游度假区、景点、特色产业小镇的美丽乡村等进行布局。

表4-1　海南环岛旅游公路驿站布局及类别

分类	类别	驿站名称	所在市县
自然资源景观驿站	湿地类（8个）	五龙戏水驿站	文昌
		三更菩提驿站	文昌
		椰洲鹭鸣驿站	三亚
		琵鹭四更驿站	东方
		海尾守望驿站	昌江
		火山海岸驿站	儋州
		夕照儋耳驿站	儋州
		彩桥遗梦客栈	临高
	盐田类（2个）	莺歌唱晚驿站	乐东
		沧海盐丁驿站	儋州
	悬崖类（5个）	山钦蓝梦驿站	万宁
		牛岭弥香驿站	陵水
		春澜香水驿站	陵水
		岭头揽胜驿站	乐东
		头友听涛驿站	澄迈

续表

分类	类别	驿站名称	所在市县
自然资源景观驿站	海湾类（10个）	七星啼翠驿站	文昌
		抱虎听涛驿站	文昌
		铜鼓观日驿站	文昌
		花角锦绣驿站	万宁
		大洲燕呢驿站	万宁
		日月逐浪驿站	万宁
		逐日龙栖驿站	乐东
		金月彩霞驿站	东方
		感恩通天驿站	东方
		闲敲棋子驿站	昌江
人文资源型驿站	文化展示类（11个）	木兰波光驿站	文昌
		青葛龙湾驿站	琼海
		鱼跃潭门驿站	琼海
		小海龙舟驿站	万宁
		铜港鱼灯驿站	陵水
		崖州红韵驿站	三亚
		峻灵神韵驿站	昌江
		银滩泛歌驿站	儋州
		峡角飞渡驿站	临高
		薯香桥头驿站	澄迈
		大丰古韵驿站	澄迈
	科技体验类（4个）	东港觅古驿站	海口
		龙楼揽月驿站	文昌
		海棠花语驿站	三亚
		叶蓉金滩驿站	儋州

2.海南西环旅游铁路现状

海南西环公交化旅游化铁路也称三亚至乐东公交化旅游化城际铁路，是位于中国海南省三亚市和乐东黎族自治县的一条已开工建设的城际铁路；该线为"大三亚"环线城际轨道交通1号线，利用海南西环铁路（货运普速线）和海南西环高速铁路开行。西环旅游铁路项目于2019年12月获得中国国家铁路集团批复同意建设，已于2020年开工，预计2023年建成通车，总投资约58.2亿元。项目路线全长约108公里，其中利用西环高铁约74公里，利用西环货线23.79公里。全线设14个车站，其中新建岭头、利国、镇海、崖州湾科技城、红塘湾等6个车站，利用既有尖峰、黄流、乐东等3个车站，改建崖州、南山北、天涯海角、凤凰国际机场、三亚站等5个车站。截至2023年2月，镇海站和利国站站房均进入装饰装修收尾阶段；镇海站一站台雨棚钢柱安装完成，利国站二站台桩基、承台基础梁施工完成，利国站进出站的天桥楼扶梯罩棚钢结构安装完成；钢结构半成品已全部进场，项目总体进度完成80%，预计2023年内完成竣工交付。未来将与规划中的三亚至陵水铁路等城际铁路连接，完善海南西部交通基础设施，有利于推动"大三亚"旅游经济圈快速发展。此外，项目利用既有西环铁路线，依托西部旅游文化资源，开行高端旅游列车，并在风景优美的地段打造列车营地，服务高端商务及游客出行娱乐需求，通过"西线带西部"，推动海南西部经济社会发展。

3.海南旅游客运发展现状

2019年《海南经济特区道路旅游客运管理若干规定》实施以来，海南省旅游客运市场化改革激发了旅游客运市场活力，形成了良性的市场氛围。受放开市场、降低市场准入门槛等政策因素影响，各类市场主体特别是旅游企业投资进入旅游客运市场热情高涨，旅游客运经营企业和车辆数量大幅度增加。根据《海南省道路旅游客运运力发展报告（2020—2021年度）》，截至2021年6月30日，海南省道路旅游客运企业由15家增加至81家，增加比例达到540%。道路旅游客车数由2281辆增加至3187辆，2019—2021年上半年，到期退市1880辆旅游客运车辆，实际增加2786辆旅游客运车辆，增加比例达到122%。道路旅游客车座位数由63725个座位增加到108876个座位，增加比例达到171%。

此外，旅游客运新能源汽车是海南旅游客运未来发展的一大重点。根据省道路运输局统计数据，截至2020年底，全省旅游客车保有量为3082辆，其中清洁能源汽车352辆（含312辆电动汽车），占比11.4%。全年全省新增和更换旅游客车400辆，其中清洁能源汽车40辆（全部为电动车），占比10%，与《海南省清洁能源汽车发展规划》（琼府〔2019〕11号）中提出的"2020年新增和更换的旅游客车中清洁能源化占比不低于20%"的发展目标存在一定的差距。

二、自由贸易港相关政策解读

（一）政策索引

1.进口免税类

JT01《财政部　海关总署　税务总局关于海南自由贸易港自用生产设备"零关税"政策的通知》（财关税〔2021〕7号）

JT02《财政部　海关总署关于明确海南自由贸易港"零关税"自用生产设备相关产品范围的通知》（财关税〔2021〕8号）

JT03《财政部　海关总署　税务总局关于调整海南自由贸易港自用生产设备"零关税"政策的通知》（财关税〔2022〕4号）

JT04《财政部　海关总署　税务总局关于海南自由贸易港原辅料"零关税"政策的通知》（财关税〔2020〕42号）

JT05《财政部　海关总署　税务总局关于调整海南自由贸易港原辅料"零关税"政策的通知》（财关税〔2021〕49号）

JT06《财政部 海关总署 税务总局关于海南自由贸易港交通工具及游艇"零关税"政策的通知》（财关税〔2020〕54号）

JT07《海南省人民政府关于印发海南自由贸易港"零关税"进口交通工具及游艇管理办法（试行）的通知》（琼府〔2020〕60号）

JT08《海南自由贸易港交通工具及游艇"零关税"政策海关实施办法（试行）》

2.企业税收类

JT09《关于海南自由贸易港企业所得税优惠政策的通知》（财税〔2020〕31号）

JT10《财政部 税务总局关于印发〈海南自由贸易港旅游业、现代服务业、高新技术产业企业所得税优惠目录〉的通知》（财税〔2021〕14号）

JT11《海南自由贸易港鼓励类产业目录（2020年本）》

JT12《国家税务总局海南省税务局关于海南自由贸易港企业所得税优惠政策有关问题的公告》（国家税务总局海南省税务局公告2020年第4号）

JT13《国家税务总局海南省税务局 海南省财政厅 海南省市场监督管理局关于海南自由贸易港鼓励类产业企业实质性运营有关问题的公告》（2021年第1号）（扫描二维码点击底部"相关文件"链接）

JT14《国家税务总局海南省税务局 海南省财政厅 海南省市场监督管理局关于海南自由贸易港鼓励类产业企业实质性运营有关问题的补充公告》（国家税务总局海南省税务局 海南省财政厅 海南省市场监督管理局公告2022年第5号）

3.个人税收类

JT15《关于海南自由贸易港高端紧缺人才个人所得税政策的通知》（财税〔2020〕32号）

JT16《海南省财政厅 国家税务总局海南省税务局 海南省市场监督管理局中共海南省委人才发展局关于落实海南自由贸易港高端紧缺人才个人所得税优惠政策有关问题的通知》（琼财税〔2020〕1019号）

JT17《海南省人民政府关于印发海南自由贸易港享受个人所得税优惠政策高端紧缺人才清单管理暂行办法的通知》（琼府〔2022〕31号）

JT18《海南省财政厅 国家税务总局海南省税务局 海南省人力资源和社会保障厅 海南省市场监督管理局 中共海南省委人才发展局关于进一步明确落实海南自由贸易港高端紧缺人才个人所得税优惠政策有关事项的通知》（琼财支财〔2022〕1211号）

4.交通发展类

JT19《交通运输部贯彻落实〈中共中央 国务院关于支持海南全面深化改革开放的指导意见〉实施方案》

JT20《海南省交通运输脱贫攻坚三年行动实施方案》（2018年10月）

JT21《海南经济特区道路旅游客运管理若干规定》

JT22《〈海南环岛旅游公路及驿站规划〉公示启事》（海南省自然资源和规划厅2019年3月15日）

JT23《海南省住房和城乡建设厅 海南省自然资源和规划厅 海南省旅游和文化广电体育厅 海南省交通运输厅 海南省工业和信息化厅 海南省水务厅 海南省生态环境厅关于印发〈海南环岛旅游公路驿站建设技术导则〉的通知》(琼建科〔2019〕145号)

JT24《关于利用海南西环高铁和货线三亚至乐东(岭头)段开行公交化旅游化列车改造工程可行性研究报告的批复》(铁发改函〔2019〕414号)

JT25《交通运输部关于海南省开展环岛旅游公路创新发展等交通强国建设试点工作的意见》(交规划函〔2021〕226号)

JT26《海南省交通运输厅关于印发〈海南省"十四五"交通运输(公路水路)发展规划〉的通知》(海南省交通运输厅,2022年7月21日)

JT27《关于印发〈海南自由贸易港建设重大项目实施方案〉的通知》(2021年第8号)

JT28《海南省交通运输厅 海南省财政厅 海南省农业农村厅 海南省乡村振兴局关于印发〈海南省"四好农村路"高质量发展实施方案〉的通知》(琼交公

路〔2022〕309号）

JT29《海南省发展和改革委员会关于申报2023年省重点（重大）项目投资计划的通知》（琼发改投资〔2022〕815号）

5.交通奖补类

JT30《海南省旅游和文化广电体育厅办公室关于开展2023年海南省旅游业高质量发展奖补资金申报工作的通知》（琼旅文办函〔2023〕112号）

（二）要点解读

1.进口免税类

（1）全岛封关运作前，在海南自由贸易港登记注册并具有独立法人资格的海南旅游岛内交通企业进口旅游交通工具以及自用生产经营设备可以享受进口"零关税"政策。

2.企业税收类

（2）2025年前，注册在海南自由贸易港并实质性运营的旅游岛内交通企业，符合鼓励类产业目录范围等条件的，可按规定享受15%的企业所得税优惠。对总机构设在海南自由贸易港的符合条件的旅游岛内交通企业，仅就其设在海南自由贸易港的总机构和分支机构的所得，按规定适用15%税率；对总机构设在海南自由贸易港以外的旅游岛内交通企业，仅就其设在海南自由贸易港内的符合条件的分支机构的所得，按规定适用15%税率。

（3）2025年前，对在海南自由贸易港设立的旅游岛内交通企业新增境外直接投资取得的所得，符合条件的，可按规定免征企业所得税。新增境外直接投资所得应当符合以下条件：

①从境外新设分支机构取得的营业利润；或从持股比例超过20%（含）的境外子公司分回的，与新增境外直接投资相对应的股息所得。

②被投资国（地区）的企业所得税法定税率不低于5%。

2035年前，对注册在海南自由贸易港并实质性运营的旅游景区景点企业（负面清单行业除外），减按15%的税率征收企业所得税。

3.个人税收类

（4）2025年前，在海南自由贸易港工作的海南省旅游交通企业高端人才和紧缺人才，其个人所得税实际税负超过15%的部分可以享受免征优惠政策。享受优惠政策的所得必须是来源于海南的所得，即旅游岛内交通企业高端紧缺人才从海南取得的综合所得（包括工资薪金、劳务报酬、稿酬、特许权使用费四项所得）、经营所得以及经海南省认定的人才补贴性所得，相应税款在海南缴纳。

（5）海南旅游交通企业高端人才和紧缺人才享受"15%"税收优惠政策应满足两大条件：

①一个纳税年度内在海南自由贸易港累计居住满183天（2023年1月1日起执行，2024年汇算清缴2023年度个人所得税起适用），"连续缴纳社保6个月以上"条件执行至2023年汇算清缴2022年度个人所得税结束。

②属于海南省各级人才管理部门所认定的人才或一个纳税年度内在海南自由贸易港收入达到30万元人民币以上（海南省根据经济社会发展状况实施动态调整）。

（6）2035年前，一个纳税年度内在海南自由贸易港累计居住满183天的旅游交通企业或人员，其取得来源于海南自由贸易港内的综合所得和经营所得，按照3%、10%和15%三档超额累进税率征收个人所得税。

4.交通发展类

（7）海南环岛旅游公路试点内容包括创新交旅融合实施方式、依法合规创新投融资模式、布设富含海洋文化的"亲海体验"沿线设施、提升公路智慧化水平、建设具有地方人文特色的旅游指示系统。

（8）环岛旅游公路驿站是集"旅游服务基地、特色旅游产品、区域整合平台"功能三位于一体的综合型旅游服务设施，是滨海旅游重要目的地和旅游消费中心，是建设国际旅游消费中心的重要平台和支撑点。

（9）海南环岛旅游公路驿站建设地点包括海口、文昌、琼海、万宁、陵水、三亚、乐东、东方、昌江、儋州、临高、澄迈等沿海12个市县。

（10）环岛滨海共规划驿站40个，包括自然资源型驿站25个、人文资源型驿站15个，建设用地总面积约5100亩。其建设要围绕自然景观环境，体现天人合一，达到亲近自然的目的。

（11）环岛历史人文资源型驿站具体包括11个文化展示类驿站和4个科技体验类驿站。其建设要围绕海南特色的文化行为、历史事件和现代科技文化展示，开展文化与科技旅游体验活动。

（12）政策鼓励以"海澄文"一体化经济圈、"大三亚"旅游经济圈为重点，打造多节点、网格状、全覆盖的铁路、城际轨道、骨架公路网络。

（13）政策鼓励以环岛高铁、环岛高速、环岛旅游公路及驿站、绿色水上环线等，打造综合立体、绿色高效的交通环带，连接全岛滨海主要城镇、重要景区等。

（14）政策鼓励推进"交通+旅游扶贫"，支持农村旅游公路建设，鼓励推动旅游节点等级公路通达，优先改善自然人文、少数民族特色村寨和风情小镇等旅游景点景区交通运输条件。

（15）政策鼓励推进环岛旅游公路、热带雨林国家公园旅游公路、环新英湾旅游公路等特色精品旅游风景路建设。

（16）申请从事道路旅游客运经营的企业，应当具备下列条件：具有企业法人资格；有与其经营业务相适应并经检测合格的客运车辆；有与其经营规模相适应的停车场地和固定办公场所；有符合规定的从事道路旅游客运经营的管理人员和驾驶员；有健全的安全生产管理制度。

（17）鼓励道路旅游客运经营企业实行规模化、集约化、网络化、品牌化经营，而道路旅游客运经营期限为6—8年，同时鼓励道路旅游客运经营企业使用新能源汽车和清洁能源汽车。

（18）海南省委、省政府确定列入省重点（重大）项目投资计划的环岛旅游公路驿站项目可不受申报标准的投资额限制。

（19）政策积极支持并推动作为省重大项目的海南西环铁路公交化旅游化改造项目建设，该项目采用西环高铁城际列车大站直达＋市域列车站站停混跑运输组织模式。

5.交通奖补类

（20）在海南省内办理注册登记、财务管理规范、财务管理制度健全、诚信守法经营、未纳入严重失信主体名单并依法在海南省内申报纳税，无欠缴税款或其他违反税收规定行为的旅游交通企业可以申请海南省旅游业高质量发展奖补资金。

（21）2022年海南省旅游交通企业项目年度固定资产投资达到2000万元及以上的，可以申请按照其年度固定资产投资额的5%获得最高2000万元奖励。

三、基于业务场景的政策综合利好分析

（一）旅游客运车辆进口享免税

根据JT01—JT08等涉及旅游岛内交通企业进口"零关税"的政策，综合测算海南自由贸易港政策对旅游交通企业进口旅游客运车辆的经济性利好。

以旅游公路企业购买旅游客运车辆为例，假如某旅游公路企业现打算购买一辆进口旅游公路客运车，如果是9座及以下小客车，涉及排气量从1升以下到4升以上不等，进口综合税率范围为31.26%—116.58%。若现进口一辆排气量为3.5升售价100万元的旅游客运车，可以节省15%进口关税，免除13%的进口环节增值税及25%的进口环节消费税，综合测算后该旅游公路企业节省了税费47万元。进口交通工具以及自用生产经营设备"零关税"政策可以降低旅游公路企业运营成本，有利于提升海南旅游公路企业的交通服务质量。

（二）旅游交通企业所得税优惠

根据JT09—JT14政策，综合测算海南自由贸易港政策对旅游岛内交通企业缴纳企业所得税的经济性利好。

以海南与内地旅游交通公司缴纳5年企业所得税为例，假如某海南旅游交通企业第一年营业收入为5000万元，营业成本2000万元，受益于海南自由贸易

港旅游公路利好政策，环岛旅游公路市场日益发展，该企业营业收入与成本以每年10%的速率增长。如表4-2测算所示，以5年为发展基数，落户海南的旅游公路企业较之于内地可以节省缴纳1831.53万元的企业所得税。

表4-2　海南与内地旅游公路公司缴纳企业所得税历时比较

时间 要素	第一年	第二年	第三年	第四年	第五年
营业收入（万元）	5000	5500	6050	6655	7320.5
营业成本（万元）	2000	2200	2420	2662	2928.2
内地公司所得税（万元）	750	825	907.5	998.25	1098.075
海南公司所得税（万元）	450	495	544.5	598.95	658.845
内地累计所得税（万元）	750	1575	2482.5	3480.75	4578.825
海南累计所得税（万元）	450	945	1489.5	2088.45	2747.295
海南旅游公路税收节省金额（万元）	300	630	993	1392.3	1831.53

（三）旅游交通企业个人所得税优惠

根据JT15—JT18涉及个人所得税的优惠政策，综合测算海南自由贸易港政策对旅游岛内交通企业高端紧缺人才个人所得税的经济性利好。

若旅游岛内交通企业高端紧缺人才年度工资薪金的税前收入为80万元，那么按照现行的个人所得税计算（不考虑社会保险、公积金、专项附加扣除等因素），应纳税所得额为80万元-6万元=74万元（扣除基本减除费用，每月5000元，一个纳税年度6万元），74万元所对应的税率为35%以及速算扣除数为85920元，因此该人才应该缴纳的个人所得税金额为740000×35%-85920=173080元，税负为173080÷740000=23.39%。如果按照2025年之前海南自由贸易港高端紧缺人才个人所得税实际税负超过15%免征的优惠政策计算，那么该旅游岛内交通企业高端紧缺人才享受自由贸易港个人所得税减免税额为740000×（23.39%-15%）=62086元，这意味着该人才可以免征约6.2万元的个人所得税，这对于吸引旅游公路企业人才、提升旅游公路建设质量具有重要意义。

（四）海南省旅游公路驿站投资利好

根据JT22、JT23、JT25、JT28等涉及旅游公路驿站的相关政策，综合分析海南自由贸易港政策对旅游岛内交通企业投资的实质利好。

得益于JT22、JT23、JT25、JT28等海南旅游公路驿站规划、投资、建设利好政策的出台，海南莺歌唱晚驿站正式开建以及东方旅游公路驿站项目已经进入海南自由贸易港招商引资项目库并已发布旅游公路驿站的招商指南。同时，对于旅游公路驿站类项目而言，其可以利用相关政策，享受不受企业投资额度限制申报海南省重点（重大）项目，有利于吸引旅游公路驿站业态的企业投资，促进海南环岛旅游公路驿站的产业集聚与高质量建设发展。

实例1 "莺歌唱晚驿站"：2022年12月海南环岛旅游公路首个开工驿站项目——莺歌唱晚驿站在乐东黎族自治县黄流镇正式开建，莺歌唱晚驿站占地195亩，总建筑面积7.8万平方米，总投资近8亿元，由海南控股旗下文旅平台企业海南海控美丽乡村建设有限公司投资运营。莺歌唱晚驿站以"日出尖峰、日落银山"为主题，以"盐文化"游览体验为亮点，特别是在建筑设计方面结合了当地的"盐"主题文化和现有的养殖坑塘地貌，让游客在游历的过程中，既看到了场地原有的盐文化景象，欣赏了莺歌海盐场的美景，也完整欣赏了一次制盐工艺的非遗传承展示。2023年底前将打造集综合服务中心、能源补给中心等"基础型"服务功能和银山礼堂、银山广场等"亮点型"引领功能于一体的综合性超级驿站。

实例2 "东方旅游公路驿站"：该项目的建设地点为东方市板桥镇南港村（金月彩霞驿站）、东方市新龙镇通天河入海口处（感恩通天驿站）、东方市四更镇旦场园村昌化江入海口（琵鹭四更驿站），具体涉及金月彩霞驿站、感恩通天驿站、琵鹭四更驿站等3个驿站，金月彩霞驿站项目规划占地约149亩，感恩通天驿站项目规划占地约146亩，琵鹭四更驿站项目规划占地约173亩，整个项目计划于2022年确定招商投资企业主体，具体招商企业范围确定为主题驿站建设运营主体与配套设施建设主体。

（五）海南西环旅游铁路项目投资利好

根据JT24、JT27等涉及海南西环旅游铁路项目的政策，综合分析海南自由贸易港政策对企业投资西环旅游铁路项目的实质机遇与利好。

《关于印发〈海南自由贸易港建设重大项目实施方案〉的通知》将海南西环旅游铁路工程项目列为省重大基础设施和2021年重大投资项目。2019年12月2日，中国国家铁路集团有限公司批复了《关于利用海南西环高铁和货线三亚至乐东（岭头）段开行公交化旅游化列车改造工程可行性研究报告的批复》（铁发改函〔2019〕414号）。自此该项目于2020年11月顺利开工，预计2023年底完工。此外，2023年2月，海南省发布的"西环铁路旅游项目招标计划公告"显示，项目将利用既有西环铁路线，依托西部旅游文化资源，开行高端旅游列车，并在风景优美的地段打造列车营地，服务于高端商务及游客出行娱乐需求，通过"西线带西部"，推动海南西部经济社会发展。无疑，海南西环铁路旅游项目将要进入招商阶段，其作为海南自由贸易港重大项目拥有众多政策便利与巨大发展潜力，为企业投资海南西环铁路旅游多元业态带来重要机遇。

（六）海南省旅游交通企业奖补

根据 JT30 等涉及旅游类企业的奖补优惠政策，综合测算海南自由贸易港政策对旅游岛内交通企业奖补的经济性利好。

以旅游公路驿站等招商企业 5 年项目年度固定资产投资为例，假设第一年固定资产投资为 5000 万元，固定资产投资每年以 10% 的速率增长，如表 4-3 测算，以 5 年为发展基数，海南旅游公路驿站等招商企业五年可累计获得 1526.3 万元政府奖励。

表4-3　海南旅游公路企业5年奖励一览表

时间\要素	第一年	第二年	第三年	第四年	第五年
年度固定资产投资（万元）	5000	5500	6050	6655	7320.5
奖励（万元）	250	275	302.5	332.8	366
累计所得奖励（万元）	250	525	827.5	1160.3	1526.3

四、操作指南

（一）申报"零关税"交通工具进口主体资格

办理事项	责任部门	流程	提交材料	申报入口
申报"零关税"交通工具进口主体资格	海南省交通运输厅、海口海关	1. 系统登录。企业通过中国（海南）国际贸易单一窗口登录。 2. 登录后，从"海南特色应用—零关税区—交通工具及游艇"菜单进入"企业主体申报"栏目。 3. 填写申报信息。选择申报行业类型，填写企业基本信息，上传营业执照，完成系统填报。 4. 审核与修改。审核通过则单据信息无法修改，如若审批不通过可修改并重新提交。	营业执照	网址：www.singlewindow.hn.cn

（二）旅游交通业企业进口"零关税"交通工具通关

办理事项	责任部门	流程	提交材料	申报入口
"零关税"交通工具进口通关	海口海关、海南海事部门政务中心、中国船级社海南分社	首次申报进口旅游交通工具的企业，应登录中国（海南）国际贸易单一窗口，点击【加贸保税】—【海南零关税设备、交通工具及游艇】完善企业账户信息。报关申办流程：1.收到到货通知。2.准备进口报关文件。3.录入报关单上传随附单据。	1.进口合同；2.建造证明；3.发票；4.产品图片及相关情况说明；5.进口代理协议书；6.另涉及监管证件管理的应提交相关监管证件。 备注："零关税"游艇进口货物检验报关单填报要求：1.企业申报进口"零关税"交通工具及游艇时，进口报关单"申报地海关"应填报"海口海关"下设的隶属海关或业务现场的关区名称及代码（不含"三沙海关"），征免性质填报为"零关税交通工具及游艇"（代码：492）。2.自愿缴纳进口环节增值税和消费税的，应当在报关时将征免性质填报为"零关税交通工具及游艇（缴纳进口环节税）"（代码：494）。	1.中国（海南）国际贸易单一窗口网址：http://www.singlewindow.hn.cn电话：0898-65203029 2.中华人民共和国海口海关电话：0898-65365739 3.中国船级社海南分社综合业务处电话：0898-66770036

续表

办理事项	责任部门	流程	提交材料	申报入口
"零关税"交通工具进口通关	海口海关、海南海事部门政务中心、中国船级社海南分社	4.单证审核无误且无查证指令，海关放行。如征免性质为494的，企业缴纳相关进口税款后放行。 5.进口企业至码头提货。	3.监管方式填报为"一般贸易"（0110）、"租赁不满1年"（代码：1500）、"租赁贸易"（代码：1523）。 4.征减免税方式填报为"随征免性质"（代码：5）。 5.消费使用单位填报企业名称。	4.中国船级社海南分社三亚办事处 电话：0898-88657619

（三）旅游交通业高层次人才认定

办理事项	责任部门	流程	提交材料	申报入口
高层次人才认定	海南省人力资源开发局（省人才服务中心），具有认定权限的市县、园区和用人单位	1.个人申报。旅游交通业有关人才个人向所在用人单位提出认定申请，提供有关证明材料，对照《海南自由贸易港高层次人才分类标准（2020）》，选择认定类别，填写海南自由贸易港高层次人才认定申请表或海南省柔性引进高层次人才认定申报表。 2.审核和认定（备案）。申报人所在用人单位对申报人各项条件进行审核。具有认定权限的用人单位，对符合条件的A、B、C、D类人才作出认定意见后，将认定意见与申请材料报省人才服务中心认定备案；对符合条件的E类人才直接进行认定，将认定名单报省人才服务中心备案。	1.海南自由贸易港高层次人才认定需提供： （1）近期2寸免冠白底证件照； （2）劳动合同和任职文件； （3）身份证件； （4）申请认定层级和相关佐证材料； （5）在海南缴纳社会保险记录单和个人所得税清单； （6）申报人所在单位的营业执照和法人身份证件； （7）海南自由贸易港高层次人才认定申请表。	网址：https://wssp.hainan.gov.cn/hnwt/talent-service

续表

办理事项	责任部门	流程	提交材料	申报入口
高层次人才认定	海南省人力资源开发局（省人才服务中心），具有认定权限的市县、园区和用人单位	不具有认定权限的用人单位，对符合条件的A、B、C、D、E类人才作出推荐意见，将申请材料报市县或者重点园区人才服务部门。各相关市县或者重点园区人才服务部门对符合条件的A、B、C类人才作出认定意见后，将认定意见与申请材料报省人才服务中心认定备案；对符合条件的D、E类人才直接进行认定，将认定名单报省人才服务中心备案。 3.发证。省人力资源开发局（省人才服务中心）对符合条件的A、B、C、D类人才颁发相应的海南自由贸易港高层次人才证书；授权具有认定权限的市县和省重点园区人才服务部门对符合条件的D、E类人才颁发相应的海南自由贸易港高层次人才证书；授权具有认定权限的用人单位对符合条件的E类人才颁发相应的海南自由贸易港高层次人才证书。	2.海南省柔性引进高层次人才认定需提供： （1）近期2寸免冠白底证件照； （2）柔性引才协议（聘期在3年以上且已在海南服务1年以上）； （3）身份证件； （4）申请认定层级和相关佐证材料； （5）为海南提供服务1年以上相关佐证材料（如工资单、个人所得税记录等）； （6）申报人所服务单位的营业执照和法人身份证件； （7）海南省柔性引进高层次人才认定申报表。	网址： https://wssp.hainan.gov.cn/hnwt/talent-service

（四）旅游交通业企业个人所得税优惠政策

办理事项	责任部门	流程	提交材料	申报入口
个人所得税优惠政策	海南省税务局	可在自然人电子税务局WEB端或个人所得税APP上自行申报。 1.登录自然人电子税务局，按照【我要办税】—【税费申报】—【综合所得申报】—【年度汇算】路径进入综合所得年度申报表并填报。 2.选择申报年度和填报方式等有关信息。 3.确认任职受雇单位及其主管税务机关。 4.填报申报表，如需查看明细，点击【详情】进入查看明细数据。 5.填报海南自贸港高端和紧缺人才个人所得税优惠及其他优惠事项。 6.提交申报。此时申报表已填写完毕，确认无误后，依次点击主表右下角的【提交申报】—【确认提交】完成申报。 7.退（补）税。申报完成后如需退税或补税，根据页面提示点击【立即缴款】或【申请退税】。 8.后续操作。可在系统顶部点击【我要查询】—【申报查询】—【更正/作废申报】查看申报信息、更正申报、作废申报等后续操作。	无	网址：https://etax.chinatax.gov.cn/

（五）旅游交通业企业所得税优惠政策

办理事项	责任部门	流程	提交材料	申报入口
企业办理减按15%的税率缴纳企业所得税	海南省税务局	登录网上电子税务局，按照【我要办税】—【税费申报及缴纳】—【常规申报】路径进入填报。 1.预缴申报时，在"中华人民共和国企业所得税月（季）度预缴纳税申报表（A类）"第13行"减：减免所得税额"中选择优惠事项名称"海南自由贸易港鼓励类企业减按15%税率征收企业所得税"并填写本年累计优惠金额。 2.年度申报时，在"中华人民共和国企业所得税年度纳税申报表（A类）"的附表"减免所得税优惠明细表"第28.3行"海南自由贸易港鼓励类企业减按15%的税率征收企业所得税"中填写本年优惠金额。	无	网址：https://etax.hainan.chinatax.gov.cn

（六）旅游交通业企业旅游客运经营申请备案操作流程

办理事项	责任部门	流程	提交材料	申报入口
企业从事旅游客运经营申请	海南省交通运输厅、海南省道路运输局	1.企业申请。企业通过中国（海南）国际贸易单一窗口登录。 2.资格审验。海南省道路运输局首先对许可申请材料进行形式审查及处置，符合规定者应当自受理申请之日起二十日内作出许可或者不予	1.道路旅客运输经营资质申请表； 2.投资人、负责人身份证明及其复印件，经办人的身份证明及其复印件和委托书； 3.拟投入车辆承诺书；	1.海南省道路运政管理信息系统包车客运管理子系统企业端网址：http://36.101.208.106:8084/hnbrtmis

续表

办理事项	责任部门	流程	提交材料	申报入口
企业从事旅游客运经营申请	海南省交通运输厅、海南省道路运输局	许可的决定。然后通过实地勘验方式进行开业前经营条件符合性审验。 3. 证件发放。实地勘验后，对整改合格者，海南省道路运输局配发道路运输经营许可证和道路运输证。 4. 数据采集。从事旅游客运的车辆，应在取得车辆道路运输证15个工作日内，系统完成业户、车辆、从业人员的数据采集工作。旅游客运经营企业在取得企业道路运输经营许可证后，必须与"海南省道路运输第三方安全监测平台"运营商签订服务协议，旅游客运车辆应当纳入"海南省道路运输第三方安全监测平台"管理，方可准许开业。	4. 安全生产管理制度文本和安全管理机构（人员）配备情况说明； 5. 设立安全生产管理机构、专职安全管理员和动态监控专职监控人员的承诺书； 6. 经营场所权属证明或租赁合同； 7. 承诺已聘用或者拟聘用驾驶人员具备道路旅客运输驾驶员从业资格。	2. 海南省道路运输第三方安全监测平台

（七）旅游公路驿站项目企业申报

办理事项	责任部门	流程	提交材料	申报入口
海南企业申报旅游驿站重点项目	海南省发展和改革委员会	1. 企业申报。若已报区存在申报项目，更新项目信息即可。通过"项目库—已报区—申请修改项目"提出修改项目申请，待项目审核入库单位通过该申请之后，前往"首页—我的桌面"右上角"我的待办"完成对项目信息的修改。若已报区不存在申报项目，请前往"项目库—填报区"录入项目。 2. 项目审核。海南省各级发展和改革委员会依次对项目进行报批与审核。	无	企业登录网址：https://tzfw.hainan.gov.cn/

（八）旅游交通业企业申请奖补类流程

办理事项	责任部门	流程	提交材料	申报入口
海南旅游岛内交通企业奖补资金申报	海南省旅游和文化广电体育厅、海南省财政厅	1.企业申报。符合条件的旅游交通企业根据《关于印发海南省旅游业高质量发展奖补资金使用实施细则的通知》要求，注册登录"海易兑"平台，在规定时间内，在线提交申报材料。 2.市县初审。申报单位所在市县旅文局收到资金申报材料后，应及时会同当地有关部门，通过"海易兑"平台对申报材料进行真实性、合规性审查，提出推荐意见并在线报送省旅文厅。 3.省级审核。省旅文厅在受理申报材料后，根据需要通过组织专家或依照有关规定委托第三方机构等方式进行评审或现场核查，并结合实际分别征求相关部门意见，确定拟扶持企业名单。 4.公示拨付。扶持企业名单通过"海易兑"平台、省旅文厅官方网站等渠道向社会公示，公示时间不少于5个工作日。公示结束后，省旅文厅向省财政厅报送资金拨付方案及项目绩效目标表，省财政厅按程序拨付资金。	1.资金申请文件； 2.申报单位营业执照复印件； 3.申报单位对资金申请报告内容和附属文件真实性负责的声明； 4.申报单位财务管理规范、财务管理制度健全相关证明文件； 5.申报营业收入上规模奖励的，还需提供营业收入相关证明； 6.申报固定资产投资奖励的，还需提供固定资产投资相关证明、申报项目的审批核准备案文件、合同复印件等； 7.其他有关材料，详情见《关于印发海南省旅游业高质量发展奖补资金使用实施细则的通知》第十一、十二、十三条。	网址：https://hqzc.wssp.hainan.gov.cn/#/home

五、政策展望

根据旅游岛内交通企业与政府部门的调研与座谈，海南旅游交通业对未来发展的政策诉求主要体现在旅游公路与驿站、通景交通设施两大方面。

（一）旅游公路与驿站

海南省目前已经出台海南环岛旅游公路试点、公路及驿站规划方面的政策，这对于海南岛内交通通达性与旅游发展质量提升具有重要的推动作用。然而，根据旅游交通企业与政府部门的调研与座谈，旅游公路的社会资本参与度较低，多元主体参与旅游公路建设的投资—建设—运营合作机制尚未建立，旅游公路以及驿站的意向投资企业则表示对旅游公路及驿站投资的准入、项目范围以及模式等存在疑虑。因此，未来有必要在海南环岛旅游公路及驿站上位规划基础之上研究出台旅游公路及驿站的多元主体投资参与实施办法与方案细则，并制定环岛旅游公路驿站招商方案与激励细则，以提升社会资本参与环岛旅游公路及驿站建设的积极性，促进环岛旅游公路及驿站的高质量建设与发展。

（二）通景交通设施

目前海南省级层面已经出台了道路旅游客运管理、交通基础设施规划等相关政策，这些政策具体内容涉及对省内交通公路与各类旅游区联通方面的鼓励与支持，这为海南推进交通与旅游融合指明了利好方向。然而，根据项目组在海南乡镇、景区等的调研，发现不少乡村与景区对目前所处地区的外围交通设施及通达性的评价一般，对未来优化其外围交通设施及环境抱有较大的期待。因此，未来可以在全省交通基础设施规划的基础上谋划高等级通景公路的建设，制定高等级通景公路建设的专项规划以及实施方案，加强干线公路与城镇、景区等重要节点的衔接以及路网布局与旅游资源的融合，这对于海南省交旅融合与全域旅游发展、旅游引导的乡村振兴、城乡融合战略推进等都具有重要的推动意义。

第五章 旅游购物

一、产业界定和现状分析

（一）产业界定

离岛免税政策指对乘飞机、火车、轮船离岛（不包括离境）旅客实行限值、限量、限品种免进口税购物，在实施离岛免税政策的免税商店（以下称离岛免税店）内或经批准的网上销售窗口付款，在机场、火车站、港口码头指定区域提货离岛的税收优惠政策。离岛免税店，指具有实施离岛免税政策资格并实行特许经营的免税商店，具有免税品经销资格的中国免税品（集团）有限责任公司（简称中免集团）、海南省免税品有限公司（简称海免公司）等经营主体（如表5-1）可按规定参与海南离岛免税经营。离岛免税税种为关税、进口环节增值税和消费税。离岛旅客在国家规定的额度和数量范围内，在离岛免税店内或经批准的网上销售窗口购买免税商品；免税店根据旅客离岛时间运送货物，旅客凭购物凭证在机场、火车站、港口码头指定区域提货，并一次性随身携带离岛。每年每人免税购物额度为10万元人民币，不限次数。旅客购物后乘飞机、火车、轮船离岛记为1次免税购物。

表5-1 中国十大"离岛免税"运营商

运营公司	介绍	成立时间	经营区域
中国旅游集团中免股份有限公司	经国务院授权在全国范围内经营免税业务的国有专营公司	1984年	全国主要机场、口岸、港口、边境口岸等
日上免税行（上海）有限公司	经中国政府批准的经营机场免税店的外资企业，已被中免收购	1999年	首都国际机场、上海浦东国际机场、上海虹桥机场出入境免税店

续表

运营公司	介绍	成立时间	经营区域
海南省免税品有限公司	区域性离岛免税商，中免持股51%	2011年	海口美兰国际机场离岛免税店
中国出国人员服务总公司	具有全国性市内免税牌照的经营商	1983年	全国市内、机场
深圳市国有免税商品集团有限公司	区域性经营商	1980年	深圳各口岸、新疆和云南边境口岸、深圳宝安国际机场、西安咸阳国际机场、珠海各口岸、天津滨海国际机场
珠海市免税企业集团有限公司	区域性经营商	1980年	珠海各口岸、天津滨海国际机场
中国港中旅资产经营有限公司	经中华人民共和国海关总署批准，哈尔滨海关监管及中国港中旅集团公司授权的黑龙江市内免税外汇商品专卖店，主要为中国出境回国人员提供补购免税商品服务	1984年	哈尔滨市内免税店
海旅免税城（三亚）迎宾有限公司	经海南省人民政府批复享有海南离岛免税品经营资质	2020年	海旅免税城
全球消费精品（海南）贸易有限公司	经海南省人民政府批复享有海南离岛免税品经营资质	2020年	海南离岛免税
王府井集团股份有限公司	全牌照	1993年	全国主要机场、港口、边境口岸

（二）现状分析

1. 海南离岛免税政策演化

2011年3月24日，财政部发布《关于开展海南离岛旅客免税购物政策试点的公告》，2011年4月20日起，海南省试点执行，成为继日本冲绳岛、韩国济州岛和中国马祖、金门之后，第四个实施该政策的区域。海南高度重视离岛免税市场发展，自2011年落地实施该政策以来，离岛免税政策经过了8次环境适应性调整，政策总体呈现出"逐步放宽"的趋势，主要体现在放宽免税适用对象、限定商品品种、人均免税限额和提货方式等方面（如表5-2）。

表5-2 海南离岛免税政策发展历程

时间	政策内容	调整方向
2011年3月	非岛内居民旅客每人每年最多可以享受2次离岛免税购物政策，岛内居民旅客每人每年最多可以享受1次。离岛旅客（包括岛内居民旅客）每人每次免税购物金额暂定为人民币5000元以内（含5000元）。	—
2012年1月	离岛游客每人每次免税购物限额增至8000元。	提升限额
2015年2月	增加免税品种类，将零售包装的婴儿配方奶粉、咖啡、保健食品、家用空气净化器、家用医疗器械等17种消费品纳入离岛免税商品范围；放宽香水、化妆品、手表、服装服饰、小皮件等10种热销商品的单次购物数量限制。	放宽品种
2016年1月	非岛内居民游客取消购物次数限制，每人每年累计免税限额不超过16000元；三亚海棠湾免税店和海口美兰机场免税店开设网上销售窗口。	提升限额
2017年1月	海南铁路离岛旅客纳入免税对象。	放宽对象
2018年11月	离岛旅客（包括岛内居民旅客）每人每年累计免税购物限额增加到30000元，且不限次。免税清单中增加部分家用医疗器械商品。	提升限额、放宽品种
2018年12月	乘轮船离岛旅客纳入海南离岛旅客纳入免税对象。	放宽对象
2020年6月	离岛旅客每年每人免税购物额度提升至10万元，不限次；扩大免税商品种类，增加电子消费产品等7类消费者青睐商品；仅限定化妆品、手机和酒类商品的单次购买数量；取消单件商品8000元的免税限额规定；具有免税品经销资格的经营主体可按规定参与海南离岛免税经营。	提升限额、放宽品种
2021年2月	新增岛外旅客"邮寄送达"和本岛居民"返岛提取"提货方式。选择邮寄送达方式提货的，收件人、支付人和购买人应为购物旅客本人，且收件地址在海南省外。返岛提取免税品时须提供本人有效身份证件和实际离岛行程信息。	放宽提货方式

2.海南离岛免税市场特征

（1）市内免税为主，机场免税为辅

以2021年数据为例，海南离岛免税以市内免税为主导，市内免税购买占比约76%，线上会员购占比约14%，而机场免税仅占10%左右。这里主要有两方面的原因。一是机场免税店面积小，游客停留时间短。美兰国际机场T1免税店仅有8600平方米左右，三亚凤凰国际机场免税店仅有1000平方米左右，且国内机场早期设计未充分考虑商业购物需求，制约其发展，虽然未来随着机场扩容和部分动线优化，仍有提升空间，但绝对额占比预计仍较有限。二是市区经营面积大、品牌和购物体验丰富，优惠活动多、折扣力度大，这些会极大延长消费者的购物时间，丰富消费者的购物体验，所以其销售额也会遥遥领先。同时，市内免税积累的客流量及供应链基础，进一步延伸了线上会员购等业务，从而进一步提升市内免税业务的贡献率。

（2）市场竞争格局呈现多元化发展

目前海南离岛免税市场已经从"一家独大"走向"一超多强"。离岛免税市场份额占比最高的为中免集团，其在三亚、海口、琼海均有展位，"机场+市内"皆有布局。中免集团开设的海棠湾国际购物中心对海南离岛免税市场贡献率估算在60%左右，其在2021年占海南免税市场约90%的份额，虽然其在2022年上半年有所下降，但是由于最新的新海港项目，其海南离岛免税主导地位仍然稳固；离岛免税市场份额占比位居第二的为海旅免税，其依托在三亚市区的优越位置，配合良好的线上线下渠道联动，2021年获得4%的市场份额；市场份额位居第三的为海发控，其立足海口日月广场市区核心位置，获得3%的离岛免税市场份额，而中服、深免市场份额相对较低。然而随着离岛免税的多元运营的深入，各类免税企业也逐步谋求差异化发展。

（3）免税销售额三亚区域占比最高

三亚离岛免税品销售额领先，海口区域不及三亚销售额的1/2，其他地区销售额则更小。三亚是海南最著名的旅游目的地，依托海棠湾国际免税城、三亚海旅免税城等项目，离岛免税品供给充足且品类多样，旅客购物体验质量高。而海口游客以商务客群为主且之前海口离岛免税大型门店的免税品供给不足，购物体验有待提升。随着未来政策逐步放宽，海口离岛免税业有望进一步提升发展。

3.离岛免税产业链发展

就上游物业方而言，其主要为海口美兰国际机场和三亚凤凰国际机场两大机场以及日月广场和观澜湖两家市内免税店的物业提供方（如表5-3）。除此之外，还存在部分免税商自持物业。

表5-3　上游物业方情况

类型	城市	机场/物业	所有权	收费模式	
				免税店	提货点
机场	三亚	三亚凤凰国际机场	海南机场	提成（预计15%左右）	固定租金
	海口	海口美兰国际机场T1	海口美兰国际空港股份有限公司	提成（预计15%左右）	固定租金
		海口美兰国际机场T2			
	琼海	琼海博鳌机场	海南机场	—	固定租金
市内店	三亚	三亚国际免税城	中免集团	自有	—
		三亚国际免税城一期2号地	中免集团	自有	—
		居然之家三亚生活广场	居然之家新零售集团股份有限公司	未披露	
		中服三亚国际免税购物公园	—	未披露	
	海口	海口日月广场	海南机场	待谈，预计与销售额相关	
		海口观澜湖免税购物城	观澜湖集团有限公司	未披露	
		海口市国际免税城	中免集团	自有	
	琼海	琼海博鳌免税店	琼海市政府	未披露	
	万宁	万宁王府井国际免税港	王府井集团股份有限公司	自有	

从中游运营商来看，2020年6月前，海南最早仅中免集团与海免公司分别在三亚市区和海口美兰国际机场/市区运营离岛免税业务（2019年初海免公司51%股权纳入中国旅游集团，此后2020年并入中免集团）。2020年6月以来至2022年9月底，海南离岛免税从最初的2个持牌运营方（中免集团与海免公司，但中免系海免控股方）逐步扩容至6个持牌运营方［中免集团及其控股的海免

公司、海南省旅游投资发展有限公司（简称海旅投）、中服（三亚）免税品有限公司（简称中服免税）、海南省发展控股有限公司（简称海发控）、深圳免税集团（简称深免）]，经营门店从最初的4家（三亚海棠湾店、海口美兰机场店、海口日月广场店、博鳌市内店）增加至10家，经营面积从最初不到10万平方米扩大至22万平方米。2022年10月以来，海南离岛免税经营面积持续扩大，万宁王府井国际免税港项目获批，于2023年4月开业。2022年10月28日，海口国际免税城项目开业。海南免税的持牌企业增至7家，离岛免税门店将从10家增加至13家（如表5-4），经营面积从22万平方米扩大至50多万平方米。另外，三亚机场法式花园店于2023年9月试营业；2023年下半年，中免三亚海棠湾一期2号地有望开业；2024年起，中免集团与太古里合作的三期项目有望分阶段开业，海南离岛免税有望进入全面纵深发展阶段。

表5-4　中游运营方情况

免税店	运营方股权
三亚凤凰国际机场免税店	中免集团控股51%+海南机场控股49%
海口美兰国际机场免税店T1	中免集团控股51%+海南机场控股49%
海口美兰国际机场免税店T2	中免集团控股51%+海南机场控股49%
三亚国际免税城	中免集团控股100%
三亚国际免税城一期2号地	中免集团控股100%
三亚海旅免税城	海旅投控股100%
中服三亚国际免税购物公园	中服免税控股100%
中免海口日月广场免税店	中免集团控股100%
海控全球精品（海口）免税城	海发控控股100%
海口观澜湖免税购物城	深免控股100%
海口国际免税城	中免集团控股100%
琼海博鳌免税店	中免集团控股100%
万宁王府井国际免税港	万宁王府井国际免税港控股100%

数据来源：国信证券《海南免税产业链专题报告》

二、自由贸易港相关政策解读

（一）政策索引

1.离岛免税类

GW01《关于海南离岛旅客免税购物政策的公告》（财政部　海关总署　税务

总局公告 2020 年第 33 号）

GW02《海南离岛免税店销售离岛免税商品免征增值税和消费税管理办法》（国家税务总局公告 2020 年第 16 号）

GW03《关于增加海南离岛旅客免税购物提货方式的公告》（财政部 海关总署 税务总局公告 2021 年第 2 号）

GW04《促进 2022 年离岛免税销售行动方案》（海南省商务厅，2022 年 6 月）

GW05《支持离岛免税快速恢复增长的若干措施》（海南省商务厅，2022 年 7 月）

2. 企业税收类

GW06《关于海南自由贸易港企业所得税优惠政策的通知》（财税〔2020〕31 号）

GW07《财政部 税务总局关于印发〈海南自由贸易港旅游业、现代服务业、高新技术产业企业所得税优惠目录〉的通知》（财税〔2021〕14号）

GW08《海南自由贸易港鼓励类产业目录（2020年本）》

GW09《国家税务总局海南省税务局关于海南自由贸易港企业所得税优惠政策有关问题的公告》（国家税务总局海南省税务局公告2020年第4号）

GW10《国家税务总局海南省税务局 海南省财政厅 海南省市场监督管理局关于海南自由贸易港鼓励类产业企业实质性运营有关问题的公告》（2021年第1号）（扫描二维码点击底部"相关文件"链接）

GW11《国家税务总局海南省税务局 海南省财政厅 海南省市场监督管理局关于海南自由贸易港鼓励类产业企业实质性运营有关问题的补充公告》（国家税

务总局海南省税务局 海南省财政厅 海南省市场监督管理局公告 2022 年第 5 号）

3. 个人税收类

GW12《关于海南自由贸易港高端紧缺人才个人所得税政策的通知》（财税〔2020〕32 号）

GW13《海南省财政厅 国家税务总局海南省税务局 海南省市场监督管理局 中共海南省委人才发展局关于落实海南自由贸易港高端紧缺人才个人所得税优惠政策有关问题的通知》（琼财税〔2020〕1019 号）

GW14《海南省人民政府关于印发海南自由贸易港享受个人所得税优惠政策高端紧缺人才清单管理暂行办法的通知》（琼府〔2022〕31 号）

GW15《海南省财政厅　国家税务总局海南省税务局　海南省人力资源和社会保障厅　海南省市场监督管理局　中共海南省委人才发展局关于进一步明确落实海南自由贸易港高端紧缺人才个人所得税优惠政策有关事项的通知》（琼财支财〔2022〕1211号）

4. 免税奖补类

GW16《关于印发海南省旅游业高质量发展奖补资金使用实施细则的通知》（琼旅文函〔2022〕78号）

（二）要点解读

1. 离岛免税类

（1）适用免税购物政策人群需要满足四大基本条件：一是年满16周岁，二是已购买离岛机票、火车票、船票，三是持有效身份证件（国内旅客持居民身份证、港澳台旅客持旅行证件、国外旅客持护照），四是离开海南本岛但不离境的国内外旅客（包括海南省居民）。

（2）离岛类别主要包括乘船离岛、飞机离岛、火车离岛三种类型。

（3）免税商品种类共45种，具体包括：首饰；工艺品；手表；香水；化妆品；笔；眼镜（含太阳镜）；丝巾；领带；毛织品；棉织品；服装服饰；鞋帽；皮带；箱包；小皮件；糖果；体育用品；美容及保健器材；餐具及厨房用品；玩具（含童车）；零售包装的婴幼儿配方奶粉及辅食；咖啡（咖啡豆、浓缩咖啡）；参制品（西洋参、红参、高丽参胶囊及冲剂）；谷物片，麦精、粮食粉等制食品及乳制品，甜饼干，华夫饼干及圣餐饼，糕点、饼干及烘焙糕饼及类似制品；保健食品；蜂王浆制剂；橄榄油；尿不湿；陶瓷制品（骨瓷器皿等）；玻璃制品（玻璃器皿等）；家用空气净化器及配件；家用小五金（锁具、水龙头、淋浴装置）；钟（挂钟、座钟、闹钟等）；转换插头；表带、表链；眼镜片、眼镜框；一、二类家用医疗器械（血糖计、血糖试纸、电子血压计、红外线人体测温仪、视力训练仪、助听器、矫形固定器械、家用呼吸机）；天然蜂蜜及其他食用动物产品（天然蜂蜜、燕窝、鲜蜂王浆、其他蜂及食用动物产品）；茶、马黛茶以及以茶、马黛茶为基本成分的制品（绿茶，红茶，马黛茶，茶、马黛茶为基本成分的制品）；平板电脑、其他便携式自动数据处理设备、小型自动数据处理设备、微型机、其他数据处理设备、以系统形式报验的小型计算机、以系统形式报验的微型机；穿戴设备等电子消费产品（无线耳机，其他接收、转换并发送或再生音像或其他数据用的设备，视频游戏控制器及设备的零件及附件）；手机、手持（包括车载）式无线电话机；电子游戏机；酒类（啤酒、红酒、清酒、洋酒及发酵饮料）。

（4）限购单次购买数量的包括化妆品30件（套装商品按包装内所含商品的实际件数计算数量），手机4部，酒类合计不超过1500毫升，其他商品不做件数限制。

（5）免税额度为每年每人10万元人民币，这里的10万元是按照"离岛免税店商品零售价格"计算。旅客购物后乘飞机、火车、轮船离岛记为1次免税购物，不限次数。

（6）免税税种主要包含关税、进口环节增值税和消费税。免税商品购买超出免税限额、限量的部分，照章征收入境物品进口税。

（7）免税商品提货方式有4种，分别为隔离区提货、直接提货、邮寄送达、返岛提取。

（8）离岛旅客年度免税购物额度中如有剩余（或者未使用），在缴税购买超出免税限额的商品时，海关以"离岛免税店商品零售价格减去剩余的免税限额"作为完税价格计征税款。旅客购物时不使用年度免税购物额度或者超出限量购买的，海关以离岛免税店商品零售价格作为完税价格计征税款。

（9）目前海南离岛免税经营主体共7家，包括中免集团、海免公司、海南省旅游投资发展有限公司、海南省发展控股有限公司、深圳市国有免税商品（集团）有限公司、中服（三亚）免税品有限公司、万宁王府井国际免税港；免税店共11家，包括中免三亚凤凰机场免税店、三亚海旅免税城、中服三亚国际免税购物公园、中免三亚海棠湾国际免税城、海免海口美兰机场（T1、T2航站楼）免税店、海免海口日月广场免税店、海控全球精品（海口）免税城、深免海口观澜湖免税城、海免琼海博鳌免税店、中免海口国际免税城、万宁王府井国际免税港。

（10）政策鼓励开设免税店与酒店、景区旅游专线，组织推出"机票+酒店+景区+免税购物"等多元促销礼包。

（11）政策鼓励开展免税购物旅游宣传促销活动，全年举办不少于10场大型免税促销活动；省级财政筹集不低于2000万元资金，鼓励非银行支付机构、商业银行配套资金，组织免税经营企业按销售市场份额比例投入资金，共同发放全岛通兑离岛免税购物消费券。

（12）政策鼓励用好"海易办"宣传推广平台，优化"海易办"离岛免税专区服务功能，同步实现免税购物政策宣传、优惠券发放、免税购物额度查询、优惠信息发布等功能。

（13）政策鼓励企业引进免税品品牌商和高端畅销商品，积极引进45大类中需求量大、价格有竞争力的商品，提高商品丰富度。

2. 企业税收类

（14）2025年前，注册在海南自由贸易港并实质性运营的免税运营企业，符合鼓励类产业目录范围等条件的，可按规定享受15%的企业所得税优惠。对总机构设在海南自由贸易港的符合条件的免税运营企业，仅就其设在海南自由贸易港的总机构和分支机构的所得，按规定适用15%税率；对总机构设在海南自由贸易港以外的免税运营企业，仅就其设在海南自由贸易港内的符合条件的分支机构的所得，按规定适用15%税率。

（15）2025年前，对在海南自由贸易港设立的免税运营企业新增境外直接投资取得的所得，符合条件的，可按规定免征企业所得税。新增境外直接投资所得应当符合以下条件：

①从境外新设分支机构取得的营业利润；或从持股比例超过20%（含）的境外子公司分回的，与新增境外直接投资相对应的股息所得。

②被投资国（地区）的企业所得税法定税率不低于5%。

2035年前，对注册在海南自由贸易港并实质性运营的旅游景区景点企业（负面清单行业除外），减按15%的税率征收企业所得税。

3. 个人税收类

（16）2025年前，在海南自由贸易港工作的免税运营企业高端人才和紧缺人才，其个人所得税实际税负超过15%的部分可以享受免征优惠政策。享受优惠政策的所得必须来源于海南自由贸易港的所得，即免税运营企业高端紧缺人才从海南自由贸易港取得的综合所得（包括工资薪金、劳务报酬、稿酬、特许权使用费四项所得）、经营所得以及经海南省认定的人才补贴性所得，相应税款在海南自由贸易港缴纳。

（17）免税运营企业高端人才和紧缺人才享受"15%"税收优惠政策应满足两大条件：

①一个纳税年度内在海南自由贸易港累计居住满183天（2023年1月1日起执行，2024年汇算清缴2023年度个人所得税起适用），"连续缴纳社保6个月以上"条件执行至2023年汇算清缴2022年度个人所得税结束。

②属于海南省各级人才管理部门所认定的人才或一个纳税年度内在海南自由贸易港收入达到30万元人民币以上（海南省根据经济社会发展状况实施动态调整）。

（18）2035年前，一个纳税年度内在海南自由贸易港累计居住满183天的免税运营企业产业链企业或机构人员，其取得来源于海南自贸港内的综合所得和经营所得，按照3%、10%和15%三档超额累进税率征收个人所得税。

4. 免税奖补类

（19）2022年免税运营企业年度固定资产投资达到2000万元及以上的，可以申请按照其年度固定资产投资额的5%获得最高2000万元奖励。

三、基于业务场景的政策综合利好分析

（一）游客综合利好分析

1. 离岛免税商品额度提升利好

根据海南离岛免税政策GW01，综合测算海南自由贸易港离岛免税额度提升政策对旅客离岛免税商品购买的经济性利好。

得益于海南离岛免税政策（GW01—GW03、GW05），离岛旅客能够享受免税购物额度每人每年10万元。例如，张女士年度离岛免税购物额度未使用，计划在离岛免税商店购买一块价值12万元的高档手表，该手表适用税率为50%。根据2020年7月1日后的10万元免税额度政策（GW01—GW05），张女士只需

要缴纳超出免税额度部分的税款，则应缴税款为（120000-100000）×50%=10000元，总共购买金额为130000元；而如果张女士在2019年购买则适用于3万元的免税额度，则应缴税款为（120000-30000）×50%=45000元，总共购买金额为165000元。显然，10万元免税额度提升政策出台后，张女士购买同款手表，则可以节省税费35000元，而如果张女士购买价值低于10万元的手表则完全不需要缴纳税费，按照实际价格支付即可。这一政策调整利于吸引国内消费回流，提升海南离岛免税市场竞争力。

2. 免税商品数量种类放宽利好

根据海南离岛免税政策GW01，综合分析海南自由贸易港离岛免税商品数量种类放宽政策对旅客购买的实质性利好。

得益于2020年的海南离岛免税政策（GW01—GW04），旅客可以选择在免税店购买手机、平板电脑等新增免税产品，并且每人每次可以购买4件。2020年7月，海口市日月广场等众多免税店已经上架手机、平板电脑等新增免税品，这些免税店的电子产品极受旅客青睐。以免税商品手机购买为例，顶配的苹果手机iPhone 11 Pro Max 512GB版本可以节省2489元，iPhone 11 Pro Max 256GB版本在海南的免税售价为8625元，同款手机在苹果官网的售价是10899元，而该款手机的港行售价约为9845元，这意味着旅客在海南免税店购买这款手机所支付的费用较之于官网便宜2274元，较之于香港售价便宜1220元，如果旅客购买最高额度数量4件，则能为旅客带来更大的实惠。因此，该项政策对于吸引旅客到访海南免税店、促进海南免税消费提升具有重要意义。

3. 海南离岛免税商品提货利好

根据海南离岛免税政策GW03，综合分析海南自由贸易港政策对旅客离岛免税商品提货的利好。得益于2020年的海南离岛免税政策（GW03—GW08），旅客可以选择以下几种离岛免税提货方式。

以旅客王女士的"隔离区提货"为例，假如王女士在市内离岛免税店购买免税品，她可以凭本人有效身份证件、离岛行程凭证（机票、火车票、船票）在海口美兰、三亚凤凰、琼海博鳌机场，海口火车站，海口新海港提货点提货并一次性携带离岛。以旅客张女士的"直接提货"为例，假如张女士在海口美兰国际机场（T1、T2航站楼）离岛免税店和三亚凤凰国际机场离岛免税店购买了免税品，她可以直接提货。

以旅客李先生的"邮寄提货"为例，假如李先生在离岛免税商店（含经批准的网上销售窗口）购买免税品时选择的是邮寄送达方式提货，则是由免税店直接将所购免税品邮寄到本人指定地址。这一方式要求收件人、支付人和购买人为同一人，且收件地址在海南省外。

以旅客段先生的"返岛提取"为例，假如作为岛内居民的段先生离岛前在离岛免税商店（含经批准的网上销售窗口）购买免税品，则他可以提供本人有效身份证件和实际离岛行程信息进行返岛提取。

以旅客袁先生的"担保即提"和"即购即提"为例，假如袁先生在离岛免税商店（不含网上销售窗口）购买免税品时，除了在机场、码头、火车站等指定区域提货以及选择邮寄送达或岛内居民返岛提取外，他还可以对单价超过5万元（含）的免税品选择"担保即提"提货方式提货，即袁先生除了支付购物货款外，需要向海关提交相当于进境物品进口税的担保后可现场提货，但是此方式下所购买的免税商品不能在岛内使用。当袁先生离岛时需要对所购商品退还担保时，应当主动向海关申请验核尚未启用或消费的免税品，并出示免税品购物相关凭证及有效证件，经海关验核后，与购物信息相符的交验免税品，海关将在购物凭证上确认盖章。对单价不超过2万元（不含）且在官方清单内的免税品，袁先生可选择"即购即提"提货方式，在支付货款后可现场提货，离岛环节海关不再验核实物。

表5-5 "即购即提"式提货的离岛免税商品清单

序号	商品品种	每人每次离岛限购数
1	化妆品	5件（单一品种限1件）
2	香水	1瓶
3	太阳眼镜	1副
4	服装服饰	1件
5	丝巾	1件
6	鞋帽	1件
7	箱包	1件
8	尿不湿	3包
9	婴幼儿配方奶粉	3罐（包）
10	糖果	3件
11	剃须刀	1件
12	转换插头	1个
13	体育用品	1个
14	玩具（含童车）	1件（套）
15	皮带	1条

4. 免税购物领券全岛通兑利好

根据促进离岛免税商品销售政策GW04、GW05，综合分析海南自由贸易港离岛免税政策对游客消费的实质利好。

得益于海南离岛免税政策（GW04、GW05的11、13、14条），旅客可以通过领取全岛通兑消费券以相对较低价格购买离岛免税商品。游客可在"海易办"微信小程序离岛免税专区领取中免集团海南六店、三亚海旅免税城、国药中服免税三亚店、全球精品（海口）免税城、深免海口观澜湖免税城发放的优惠套券，并且可叠加政府消费券使用。以中免集团为例，中免集团在网上分别发放了满10000元-1000元精品券、满8000元-800元精品券、满5000元-500元精品券、满3000元-300元百货酒水券、满4000元-100元除香化类券和满3500元-100元香化类券，通过领取这些全岛通兑消费券可为旅客节省费用近3000元。

（二）企业综合利好分析

1. 免税运营企业所得税优惠

根据GW06—GW11，综合测算海南自由贸易港对免税运营企业缴纳企业所得税的经济性利好。

以海南免税运营公司缴纳5年企业所得税为例，假如海南省免税运营企业第一年营业收入为8000万元，营业成本4000万元。受益于海南自由贸易港多项利好政策，免税市场日益发展，该免税运营企业营业收入与成本以每年10%的速率增长。如表5-6测算所示，以5年为发展基数，落户海南的免税运营企业较之于内地可以节省缴纳2442.04万元的企业所得税。

表5-6　海南与内地免税运营公司缴纳企业所得税历时比较

时间 要素	第一年	第二年	第三年	第四年	第五年
营业收入（万元）	8000	8800	9680	10648	11712.8
营业成本（万元）	4000	4400	4840	5324	5856.4
内地公司所得税（万元）	1000	1100	1210	1331	1464.1
海南公司所得税（万元）	600	660	726	798.6	878.46
内地累计所得税（万元）	1000	2100	3310	4641	6105.1
海南累计所得税（万元）	600	1260	1986	2784.6	3663.06
节省金额（万元）	400	840	1324	1856.4	2442.04

2. 免税企业人才所得税优惠

根据GW12—GW15等涉及个人所得税的优惠政策，综合测算海南自由贸易港对高端紧缺人才个人所得税的经济性利好。

若免税运营企业高端紧缺人才年度工资薪金的税前收入为120万元，那么按照现行的个人所得税计算（如果不考虑社会保险、公积金、专项附加扣除等因素），应纳税所得额为120万元–6万元=114万元（扣除基本减除费用，每月5000元，一个纳税年度6万元），114万元所对应的税率为45%以及速算扣除数为181920元，因此该人才应该缴纳的个人所得税金额为1140000×45%–181920=331080元，税负为331080÷1140000=29.04%。如果按照2025年之前海南自由贸易港高端紧缺人才个人所得税实际税负超过15%免征的优惠政策计算，那么该免税运营企业高端紧缺人才享受自由贸易港个人所得税减免税额为1140000×（29.04%–15%）=160056元，这意味着该人才可以免征约16万元的个人所得税金额。该项个人所得税优惠政策利于海南省吸引免税行业高端人才，对于海南免税运营行业提质升级具有重要的助推意义。

四、操作指南

（一）游客指南

办理事项	单位	流程及渠道	材料或信息	申报入口
离岛免税线上购买	离岛免税店	线上商城	已购买离岛机票、火车票、船票的旅客，凭行程信息线上购买。	海南海免网址：http://www.cdfgsanya.com/index.html
离岛日期延期或改期后提离	离岛免税店（包括提货点）	1.离岛旅客在隔离区提货后，因航班（车次、航次）延误、取消等原因需要离开隔离区的，应当将免税品交由离岛免税店（包括提货点）代为保管，待实际离岛再次进入隔离区后提取。2.离岛旅客购买免税品后变更航班（车次、航次），变更后的航班（车次、航次）时间为原离岛日期之后30天内的，可联系免税店客服办理相应的延期提货手续。超过规定时限的，应当办理退货手续。	本人有效身份证件、离岛行程凭证（机票、火车票、船票）等。	

续表

办理事项	单位	流程及渠道	材料或信息	申报入口
购买超限额后缴税	离岛免税店、海关	离岛旅客可以通过离岛免税店向海关办理税款缴纳手续，海关以"离岛免税店商品零售价格减去剩余的免税限额"或者离岛免税店商品零售价格作为完税价格计征税款。	本人有效身份证件、离岛行程凭证（机票、火车票、船票）等。	
免税品退换货如何处理	离岛免税店以及海关	1.离岛旅客购买免税品后退票的，应当办理免税品退货手续。 2.离岛旅客提货后退货的，应联系离岛免税店退货。 3.因退货原因需要退税的，自缴纳税款之日起1年内，由离岛免税店或者离岛旅客向海关提出申请。 4.离岛旅客提货后需要换货的，应联系离岛免税店换货。	海关核准后填发税款退还凭证，交原纳税人凭以向指定银行（国库）办理退税手续。	
购买免税品离岛后如产生异常数据如何处理	离岛免税店以及海关	1.如搭乘火车、九元航空、春秋航空离岛，可直接拨打0898-95198，核实确认离岛信息后由离岛口岸海关进行人工核销。 2.如飞机机组或加机组人员可直接向免税店提交飞行任务书，由免税店向现场海关提交申请核销。如搭乘其他交通工具离岛，可拨打购物免税店的客服电话处理，也可直接拨打0898-12360海关热线核实处理。	本人有效身份证件、离岛行程凭证（机票、火车票、船票）等。机组人员或加机组人员需要提交飞行任务书。	0898-95198、0898-12360

续表

办理事项	单位	流程及渠道	材料或信息	申报入口
旅客涉及超额或超件未核销，该如何处理	离岛免税店以及海关	可联系购物免税店客服，由免税店核实超额超限原因，向海关缴纳相应税款后由海关予以人工核销，也可以拨打海关热线，由海关协调购物免税店进行核实处理。		海关热线：0898-12360
"担保即提"购物退还担保金额	离岛免税店以及海关	旅客离岛时需要对所购商品退还担保的，应当由本人主动向海关申请验核尚未启用或消费的免税品，并提交免税品购物凭证和本人有效身份证件或旅行证件。经海关验核，对旅客交验的免税品与购物信息相符的，海关在购物凭证上确认签章。	未启用或未消费的免税商品、免税品购物凭证、本人有效身份证件或旅行证件。	

（二）企业指南

1. 旅游购物业企业所得税优惠

办理事项	责任部门	流程	提交材料	申报入口
企业办理减按15%的税率缴纳企业所得税	海南省税务局	登录网上电子税务局，按照【我要办税】—【税费申报及缴纳】—【常规申报】路径进入填报。 1.预缴申报时，在"中华人民共和国企业所得税月（季）度预缴纳税申报表（A类）"第13行"减：减免所得税额"中选择优惠事项名称"海南自由贸易港鼓励类企业减按15%税率征收企业所得税"并填写本年累计优惠金额。	无	网址：https://etax.hainan.chinatax.gov.cn

续表

办理事项	责任部门	流程	提交材料	申报入口
企业办理减按15%的税率缴纳企业所得税	海南省税务局	2.年度申报时，在"中华人民共和国企业所得税年度纳税申报表（A类）"的附表"减免所得税优惠明细表"第28.3行"海南自由贸易港鼓励类企业减按15%的税率征收企业所得税"中填写本年优惠金额。	无	网址：https://etax.hainan.chinatax.gov.cn

2. 旅游购物业企业高层次人才认定

办理事项	责任部门	流程	提交材料	申报入口
高层次人才认定	海南省人力资源开发局（省人才服务中心），具有认定权限的市县、园区和用人单位	1.个人申报。旅游购物业有关人才个人向所在用人单位提出认定申请，提供有关证明材料，对照《海南自由贸易港高层次人才分类标准（2020）》，选择认定类别，填写海南自由贸易港高层次人才认定申请表或海南省柔性引进高层次人才认定申报表。2.审核和认定（备案）。申报人所在用人单位对申报人各项条件进行审核。具有认定权限的用人单位，对符合条件的A、B、C、D类人才作出认定意见后，将认定意见与申请材料报省人才服务中心认定备案；对符合条件的E类人才直接进行认定，将认定名单报省人才服务中心备案。	1.海南自由贸易港高层次人才认定需提供：（1）近期2寸免冠白底证件照（2）劳动合同和任职文件（3）身份证件（4）申请认定层级和相关佐证材料（5）在海南缴纳社会保险记录单和个人所得税清单（6）申报人所在单位的营业执照和法人身份证件（7）海南自由贸易港高层次人才认定申请表	网址：https://wssp.hainan.gov.cn/hnwt/talent-service

续表

办理事项	责任部门	流程	提交材料	申报入口
高层次人才认定	海南省人力资源开发局（省人才服务中心），具有认定权限的市县、园区和用人单位	不具有认定权限的用人单位，对符合条件的A、B、C、D、E类人才作出推荐意见，将申请材料报市县或者重点园区人才服务部门。各相关市县或者重点园区人才服务部门对符合条件的A、B、C类人才作出认定意见后，将认定意见与申请材料报省人才服务中心认定备案；对符合条件的D、E类人才直接进行认定，将认定名单报省人才服务中心备案。 3.发证。省人力资源开发局（省人才服务中心）对符合条件的A、B、C、D类人才颁发相应的海南自由贸易港高层次人才证书；授权具有认定权限的市县和省重点园区人才服务部门对符合条件的D、E类人才颁发相应的海南自由贸易港高层次人才证书；授权具有认定权限的用人单位对符合条件的E类人才颁发相应的海南自由贸易港高层次人才证书。	2.海南省柔性引进高层次人才认定需提供： （1）近期2寸免冠白底证件照 （2）柔性引才协议（聘期在3年以上且已在海南服务1年以上） （3）身份证件 （4）申请认定层级和相关佐证材料 （5）为海南提供服务1年以上相关佐证材料（如工资单、个人所得税记录等） （6）申报人所服务单位的营业执照和法人身份证件 （7）海南省柔性引进高层次人才认定申报表	网址：https://wssp.hainan.gov.cn/hnwt/talent-service

3. 旅游购物业企业个人所得税优惠政策

办理事项	责任部门	流程	提交材料	申报入口
个人所得税优惠政策	海南省税务局	可在自然人电子税务局WEB端或个人所得税APP上自行申报。 1. 登录自然人电子税务局，按照【我要办税】—【税费申报】—【综合所得申报】—【年度汇算】路径进入综合所得年度申报表并填报。 2. 选择申报年度和填报方式等有关信息。 3. 确认任职受雇单位及其主管税务机关。 4. 填报申报表，如需查看明细，点击【详情】进入查看明细数据。 5. 填报海南自贸港高端和紧缺人才个人所得税优惠及其他优惠事项。 6. 提交申报。此时申报表已填写完毕，确认无误后，依次点击主表右下角的【提交申报】—【确认提交】完成申报。 7. 退（补）税。申报完成后如需退税或补税，根据页面提示点击【立即缴款】或【申请退税】。 8. 后续操作。可在系统顶部点击【我要查询】—【申报查询】—【更正/作废申报】查看申报信息、更正申报、作废申报等后续操作。	无	网址：https://etax.chinatax.gov.cn/

4. 旅游购物业企业申请奖补类流程

办理事项	责任部门	流程	提交材料	申报入口
旅游购物企业奖补资金申报	海南省旅游和文化广电体育厅、海南省财政厅	1.企业申报。符合条件的旅游企业根据《关于印发海南省旅游业高质量发展奖补资金使用实施细则的通知》要求，注册登录"海易兑"平台，在规定时间内，在线提交申报材料。 2.市县初审。申报单位所在市县旅文局收到资金申报材料后，应及时会同当地有关部门，通过"海易兑"平台对申报材料进行真实性、合规性审查，提出推荐意见并在线报送省旅文厅。 3.省级审核。省旅文厅在受理申报材料后，根据需要组织专家或依照有关规定委托第三方机构等方式进行评审或现场核查，并结合实际分别征求相关部门意见，确定拟扶持企业名单。 4.公示拨付。扶持企业名单通过"海易兑"平台、省旅文厅官方网站等渠道向社会公示，公示时间不少于5个工作日。公示结束后，省旅文厅向省财政厅报送资金拨付方案及项目绩效目标表，省财政厅按程序拨付资金。	1.资金申请文件； 2.申报单位营业执照复印件； 3.申报单位对资金申请报告内容和附属文件真实性负责的声明； 4.申报单位财务管理规范、财务管理制度健全相关证明文件； 5.申报营业收入上规模奖励的，还需提供营业收入相关证明； 6.申报固定资产投资奖励的，还需提供固定资产投资相关证明、申报项目的审批核准备案文件、合同复印件等； 7.其他有关材料，详情见《关于印发海南省旅游业高质量发展奖补资金使用实施细则的通知》第十一、十二、十三条。	网址：https://hqzc.wssp.hainan.gov.cn/#/home

五、政策展望

根据免税企业走访与座谈、免税店游客与市民访谈的情况，海南免税购物行业对未来发展的政策诉求主要体现在岛民消费免税、离岛免税提货、免税服务管理、国产商品入驻免税店等方面。

（一）岛民消费免税

目前，海南免税店购物免税政策更多是针对乘飞机、火车、轮船离岛的人群，当前主要惠及非岛内居民。本地居民也只有持离岛凭证才可以购买免税商品，日常生活消费无法享受免税政策。未来有必要对这一方面进行政策填补，对岛内居民消费的进口商品实行正面清单管理，允许岛内居民免税购买，提升岛内居民的获得感和幸福感。

（二）免税服务管理

现有离岛免税政策大多数聚焦免税购物消费者，针对免税销售主体出台的政策较少。根据对免税店实地观察与游客访谈，发现不少游客对免税店商家服务满意度较低，退款与退货服务过程饱受免税购物旅客诟病，这与海口市政府服务中心官网关于离岛免税投诉结论较为相似。未来，政府层面有必要针对免税店退款退货等方面出台服务管理规范，建立离岛免税店服务失信黑名单与奖惩机制，切实提升免税购物服务水平，提升海南免税品牌形象。

（三）国产商品入驻

目前国家已经出台了支持国货入驻免税店的政策，海南省级层面的离岛免税政策中涉及国货入驻免税店方面内容很少。根据对免税企业与政府机构的实地走访与座谈，发现本土商品缺乏从保税区直接进入免税店的途径，国产商品只能通过先出口、再进口的方式进入免税店，增加了免税店国产商品运营成本，造成免税店中本国品牌占比偏低，而海南省目前已经将国货精品进入免税的流通渠道提上日程。未来有必要在这方面进行政策填补，出台国货精品进入海南免税的实施办法与细则条款，制定免税店设立国产商品销售区的实施方案，推动国产自主品牌走向国际市场。

第六章　文化旅游

一、产业界定和现状分析

（一）产业界定

文化旅游简称文旅，指通过旅游实现感知、了解、体察人类文化具体内容之目的的行为过程；泛指以鉴赏异国异地传统文化、追寻文化名人遗踪或参加世界各地举办的各种文化活动为目的的旅游。文化旅游是文化与旅游的融合产业。《"十四五"文化和旅游发展规划》指出，坚持以文塑旅、以旅彰文，完善文化和旅游融合发展的体制机制，推动文化和旅游更广范围、更深层次、更高水平融合发展，推进文化和旅游业态融合、产品融合、市场融合。

文化旅游产业主要是由人文旅游资源所开发出来的旅游产业，是为满足人们的文化旅游消费需求而产生的一部分旅游产业，它的目的就是提高人们的旅游活动质量。文化旅游的核心是创意，其特别强调"创造一种文化符号，然后销售这种文化和文化符号"，并强调文化旅游的"文化"是一种生活形态，"产业"是一种生产行销模式，两者的连接点就是"创意"。

（二）现状分析

1. 海南博物馆发展情况

国家文物局最新公布的数据显示，海南目前有备案博物馆38个，其中国有博物馆18个，行业博物馆2个，非国有博物馆18个，一级博物馆有海南省博物馆和中国（海南）南海博物馆。非国有博物馆已经成为海南省博物馆体系中举足轻重的力量，从分布情况来看，主要分布在海口（7个）和三亚（5个），包括海南铭德票证博物馆、海南明清家具博物馆、海南天涯热带雨林博物馆等专题类博物馆10个、综合性博物馆3个、民俗类博物馆2个、艺术类博物馆2个、自然类博物馆1个。

2. 海南旅游影视娱乐发展情况

海南省目前规划建设了一批影视拍摄场地，逐渐成为影视综艺产业发展新高地，如观澜湖电影公社已建成5个可以满足各种影视特技和置景等多场景拍摄的国际化高标准摄影棚。海南已经成为不少节目组录制现场和剧组的拍摄场地，如彭昱畅主演的《燃野少年的天空》，吴磊、张子枫主演的《盛夏未来》，陈小春主演的《疾速营救》，杨紫、井柏然主演的《女心理师》，吴京主演的《流浪地球2》等影视作品都有在海南取景。2022年12月23日上午，第四届海南岛国际电影节最佳拍摄景区推介大会在三亚召开，旨在通过此资源平台，提供制片公司与景区合作的机会、促进影视公司与景区的双向共赢，同时推动海南省文化旅游资源和影视产业深度结合。

海口文化产业园规划近4万平方米办公面积，并为入驻的影视企业提供政策咨询、注册代办、政府补贴协助申请等一条龙专业服务。截至2020年底，海南全省文化影视公司注册机构达2000多家。精品剧目屡获大奖，艺术作品及表演者获得"文华大奖"提名奖、中国戏剧"梅花奖"、国家艺术基金立项等国家级奖项9项，入选参加国家级展演剧目12台，获海南省"文华奖"作品14个、获省"文华奖"个人奖58项。2021年，海南艺术创作生产工作成绩斐然。琼剧《红旗不倒》《英雄，往北走》等4部剧（节）目入选文化和旅游部"庆祝中国共产党成立100周年舞台艺术精品创作工程"。《黎族家园》《呦呦鹿鸣》入选中宣部、文旅部、中国文联联合举办的庆祝中国共产党成立100周年优秀舞台艺术作品展演。舞蹈诗《锦绣家园》获第六届全国少数民族文艺会演圆梦奖——最佳剧目奖。

3. 海南旅游文化演艺发展情况

海南省积极培育旅游演艺文旅消费业态，大力引进世界顶尖的演艺团体和经纪机构，现有三亚千古情演艺剧场、美丽之冠演艺剧场、槟榔谷演艺剧场等演艺场所。经过十几年的积淀，海南省旅游演艺市场呈现蓬勃发展的良好态势。一是剧场数量不断增加，分布的范围不断扩大，从当初的1家发展到现在的9家，从当初仅兴隆地区开展驻场演出，发展到海口、三亚、保亭、琼海等地旅游演艺多点开花。二是剧场条件得到不断改善，从当初只能容纳几百个观众席的小剧场发展到能容纳上千人的空调大剧院。三是演出质量不断提高，从当初仅有的"红艺人"表演，发展到现在的既有非物质文化遗产展示，又有大型歌舞秀等，更好地满足了广大游客对文化消费的需求。

4. 海南夜间文化和旅游消费集聚区发展情况

夜间文化和旅游消费集聚区指依托特色文化街区、文体商旅综合体、旅游景区或文化产业示范园区等地域空间，结合文化场馆、娱乐场所、博物院、书店、剧场影院、餐饮、酒店等文旅场所，实现文旅商资源有机联动、集约利用，在夜间（18时至次日6时）形成活跃消费市场的区域。海南省目前符合文化和旅游发展方向、文化内涵丰富、地域特色突出、文化和旅游消费规模较大、消费质量和水平较高、具有典型示范和引领带动作用的国家级夜间文化和旅游消费集聚区的数量总共3家。海南三亚市海昌梦幻海洋不夜城入选第一批国家级夜间文化和旅游消费集聚区名单，海口市观澜湖新城、三亚市三亚千古情景区成功入选第二批国家级夜间文化和旅游消费集聚区名单，这对促进海南夜间旅游经济发展、更好满足人民日益增长的美好生活需要具有重要意义。

5. 海南旅游休闲街区发展情况

2021年1月4日，为贯彻落实党的十九届五中全会精神，打造文化特色鲜明的国家级旅游休闲街区，文化和旅游部发布了《旅游休闲街区等级划分》（LB/T 082—2021）行业标准，规定了旅游休闲街区等级划分的依据与条件。为推进旅游特色街区创建，规范和提升海南省旅游特色街区服务质量和管理水平，海南省旅游和文化广电体育厅制定了《海南省旅游特色街区服务质量认定条件》及其实施办法。

目前海南省骑楼建筑历史文化街区已经入选首批国家级旅游休闲街区名单，海南已经建成诸如海口海甸溪北岸特色文化商业街、三亚海棠68环球美食街等众多特色的文化商业特色街区，极大提升了海南旅游街区发展质量。由三亚市旅游和文化广电体育局主办的"文旅赋能，多彩三亚"2022年三亚文化和旅游消费试点城市系列活动评选出了"2022年三亚市十大城市旅游特色街区"，分别是三亚丝路欢乐世界、乐天城商业广场、天涯小镇、北纬18°天街、海棠68环球美食街、蓝海购物广场、三亚青春颂广场、三亚百花谷商业中心、三亚市商品街、三亚第一市场。

二、自由贸易港相关政策解读

（一）政策索引

1. 进口免税类

WH01《财政部　海关总署　税务总局关于海南自由贸易港自用生产设备"零关税"政策的通知》（财关税〔2021〕7号）

WH02《财政部　海关总署关于明确海南自由贸易港"零关税"自用生产设备相关产品范围的通知》（财关税〔2021〕8号）

WH03《财政部　海关总署　税务总局关于调整海南自由贸易港自用生产设备"零关税"政策的通知》（财关税〔2022〕4号）

WH04《财政部　海关总署　税务总局关于海南自由贸易港原辅料"零关税"政策的通知》（财关税〔2020〕42号）

WH05《财政部　海关总署　税务总局关于调整海南自由贸易港原辅料"零关税"政策的通知》（财关税〔2021〕49号）

2. 企业税收类

WH06《关于海南自由贸易港企业所得税优惠政策的通知》（财税〔2020〕
31号）

WH07《财政部 税务总局关于印发〈海南自由贸易港旅游业、现代服务
业、高新技术产业企业所得税优惠目录〉的通知》（财税〔2021〕14号）

WH08《海南自由贸易港鼓励类产业目录（2020年本）》

WH09《国家税务总局海南省税务局关于海南自由贸易港企业所得税优惠
政策有关问题的公告》（国家税务总局海南省税务局公告2020年第4号）

WH10《国家税务总局海南省税务局 海南省财政厅 海南省市场监督管理

局关于海南自由贸易港鼓励类产业企业实质性运营有关问题的公告》（2021年第1号）（扫描二维码点击底部"相关文件"链接）

WH11《国家税务总局海南省税务局　海南省财政厅　海南省市场监督管理局关于海南自由贸易港鼓励类产业企业实质性运营有关问题的补充公告》（国家税务总局海南省税务局　海南省财政厅　海南省市场监督管理局公告2022年第5号）

3. 个人税收类

WH12《关于海南自由贸易港高端紧缺人才个人所得税政策的通知》（财税〔2020〕32号）

WH13《海南省财政厅　国家税务总局海南省税务局　海南省市场监督管理局　中共海南省委人才发展局关于落实海南自由贸易港高端紧缺人才个人所得税优惠政策有关问题的通知》（琼财税〔2020〕1019号）

WH14《海南省人民政府关于印发海南自由贸易港享受个人所得税优惠政策高端紧缺人才清单管理暂行办法的通知》(琼府〔2022〕31号)

WH15《海南省财政厅 国家税务总局海南省税务局 海南省人力资源和社会保障厅 海南省市场监督管理局 中共海南省委人才发展局关于进一步明确落实海南自由贸易港高端紧缺人才个人所得税优惠政策有关事项的通知》(琼财支财〔2022〕1211号)

4. 文旅业态类

WH16《国家发展改革委关于印发〈海南省建设国际旅游消费中心的实施方案〉的通知》(发改社会〔2018〕1826号)

WH17《海南省旅游和文化广电体育厅关于印发〈海南省旅游特色街区服务质量认定条件〉及其〈实施办法〉的通知》(琼旅文法规〔2020〕1号)

WH18《文化和旅游部办公厅　国家发展改革委办公厅关于开展国家级旅游休闲街区认定工作的通知》（办资源发〔2021〕201号）

WH19《国家发展改革委　商务部关于支持海南自由贸易港建设放宽市场准入若干特别措施的意见》（发改体改〔2021〕479号）

WH20《文化和旅游部关于修改〈营业性演出管理条例实施细则〉的决定》（中华人民共和国文化和旅游部令第9号）

WH21《文化和旅游部办公厅关于开展第一批国家级夜间文化和旅游消费集聚区建设工作的通知》（办产业发〔2021〕123号）

WH22《文化和旅游部办公厅关于开展第二批国家级夜间文化和旅游消费集聚区申报工作的通知》（办产业发〔2022〕27号）

5. 文旅奖补类

WH23《海南省财政厅 中共海南省委宣传部关于修订海南省文化产业发展专项资金管理暂行办法的通知》（琼财企〔2019〕428号）

WH24《关于印发海南省旅游业高质量发展奖补资金使用实施细则的通知》（琼旅文函〔2022〕78号）

WH25《海南省旅游和文化广电体育厅鼓励引进优秀剧目演出资金补贴办法（试行）》（海南省旅文厅，2022年7月11日）

WH26《海南省旅游和文化广电体育厅关于开展恢复振兴文艺类演出活动资金奖补专项申报的通知》（海南省旅文厅，2023年4月17日）

（二）要点解读

1. 进口免税类

（1）全岛封关运作前，在海南自由贸易港登记注册并具有独立法人资格的海南省旅游娱乐业企业进口自用生产经营设备可以享受进口"零关税"政策。

（2）企业进口旋转木马、秋千和旋转平台，过山车，水上乘骑游乐设施，水上乐园娱乐设备，其他游乐场乘骑游乐设施和水上乐园娱乐设备，游乐场娱乐设备等文体旅游业所需的8项税号商品也可以享受进口"零关税"政策。

2. 企业税收类

（3）2025年前，注册在海南自由贸易港并实质性运营的旅游娱乐业企业，符合鼓励类产业目录范围等条件的，可按规定享受15%的企业所得税优惠。对总机构设在海南自由贸易港的符合条件的旅游娱乐业企业，仅就其设在海南自由贸易港的总机构和分支机构的所得，按规定适用15%税率；对总机构设在海南自由贸易港以外的旅游娱乐业企业，仅就其设在海南自由贸易港内的符合条件的分支机构的所得，按规定适用15%税率。

（4）2025年前，对在海南自由贸易港设立的旅游娱乐业企业新增境外直接投资取得的所得，符合条件的，可按规定免征企业所得税。新增境外直接投资所得应当符合以下条件：

①从境外新设分支机构取得的营业利润；或从持股比例超过20%（含）的境外子公司分回的，与新增境外直接投资相对应的股息所得。

②被投资国（地区）的企业所得税法定税率不低于5%。

2035年前，对注册在海南自由贸易港并实质性运营的旅游景区景点企业（负面清单行业除外），减按15%的税率征收企业所得税。

3. 个人税收类

（5）2025年之前，在海南自由贸易港工作的旅游娱乐业企业高端人才和紧缺人才，其个人所得税实际税负超过15%的部分可以享受免征优惠政策。享受优惠政策的所得必须来源于海南自由贸易港的所得，即旅游娱乐业企业高端紧缺人才从海南自由贸易港取得的综合所得（包括工资薪金、劳务报酬、稿酬、特许权使用费四项所得）、经营所得以及经海南省认定的人才补贴性所得，相应税款在海南自由贸易港缴纳。

（6）旅游娱乐业企业高端人才和紧缺人才享受"15%"税收优惠政策应满足两大条件：

①一个纳税年度内在海南自由贸易港累计居住满183天（2023年1月1日起执行，2024年汇算清缴2023年度个人所得税起适用），"连续缴纳社保6个月以

上"条件执行至2023年汇算清缴2022年度个人所得税结束。

②属于海南省各级人才管理部门所认定的人才或一个纳税年度内在海南自由贸易港收入达到30万元人民币以上（海南省根据经济社会发展状况实施动态调整）。

（7）2035年前，一个纳税年度内在海南自由贸易港累计居住满183天的旅游娱乐业企业人员，其取得来源于海南自由贸易港内的综合所得和经营所得，按照3%、10%和15%三档超额累进税率征收个人所得税。

4. 文旅业态类

（8）旅游特色街区应具有明确的地域边界，地面街道总长度不短于300米，或总占地面积不小于3万平方米。旅游特色街区的评选应该符合基本要求、服务设施、商业业态、管理服务、环境卫生、安全保障等六大方面项目标准。

（9）旅游特色街区应该具备游览、购物、餐饮、休闲娱乐、文化展示等功能中两个或多个组合，并在某一方面具有很高的知名度。旅游特色街区应该有多样化、开放式公共文化娱乐设施，文化娱乐经营场所应提供积极健康的产品，有特色的节庆活动或健康、丰富的晚间文化娱乐活动。

（10）海南省重点旅游区内可以允许设置通宵营业酒吧和娱乐演艺场所。

（11）政策鼓励旅游文化演艺产业发展，支持开展"一带一路"文化交流合作，推动"一带一路"沿线国家乃至全球优质文化演艺行业的表演、创作、资本、科技等各类资源向海南聚集。

（12）政策支持海南自由贸易港落实具有国际竞争力的文化产业奖励扶持政策，鼓励5G、VR、AR等新技术率先在旅游文化演艺应用。

（13）香港特别行政区、澳门特别行政区企业投资者在内地依法登记的旅游演出场所经营单位，台湾地区投资者在大陆依法登记的旅游演出场所经营单位，外国投资者在中国境内依法登记的旅游演出场所经营单位，可以申请从事演出场所经营活动。

（14）歌舞娱乐场所、旅游景区、主题公园、游乐园、宾馆、饭店、酒吧、餐饮场所等非演出场所经营单位需要在本场所内举办营业性演出的，应当委托演出经纪机构承办。

（15）申请举办含有内地演员和香港特别行政区、澳门特别行政区、台湾地区演员以及外国演员共同参加的旅游营业性演出，可以报演出所在地省级人民政府文化和旅游主管部门审批。

（16）夜间文化和旅游消费集聚区的遴选要求如下。

①四至范围明确。有明确的四至范围，街区、旅游景区、省级及以上文化产业示范园区商业区域的占地面积应不超过3平方公里，文体商旅综合体商业面积应不低于1万平方米。

②业态集聚度高。文化和旅游业态集聚，产品和服务供给丰富，夜间文化和旅游消费人次及消费规模较大。街区、文体商旅综合体、省级及以上文化产业示范园区商业区域内夜间营业商户中的文化类商户数量或营业面积应占比不低于40%；旅游景区提供夜间游览服务的天数较多，夜间营业的文化娱乐设施项目数量或游览面积应占比不低于40%。

③公共服务完善。夜间社会治安、照明、卫生、交通、移动通信情况良好；夜间出行便利度较高，有基本满足消费者夜间出行需求的公共交通服务；区域范围内及周边区域合理设立基本满足消费者夜间停车需求的停车位。

④品牌知名度较高。区域内夜间文化和旅游消费活动形式多样、内容丰富，形成集聚效应、品牌效应，在本地居民及外地游客中具有较高的知名度和较强的吸引力。街区、文体商旅综合体、省级及以上文化产业示范园区商业区域内文化类商户营业收入较高；旅游景区经营状况较好，年旅游人次、年营业收入及盈利水平较高。

⑤市场秩序规范良好。文化和旅游市场秩序良好，消费环境诚信守法、文明有序、健康绿色，消费者夜间消费维权便利。近3年（营业不足3年的自营业之日起）区域范围内文化和旅游企业、项目和设施在内容安全、生产安全、食品安全、生态环境等方面没有出现较大违法违规问题。

⑥政策环境良好。所在地级市、副省级市或直辖市市辖区（县）重视发展夜间文化和旅游经济，合理规划文化和旅游消费场所设施空间布局，推进包容审慎监管，营造良好营商环境，引导市场主体创新夜间文化和旅游消费业态；对申报对象予以重点扶持，制定实施资金奖补等优惠政策。

5. 文旅奖补类

（17）在海南省内办理注册登记、财务管理规范、财务管理制度健全、诚信守法经营、未纳入严重失信主体名单并依法在海南省内申报纳税，无欠缴税款或其他违反税收规定行为的旅游演艺企业可以申请海南省文化产业发展专项资金项目以及海南省旅游业高质量发展奖补资金。

（18）旅游演艺项目可以通过"贷款贴息"方式获得专项资金政策支持，但是补贴金额不超过项目贷款实际支付的利息总额，单个项目贴息总额不超过500万元，贴息期限不超过3年。

（19）旅游演艺项目可以通过"绩效奖励"方式获得专项资金政策支持，已经完成且社会效益显著的旅游演艺项目可以享受绩效奖励，奖励金额不超过项目实际投资额的30%，奖励额度单项不超过100万元。

（20）旅游演艺项目可以通过"'对赌'奖补"方式获得专项资金政策支持，旅游演艺企业与省委宣传部"一对一"协商增加营业收入、税收、就业、社会效益等考核指标，签订"对赌"协议，明确演艺企业任务和专项资金奖补额度，演艺企业完成"对赌"协议约定的任务后，获得专项资金奖补。

（21）新评为5A、4A和3A级旅游演艺主题景区分别可以获得500万元、300万元、200万元奖励。

（22）成功创建国家级旅游度假区、省级旅游度假区的旅游演艺型景区分别可以获得500万元、300万元奖励。

（23）新获得省认定的旅游特色小镇可以获得奖励100万元，旅游演艺等休闲娱乐景区成功创建国家级夜间文化和旅游消费集聚区、省级夜间文化和旅游消费集聚区、国家级旅游休闲街区的分别可以获得300万元、200万元、100万元奖励。

（24）旅游演艺企业可以申请成为引进优秀剧目张榜单位，但需要满足以下3个基本条件：

①揭榜单位必须为在中国境内注册的演出经纪机构、文艺表演团体或演出场所经营单位；

②演出活动须由旅游和文化行政部门依法批准，且严格按照《营业性演出管理条例》（2008年7月国务院令第528号）及其实施细则执行；

③两年内未受到政府部门处罚。

（25）引进优秀剧目的旅游演艺企业可以按照如下标准与方式获得资金补贴：

①依据艺术门类、规模体量、成本投入等因素，按照演出成本和演出市场价计算，最多补贴两场演出费用。演出两场，补贴金额最多不超过两场演出费用的60%，且不高于100万元；演出一场，补贴不超过单场演出费用的60%，

且不超过100万元；

②公示无异议的榜单项目，惠民票售票率须达到20%（票价原则上不高于100元），实际售票率达到65%，且上座率达到70%以上，按照上述第1条施行补贴发放相关程序，如不达要求不给予任何补贴。

（26）文艺展演奖补根据观演人数对企业进行补贴，观众人数达3万人（含）以上补贴150万元；观众人数达2万人至3万人（含）补贴100万元；观众人数达1万人至2万人（含）补贴50万元。已获得市县支持资金的，省级按照实际支持资金一定比例予以补贴，其中海口市、三亚市、儋州市按20%补贴，其他市县按30%补贴。

三、基于业务场景的政策综合利好分析

（一）海南文化旅游企业所得税优惠

根据WH06—WH11等涉及文化旅游企业所得税的优惠政策，综合测算海南自由贸易港对文化旅游企业缴纳企业所得税的经济性利好。

以海南与内地文化旅游企业缴纳5年企业所得税为例，假如海南省文化旅游企业丙第一年营业收入为1500万元，营业成本700万元，文化旅游企业丙的营业收入与成本以每年10%左右的速率增长。如表6-1测算所示，以5年为发展基数，海南的文化旅游企业较之于内地可以节省缴纳488.408万元的企业所得税。

表6-1　海南与内地文化旅游企业缴纳企业所得税历时比较

时间 要素	第一年	第二年	第三年	第四年	第五年
营业收入（万元）	1500	1650	1815	1996.5	2196.15
营业成本（万元）	700	770	847	931.7	1024.87
内地公司所得税（万元）	200	220	242	266.2	292.82
海南公司所得税（万元）	120	132	145.2	159.72	175.692
内地累计所得税（万元）	200	420	662	928.2	1221.02
海南累计所得税（万元）	120	252	397.2	556.92	732.612
海南娱乐企业税收节省金额（万元）	80	168	264.8	371.28	488.408

（二）海南文化旅游企业个人所得税优惠

根据WH12—WH15等涉及文化旅游企业个人所得税的优惠政策，综合测算海南自由贸易港对高端紧缺人才个人所得税的经济性利好。

若文化旅游企业高端紧缺人才年度工资薪金的税前收入为78万元，那么按照现行的个人所得税计算（如果不考虑社会保险、公积金、专项附加扣除等因素），应纳税所得额为78万元-6万元=72万元（扣除基本减除费用，每月5000元，一个纳税年度6万元），72万元所对应的税率为35%以及速算扣除数为85920元，因此该人才应该缴纳的个人所得税金额为720000×35%-85920=166080元，税负为166080÷720000=23.07%。如果按照2025年之前海南自由贸易港高端紧缺人才个人所得税实际税负超过15%免征的优惠政策计算，那么该文化旅游企业高端紧缺人才享受自由贸易港个人所得税减免税额为720000×（23.07%-15%）=58104元，这意味着该人才可以免征约5.8万元的个人所得税金额。该项个人所得税优惠政策利于海南省吸引文化旅游行业高端人才，对于海南文旅行业提质升级具有重要的助推意义。

（三）海南特色旅游街区发展利好

根据特色旅游街区相关政策WH17、WH18，综合分析海南自由贸易港特色旅游街区政策对企业发展的实质性利好。

得益于关于海南省的特色旅游街区政策（WH17、WH18的6、7条）的出台，海南旅游休闲娱乐业企业可以利用这些政策，发挥特色旅游街区创建的品牌效应以及利用业态发展利好政策投资街区商业业态。以海口骑楼老街为例，海口骑楼建筑历史文化街区在2022年1月10日入选国家旅游休闲街区，海口市龙华区政府举行2022年6月29日海口市龙华区政府举办"旅文产业招商推介会"。这次推介会旨在为骑楼历史文化街区、龙湖天街等旅游街区导入符合各街区定位的特色酒店和餐饮业态，而海南三寰营造文化旅游有限公司、海南白切世家餐饮管理有限公司和深圳市沁缘健康顾问管理有限公司等3家企业与骑楼街运营主体单位现场签约。海南特色旅游街区创建政策利于形成具有海南地方品牌的特色旅游街区，以此吸引高品质的多元旅游业态公司投资入驻，利于促进海南旅游娱乐、夜间经济的高质量发展。

（四）海南景区旅游演艺投资利好

根据海南景区演艺投资发展相关政策WH19、WH20，综合分析海南自由贸易港政策对景区旅游演艺投资发展的实质性利好。

得益于关于海南省景区投资以及经营旅游演艺的系列政策（WH19、WH20的11、12、13条）的出台，海南省主题公园、一般景区这些非演出场所经营单位也能经营旅游演出，外国投资者、外国演员也能参与到内地景区演出，旅游娱乐业企业可以利用这些政策投资并大力发展海南省一般景区内的旅游演艺。

以海南万宁"巴厘村"为例，2018年海南南国企业集团、海南联合航旅集团与国际环球（印尼）集团有限公司共同出资建造了"巴厘村"景区。"巴厘村"景区面积200亩，约合14公顷，由归侨文化长廊、归侨家园、植物观赏区、根艺馆、太阳河舞台、南国体验馆六个功能区组成。该景区的旅游演艺项目的投资组成存在外资成分，同时旅游演艺参演成员也有印尼当地人，公司还聘用了印尼工匠、印尼大学生、印尼舞蹈老师、印尼语老师等参与到该景区旅游项目之中。该项政策利于吸引企业投资发展景区特色旅游演艺项目，优化景区业态发展结构，提升景区经营效益与水平。

（五）海南国家级夜间文化旅游消费集聚区发展利好

根据国家夜间文化旅游消费集聚区发展相关政策WH21、WH22，综合分析海南自由贸易港政策对文化旅游消费发展的实质性利好。

三亚海昌梦幻海洋不夜城作为"国家级夜间文化和旅游消费集聚区"、海南省重点旅游项目、三亚逛吃潮玩的夜游胜地，项目围绕打造三亚全天、全季候"玩美度假"的发展理念，以"海上丝绸之路"为主题，建成了海棠湾、非洲海、波斯湾、孟加拉4个主题区，拥有16个游乐项目、1个剧场秀、1个夜间花车巡游、每天30余场环球风情演艺、20余家餐厅、30余家商铺等，将海丝文化、海南文化和海洋文化融为一体，构成了以游乐、美食、演艺三大业态为核心的运营模式，满足游客全方位的休闲娱乐需求。作为第二批入选名单的观澜湖新城，是集娱乐、购物、休闲、餐饮及文化于一体的大型综合项目，是海口观澜湖旅游度假区之"核"。观澜湖新城是在公众高尔夫球场的环绕配套中，建立一个城市综合体（HOPSCA）概念。夜间经济是三亚千古情景区主要的发展方向，2022年，在市旅文局等有关部门的指导下，该景区按要求开展整改提升工作，成功入选第二批国家级夜间文化和旅游消费集聚区名单。接下来三亚将围绕优供给、强品牌，创新产品和服务，加速构建"旅游+"的夜间经济形态，丰富游客度假体验，持续释放消费潜能，让市民游客"开开心心过大年"。

（六）海南旅游演艺企业奖补

根据涉及旅游演艺企业奖补优惠政策WH24、WH25，综合测算海南自由贸易港对旅游演艺企业奖补的经济性利好。

根据涉及旅游演艺专项资金支持政策WH23、WH25的（18）（19）（20）条，企业的旅游演艺项目可以通过贷款贴息和绩效奖励方式获得专项资金政策支持。假如旅游演艺企业A因投资某个旅游演艺项目需要向海口市中国建设银行贷款资金500万元，贷款贴息年利率为3.65%，前三年该企业演艺项目贷款实际支付的利息总额应为56.78万元，则该企业可利用政策WH19、WH21的（18）条可以获得3年该银行贷款贴息最高额度为56.78万元。假如演艺企业甲已经投资某项文化旅游演出项目，投资额度1000万元，且该项目取得显著的社会效益，则该企业可以申请获得最高额度50万元的奖励资金。

总之，这些旅游演艺奖励补贴的利好政策一定程度上可缓解旅游演艺企业投资的资金压力，利于吸引企业投资发展旅游演艺项目，并促进旅游演艺企业引进优秀剧目，助力旅游演艺产业提质升级与高质量发展。

表6-2　旅游演艺企业奖补情况

企业编号　演艺要素	旅游演艺企业		
	A	B	C
演出场次	1	2	3
补贴（万元）	30	60	60
观众人数（万人）	1—2	2—3	3及以上
补贴（万元）	50	100	150
总计（万元）	80	160	210

四、操作指南

（一）文化旅游企业所得税优惠

办理事项	责任部门	流程	提交材料	申报入口
企业办理减按15%的税率缴纳企业所得税	海南省税务局	登录网上电子税务局，按照【我要办税】—【税费申报及缴纳】—【常规申报】路径进入填报。1.预缴申报时，在"中华人民共和国企业所得税月（季）度预缴纳税申报表（A类）"第13行"减：减免所得税额"中选择优惠事项名称"海南自由贸易港鼓励类企业减按15%税率征收企业所得税"并填写本年累计优惠金额。2.年度申报时，在"中华人民共和国企业所得税年度纳税申报表（A类）"的附表"减免所得税优惠明细表"第28.3行"海南自由贸易港鼓励类企业减按15%的税率征收企业所得税"中填写本年优惠金额。	无	网址：https://etax.hainan.chinatax.gov.cn

（二）文化旅游企业高层次人才认定

办理事项	责任部门	流程	提交材料	申报入口
高层次人才认定	海南省人力资源开发局（省人才服务中心），具有认定权限的市县、园区和用人单位	1.个人申报。文化旅游业有关人才个人向所在用人单位提出认定申请，提供有关证明材料，对照《海南自由贸易港高层次人才分类标准（2020）》，选择认定类别，填写海南自由贸易港高层次人才认定申请表或海南省柔性引进高层次人才认定申报表。	1.海南自由贸易港高层次人才认定需提供： （1）近期2寸免冠白底证件照 （2）劳动合同和任职文件 （3）身份证件	网址：https://wssp.hainan.gov.cn/hnwt/talent-service

续表

办理事项	责任部门	流程	提交材料	申报入口
高层次人才认定	海南省人力资源开发局（省人才服务中心），具有认定权限的市县、园区和用人单位	2.审核和认定（备案）。申报人所在用人单位对申报人各项条件进行审核。具有认定权限的用人单位，对符合条件的A、B、C、D类人才作出认定意见后，将认定意见与申请材料报省人才服务中心认定备案；对符合条件的E类人才直接进行认定，将认定名单报省人才服务中心备案。不具有认定权限的用人单位，对符合条件的A、B、C、D、E类人才作出推荐意见，将申请材料报市县或者重点园区人才服务部门。各相关市县或者重点园区人才服务部门对符合条件的A、B、C类人才作出认定意见后，将认定意见与申请材料报省人才服务中心认定备案；对符合条件的D、E类人才直接进行认定，将认定名单报省人才服务中心备案。3.发证。省人力资源开发局（省人才服务中心）对符合条件的A、B、C、D类人才颁发相应的海南自由贸易港高层次人才证书；授权具有认定权限的市县和省重点园区人才服务部门对符合条件的D、E类人才颁发相应的海南自由贸易港高层次人才证书；授权具有认定权限的用人单位对符合条件的E类人才颁发相应的海南自由贸易港高层次人才证书。	（4）申请认定层级和相关佐证材料（5）在海南缴纳社会保险记录单和个人所得税清单（6）申报人所在单位的营业执照和法人身份证件（7）海南自由贸易港高层次人才认定申请表 2.海南省柔性引进高层次人才认定需提供：（1）近期2寸免冠白底证件照（2）柔性引才协议（聘期在3年以上且已在海南服务1年以上）（3）身份证件（4）申请认定层级和相关佐证材料（5）为海南提供服务1年以上相关佐证材料（如工资单、个人所得税记录等）（6）申报人所服务单位的营业执照和法人身份证件（7）海南省柔性引进高层次人才认定申报表	网址：https://wssp.hainan.gov.cn/hnwt/talent-service

（三）文化旅游企业个人所得税优惠政策

办理事项	责任部门	流程	提交材料	申报入口
个人所得税优惠政策	海南省税务局	可在自然人电子税务局WEB端或个人所得税APP上自行申报。 1.登录自然人电子税务局，按照【我要办税】—【税费申报】—【综合所得申报】—【年度汇算】路径进入综合所得年度申报表并填报。 2.选择申报年度和填报方式等有关信息。 3.确认任职受雇单位及其主管税务机关。 4.填报申报表，如需查看明细，点击【详情】进入查看明细数据。 5.填报海南自贸港高端和紧缺人才个人所得税优惠及其他优惠事项。 6.提交申报。此时申报表已填写完毕，确认无误后，依次点击主表右下角的【提交申报】—【确认提交】完成申报。 7.退（补）税。申报完成后如需退税或补税，根据页面提示点击【立即缴款】或【申请退税】。 8.后续操作。可在系统顶部点击【我要查询】—【申报查询】—【更正/作废申报】查看申报信息、更正申报、作废申报等后续操作。	无	网址：https://etax.chinatax.gov.cn/

（四）文化旅游企业旅游特色街区申报指南

办理事项	责任部门	流程	提交材料	申报入口
海南省旅游特色街区服务质量认定	海南省旅游和文化广电体育厅	1.申请单位对照标准自评打分，达标后填写申请报告书，向所在市县旅文申请。 2.初评达标后，市县旅文局向省旅文厅提出终评申请。 3.省旅文厅对所申报和评定材料进行审定、公示、批复。 4.旅游特色街区牌匾由街区管理部门或经营企业自行设计制作。	海南省旅游特色街区申请报告书	网址：http://lwt.hainan.gov.cn/xxgk_55333/0503/202009/t20200921_2854013.html

（五）旅游演艺演出审批指南

办理事项	责任部门	流程	提交材料	申报入口
演出经纪机构从事营业性演出经营活动审批	海南省旅游和文化广电体育厅	向具有审批权限的人民政府文化行政部门提出申请，并提交符合《营业性演出管理条例》和《营业性演出管理条例实施细则》规定条件的证明文件，取得营业性演出许可证。	1.演出申请书； 2.与演出相关的各类演出合同文本； 3.演出节目内容材料； 4.营业性文艺表演团体、演员个人的演出证。	网址：https://www.hainan.gov.cn/data/zfgb/2019/10/7939
举办外国的文艺表演团体、个人参加的营业性演出审批	海南省旅游和文化广电体育厅	向所在地省级文化行政部门提出申请，由省级文化行政部门提出审核意见，报国务院文化行政部门审批，经批准的，由所在地省级文化行政部门换发演出证。	1.演出申请书； 2.与演出相关的各类演出合同文本（中外文）； 3.演出节目内容材料和节目录像带（光盘）； 4.外方文艺表演团体及演职人员名单、护照等身份证明文件、艺术水平和资信情况证明； 5.演出地省级文化行政部门出具的同意函。	网址：https://www.hainan.gov.cn/data/zfgb/2019/10/7939

续表

办理事项	责任部门	流程	提交材料	申报入口
举办台湾地区的文艺表演团体、个人参加的营业性演出审批	海南省旅游和文化广电体育厅	演出举办单位应当向国务院文化主管部门会同国务院有关部门规定的审批机关提出申请。	1.营业性演出申请登记表 2.营业性演出许可证 3.演员名单、演员有效身份证明 4.演出举办单位与文艺表演团体（演员）的演出协议或文艺表演团体（演员）同意参加演出的书面函件 5.监护人出具的书面同意函件 6.场地证明 7.安全保卫工作方案和灭火、应急疏散预案，以及依法取得的安全、消防批准文件 8.演出节目单及与节目单对应的视听资料 9.演出场所的娱乐经营许可证 10.演出场所的演出场所经营单位备案证明或者营业性演出许可证 11.公众聚集场所投入使用、营业前消防安全检查合格证 12.证明事项承诺书	网址：https://www.hainan.gov.cn/data/zfgb/2019/10/7939

续表

办理事项	责任部门	流程	提交材料	申报入口
香港特别行政区、澳门特别行政区的投资者在内地的演出场所经营活动审批	海南省旅游和文化广电体育厅	向省、自治区、直辖市人民政府文化主管部门提出申请。	1.演出场所经营单位备案、设立申请登记表 2.外商投资企业批准证书 3.合资、合营各方确定的董事长、副董事长、董事或者联合管理委员会主任、副主任、委员名单及身份证明 4.消防安全批准文件	网址：https://www.hainan.gov.cn/data/zfgb/2019/10/7939

（六）影视娱乐企业申请奖补

办理事项	责任部门	流程	提交材料	申报入口
海口市影视产业奖励申报	海口市人民政府	1.申请专项资金的影视企业将相关材料提交市影视主管部门进行初审和综合评审，评审通过方能办理资金拨付手续； 2.市影视主管部门应当自收到申请之日起3个工作日内完成初审工作，12个工作日内完成综合评审工作，按程序上报批准后完成拨付手续； 3.申请人员落户的影视企业人员将相关材料提交市影视主管部门按相关规定协助办理。	1.海口市文化产业发展专项资金（影视产业）申请书 2.营业执照副本复印件（加盖企业公章） 3.承诺书 4.从业人员缴纳社保证明材料 5.申请项目审计报告 6.注册登记影视企业奖励申请表 7.提供1年以上办公场所的租赁发票或自有房产缴纳房产税的税票或其他有效证明 8.税务局盖章的完税证明原件（上年度） 9.银行扣税回单复印件 10.企业增值税、企业所得税申报表或缴税凭证复印件（上年度）	网址：http://www.haikou.gov.cn/

（七）文化旅游文艺演出奖补申报指南

办理事项	责任部门	流程	提交材料	申报入口
海南省文艺演出类奖补资金申报	海南省旅游和文化广电体育厅	申报时间自2023年3月18日至2024年3月17日期间进入海南省惠企政策兑现服务平台，注册登录后进行项目申报。	1. 奖补资金申请表、资金申报承诺表。 2. 活动申请书。申请书应包括以下内容：申请人或单位基本情况、活动背景材料及主要内容、活动执行进度安排、申请补贴资金金额、自筹资金安排情况和其他相关内容。 3. 演出活动执行方案。 4. 单位营业执照、税务登记证、组织机构代码证复印件，新版营业执照只需营业执照即可。 5. 活动获得其他财政资金支持的情况，或者正在申请其他财政资金的情况。 6. 演出活动专项审计报告、活动支出预算明细表和活动已投入资金明细表、活动投入相关合同协议、支付凭证等，如涉及演出服务外包，应提供对方的相关资质证明以及外包价格的公允性证明。	网址：https://hqzc.wssp.hainan.gov.cn/#/home

续表

办理事项	责任部门	流程	提交材料	申报入口
海南省文艺演出类奖补资金申报	海南省旅游和文化广电体育厅	申报时间自2023年3月18日至2024年3月17日期间进入海南省惠企政策兑现服务平台，注册登录后进行项目申报。	7. 会计师事务所审计的上年度会计报表复印件，包括资产负债表、利润表、现金流量表等；完税证明（须为税务部门盖章确认原件）。 8. 其他相关材料，如第三方专业机构出具的活动绩效评估报告等。	网址：https://hqzc.wssp.hainan.gov.cn/#/home

五、政策展望

根据项目实地调研与典型企业走访的情况，文化旅游行业对未来发展的政策诉求主要体现在文旅深度融合政策、文化旅游人才政策两个方面。

（一）文旅深度融合政策

目前海南省已经出台涉及文化旅游方面相关的发展政策，这对于海南旅游演艺、休闲街区、影视音乐、夜间经济等行业发展具有重要促进作用。然而，根据相关部门以及典型文旅企业的访谈结果，海南近年文旅行业发展虽然取得了显著的成绩，但是高质量的旅游演艺、休闲街区、旅游影视及音乐、夜间旅游场所等文旅业态产品仍然较少；不少文旅企业对文旅融合的主体准入、发展边界、政策支持等方面存在疑虑，大多数企业对海南未来"文旅"的深度融合抱有良好的愿景与期待。因此，有必要在《海南省"十四五"旅游文化广电体育发展规划》基础上对海南文旅深度融合领域进行一定的政策填补，出台海南省级层面文旅深度融合以及促进夜间旅游经济发展相关政策与具体实施方案，这是贯彻落实习近平总书记在二十大报告中对文旅深度融合指示精神的具体体现，有利于促进海南文旅行业高质量融合发展。

（二）文化旅游人才政策

根据企业走访调研情况得知，目前文化旅游行业发展的一个明显短板为专业人才的缺失，具体体现在旅游演艺、影视娱乐、文旅街区经营等方面人才不足。因此，关于文化旅游专业人才的培育在未来有必要进行一定程度上的政策填补，比如制定海南文化旅游人才引进与培养方案、海南文化旅游人才奖励补贴政策等。

第二篇
新兴旅游业态

第七章　邮轮旅游

一、产业界定和现状分析

（一）产业界定

根据海南省《邮轮旅游服务规范》地方标准，邮轮旅游指的是以海上船舶为旅游目的地和交通工具，为旅游者提供海上游览、住宿、交通、餐饮、娱乐或到岸观光等多种服务的旅游方式。邮轮产业链是以邮轮为主要载体，休闲、观光、游玩等为具体内容，围绕船舶制造、港口服务、后勤保障、交通运输、游览观光、餐饮购物和银行保险等行业形成的产业链条。而邮轮产业链中下游都是直接以旅游为中心，处在中游的邮轮公司负责邮轮旅游及运输的经营管理，下游指在港口码头衍生的邮轮旅游相关服务。

按照邮轮船型大小，可以将邮轮划分为大型邮轮、中型邮轮和小型邮轮。大型邮轮载客量一般在2000人以上，中型邮轮载客量一般在1000人至2000人，小型邮轮载客量一般在1000人以下。按照邮轮航行的水域，可以将邮轮划分为远洋邮轮、近洋邮轮和内河邮轮。远洋邮轮一般航程较长，航期在10—15天左右，甚至更长；近洋邮轮和内河邮轮航程较短，航期一般在7天左右或者以内。

（二）现状分析

1. 邮轮码头建设状况

截至2023年10月，全省仅有三亚凤凰岛国际邮轮港1个8万总吨的专业化邮轮泊位，年接待能力为30万人次。另外海口市秀英港的20号泊位，是邮轮临时泊位，可供5万吨级邮轮停靠，配有简易口岸联检设备。

2. 邮轮航线运营状况

海南邮轮航线运营以三亚与海口2个始发港为主，目前三亚邮轮港已开通三沙、越南、香港邮轮旅游航线，邮轮停靠涉及世界排名前三邮轮公司美国嘉年华邮轮、皇家加勒比国际邮轮和新加坡丽星邮轮公司以及日本、荷兰、德国、法国和葡萄牙等国的邮轮公司，目前有15条国际邮轮航线，年接待能力达到80万人次，共接待380多个航次的国际邮轮。根据《三亚国际邮轮旅游产业发展报告》，以三亚为母港的邮轮旅游航线分别是"三亚—下龙湾—三亚"航线、"三亚—岘港—三亚"航线、"三亚—下龙湾—顺化—三亚"航线、"三亚—菲律宾—三亚"航线、"香港—三亚—越南"航线和"三亚—西沙"航线等，其中西沙航线由我国本土邮轮"南海之梦"号和"长乐公主"号运营。目前，海南省正在探索创新中资非五星红旗邮轮开展海上游航线以及邮轮无目的地航线试点，鼓励中资邮轮运输经营人设计丰富多样的邮轮海上游航线，丰富海南邮轮旅游航线产品，全力打造三亚国际邮轮母港。

3. 邮轮旅游市场特征

以三亚邮轮母港为中心的邮轮旅游市场是整个海南邮轮旅游市场的典型代表。2018年《三亚国际邮轮旅游产业发展报告》显示，三亚凤凰岛国际邮轮港自2006年11月建成开港以来，共接待国际邮轮532航次，出入港游客102万人次；其中接待母港邮轮259航次，出入港游客30.31万人次，访问港邮轮273航次，出入港游客71.69万人次；进港游客量为50.91万人次，其中外国人和港澳台同胞数量累计为29.45万人次。海南省邮轮旅游国际客源市场主要为东南亚和日韩国家，东南亚是海南省邮轮港口最早经营接待的航线地区。2021年海南邮轮市场升温，春节期间除了"双子星"号外，还有"辉煌"号和"中华泰山"号运营海口、三亚至越南、菲律宾航线。目前海南正通过创新模式来开拓东南亚市场。而从国内市场而言，广东、广西、香港、澳门等地区是海南邮轮旅游的主要客源地。随着海南省中资非五星红旗邮轮开展海上游航线以及邮轮无目的地航线试点工作的推进，海南邮轮旅游路线及产品开发将不断推陈出新，海南邮轮旅游市场将迎来新的重要发展机遇。

二、自由贸易港相关政策解读

（一）政策索引

1. 进口免税类

YL01《财政部 海关总署 税务总局关于海南自由贸易港自用生产设备"零

关税"政策的通知》（财关税〔2021〕7号）

YL02《财政部　海关总署关于明确海南自由贸易港"零关税"自用生产设备相关产品范围的通知》（财关税〔2021〕8号）

YL03《财政部　海关总署　税务总局关于调整海南自由贸易港自用生产设备"零关税"政策的通知》（财关税〔2022〕4号）

YL04《财政部　海关总署　税务总局关于海南自由贸易港原辅料"零关税"政策的通知》（财关税〔2020〕42号）

YL05《财政部　海关总署　税务总局关于调整海南自由贸易港原辅料"零关税"政策的通知》（财关税〔2021〕49号）

YL06《财政部　海关总署　税务总局关于海南自由贸易港交通工具及**游艇**

"零关税"政策的通知》（财关税〔2020〕54号）

YL07《海南省人民政府关于印发海南自由贸易港"零关税"进口交通工具及游艇管理办法（试行）的通知》（琼府〔2020〕60号）

YL08《关于发布〈海南自由贸易港交通工具及游艇"零关税"政策海关实施办法（试行）〉的公告》（海关总署公告2021年第1号）

2. 企业税收类

YL09《关于海南自由贸易港企业所得税优惠政策的通知》（财税〔2020〕31号）

YL10《财政部 税务总局关于印发〈海南自由贸易港旅游业、现代服务业、高新技术产业企业所得税优惠目录〉的通知》（财税〔2021〕14号）

YL11《海南自由贸易港鼓励类产业目录（2020年本）》

YL12《国家税务总局海南省税务局关于海南自由贸易港企业所得税优惠政策有关问题的公告》（国家税务总局海南省税务局公告2020年第4号）

YL13《国家税务总局海南省税务局 海南省财政厅 海南省市场监督管理局关于海南自由贸易港鼓励类产业企业实质性运营有关问题的公告》（2021年第1号）（扫描二维码点击底部"相关文件"链接）

YL14《国家税务总局海南省税务局 海南省财政厅 海南省市场监督管理局

关于海南自由贸易港鼓励类产业企业实质性运营有关问题的补充公告》（国家税务总局海南省税务局 海南省财政厅 海南省市场监督管理局公告 2022 年第 5 号）

3. 个人税收类

YL15《关于海南自由贸易港高端紧缺人才个人所得税政策的通知》（财税〔2020〕32 号）

YL16《海南省财政厅 国家税务总局海南省税务局 海南省市场监督管理局 中共海南省委人才发展局关于落实海南自由贸易港高端紧缺人才个人所得税优惠政策有关问题的通知》（琼财税〔2020〕1019 号）

YL17《海南省人民政府关于印发海南自由贸易港享受个人所得税优惠政策高端紧缺人才清单管理暂行办法的通知》（琼府〔2022〕31 号）

YL18《海南省财政厅 国家税务总局海南省税务局 海南省人力资源和社会保障厅 海南省市场监督管理局 中共海南省委人才发展局关于进一步明确落实海南自由贸易港高端紧缺人才个人所得税优惠政策有关事项的通知》（琼财支财〔2022〕1211号）

4. 海上航线类

YL19《交通运输部关于推进海南三亚等邮轮港口海上游航线试点的意见》（交水函〔2019〕212号）

YL20《海南邮轮港口中资方便旗邮轮海上游航线试点管理办法（试行）》（琼府办〔2021〕32号）

YL21《外籍邮轮在海南自由贸易港开展多点挂靠业务管理办法》（琼府办〔2021〕47号）

5. 产业发展类

YL22《工业和信息化部等五部委关于加快邮轮游艇装备及产业发展的实施意见》（工信部联重装〔2022〕101号）

YL23《三亚中央商务管理局关于印发〈三亚中央商务区关于加快邮轮产业发展的实施细则〉等文件的通知》（三商管字〔2021〕24号）

（二）要点解读

1. 进口免税类

（1）全岛封关运作前，在海南自由贸易港登记注册并具有独立法人资格的邮轮企业可享受用于旅游业的邮轮进口"零关税"政策。

（2）"零关税"进口邮轮设备仅限于进口企业营运自用，并接受海口海关及海南省交通运输厅、海南省旅游和文化广电体育厅、民航中南地区管理局、海南海事局等相关主管部门监管。

2. 企业税收类

（3）2025年前，注册在海南自由贸易港并实质性运营的邮轮企业，符合鼓励类产业目录范围等条件的，可按规定享受15%的企业所得税优惠。对总机构设在海南自由贸易港的符合条件的邮轮企业，仅就其设在海南自由贸易港的总机构和分支机构的所得，按规定适用15%税率；对总机构设在海南自由贸易港以外的邮轮企业，仅就其设在海南自由贸易港内的符合条件的分支机构的所得，按规定适用15%税率。

（4）2025年前，对在海南自由贸易港设立的邮轮企业新增境外直接投资取得的所得，符合条件的，可按规定免征企业所得税。新增境外直接投资所得应当符合以下条件：

①从境外新设分支机构取得的营业利润；或从持股比例超过20%（含）的境外子公司分回的，与新增境外直接投资相对应的股息所得。

②被投资国（地区）的企业所得税法定税率不低于5%。

2035年前，对注册在海南自由贸易港并实质性运营的旅游景区景点企业（负面清单行业除外），减按15%的税率征收企业所得税。

3. 个人税收类

（5）2025年之前，在海南自由贸易港工作的邮轮企业高端人才和紧缺人才，其个人所得税实际税负超过15%的部分可以享受免征优惠政策。享受优惠政策的所得必须来源于海南自由贸易港的所得，即邮轮企业高端紧缺人才从海南自由贸易港取得的综合所得（包括工资薪金、劳务报酬、稿酬、特许权使用费四项所得）、经营所得以及经海南省认定的人才补贴性所得，相应税款在海南自由贸易港缴纳。

（6）邮轮高端人才和紧缺人才享受"15%"税收优惠政策应满足以下条件：

①一个纳税年度内在海南自由贸易港累计居住满183天（2023年1月1日起执行，2024年汇算清缴2023年度个人所得税起适用），"连续缴纳社保6个月以上"条件执行至2023年汇算清缴2022年度个人所得税结束。

②属于海南省各级人才管理部门所认定的人才或一个纳税年度内在海南自由贸易港收入达到30万元人民币以上（海南省根据经济社会发展状况实施动态调整）。

③对因职业特点一个纳税年度内在海南自由贸易港累计居住不满183天的航运行业特定人员，在满足上述第二条的同时，一个纳税年度内在海南自由贸易港以单位职工身份连续缴纳职工基本养老保险（与中国签订社会保障协定的国家中免缴人员除外）6个月以上（须包含本年度12月当月），并与在海南自由贸易港注册且实质性运营的企业或单位签订1年以上的劳动合同、聘用协议或可提供其他同等条件劳动人事关系证明材料的，由本人在规定的时间内向税务部门提交申请并说明情况，经由海南省人力资源社会保障部门组织评审认定通过后，可享受优惠政策。

（7）2035年前，对一个纳税年度内在海南自由贸易港累计居住满183天的邮轮企业人员,其取得来源于海南自由贸易港内的综合所得和经营所得,按照3%、10%和15%三档超额累进税率征收个人所得税。

4. 海上航线类

(8)邮轮海上航线类

①海南三亚等邮轮港口海上游航线试点的实施主体为中资邮轮运输经营人(内地资本出资比例不低于51%)及其拥有或者光租的方便旗邮轮,邮轮船龄不得超过30年。

②在旅行社报名参团的旅客,也可由旅行社统一向边检部门申请旅客登轮手续。

③推广实施在上海试点的邮轮船票制度,统一船票登船凭证等相关格式。

④政策鼓励邮轮企业设计丰富多样的无目的地邮轮航线,满足游客和居民海上看日出、潜水海钓、企业休闲商旅以及私人聚会等多样性的消费需求。

⑤在五星红旗邮轮投入运营前,中资邮轮运输经营主体可以在海南三亚、海口邮轮港开展中资方便旗邮轮海上游航线业务,而海上游航线是从海南海口、三亚邮轮港出发,在经批准的水域范围内航行,并返回始发港口,其间不再停靠其他港口的航线。

⑥邮轮运输经营主体准入条件放宽,中资邮轮运输经营人没有国际班轮运输经营资质登记证资质也可经营邮轮运输业务。

⑦中国内地居民持有效居民身份证、中国港澳台籍居民持有效港澳居民来往内地通行证或台湾居民来往大陆通行证、港澳台居民居住证也可以申办登轮许可。

(9)挂靠航线类

①本办法所称仅涉及海南自由贸易港港口的外籍邮轮多点挂靠业务,指外籍邮轮在航线运营中,连续挂靠仅涉及海南自由贸易港两个以上沿海港口,最终完成整个航程的运输安排。

a.海南省人民政府负责海南自由贸易港多点挂靠业务的组织领导责任,强化对各相关部门及港口所在地人民政府工作推进及安全监管责任落实情况的领导和管理,落实属地责任。

b.省交通运输主管部门负责承担海南自由贸易港多点挂靠业务航线许可,负责组织实施市场监管及安全监管;督促邮轮运输经营人落实安全生产主体责任；指导邮轮港口所在地交通运输（港口）主管部门落实邮轮港口经营及安全监督管理职责。

c.省旅游主管部门负责旅行社邮轮旅游经营的监督管理。

d.海口海关依照规定对外籍邮轮及其所载人员、行李物品、供船物料等实施检疫和监管，负责指导、协调邮轮运输经营人做好邮轮突发公共卫生事件的现场处置工作。

e.海口出入境边防检查总站负责对外籍邮轮及随船人员办理边防检查手续，对在港邮轮实施监管，对进出口岸限定区域、上下邮轮的人员及其携带行李物品实施检查管理。

f.海南海事局负责对外籍邮轮安全及其防治污染的监督管理。

g.港口所在地人民政府应当加强外籍邮轮的管理工作，落实属地责任，制定应急处置预案，负责应急处置工作，以及外籍邮轮在海南挂靠连续航行期间的疫情防控、食品安全等公共卫生事件的处置，加强口岸基础设施建设。

②"外籍邮轮多点挂靠业务"适用于外籍邮轮在航线运营中，连续挂靠仅涉及海南自贸港两个以上沿海港口，最终完成整个航程的运输安排的情况。

③邮轮运输经营人开展海南自由贸易港多点挂靠业务，应当依法取得省交通运输主管部门许可，在核准的许可事项范围内依法经营。经批准开展海南自贸港多点挂靠业务的邮轮运输经营人，不得允许挂靠海南自由贸易港港口时承载的旅客离船不归。

5. 邮轮奖补类

（10）对于三亚邮轮产业新增入园的邮轮公司给予不低于500万元的开办补助：

①奖补标准：持有（包括融资租赁）1艘邮轮并运营超过20个航次的，补助500万元；持有2艘邮轮并运营超过40个航次的，补助1000万元；持有3艘及以上邮轮并运营超过60个航次及以上的，补助1500万元。

②支付方式：开办补助分5年支付，每年支付20%。

③申领资格：入园当年持有1艘以上邮轮并取得交通行政主管部门国内、国际航线运营许可的，自入园之日起5年内（含第5年），同时达到相应邮轮数量和航次的任意年度可给予开办补助。

④船队扩大和缩小：入园5年内（含第5年）船队扩大或缩小的，自扩大或

缩小当年起，邮轮数量和航次同时达到新的标准的，按新的奖补标准执行。

（11）对于三亚新增入园的邮轮产业链公司，经园区管理局认定的，给予500万元开办补助，具体要点如下：

①适用主体：包括但不限于邮轮运营、船务、设计、维修、供应、金融服务等相关类型邮轮产业链公司。

②奖补方式及要求：开办补助分5年支付，每年支付20%。当年在三亚营业收入达到8000万元及以上的，即可申请当年开办补助100万元。5年内营业收入未达到8000万元及以上的，如无特殊原因，不得领取当年开办补助，已领取的开办补助有效，未来满足条件后仍可领取剩余开办补助。

（12）对于三亚新增入园的邮轮运营、船务、设计、维修、供应、金融服务等相关类型邮轮产业链公司，以及名下暂时无邮轮，但其关联公司（拥有共同的股东或母子公司关系）有邮轮的管理公司，可以申请获得一定入驻办公补助，补助年限为3年。租赁空间超过100平方米的，根据租赁合同及实际支付的租金，每年给予实付租金50%的补助，每家企业每年最高补助50万元。

（13）对于三亚新增入园的邮轮运营、船务、设计、维修、供应、金融服务等相关类型邮轮产业链公司，以及名下暂时无邮轮，但其关联公司（拥有共同的股东或母子公司关系）有邮轮的管理公司及邮轮港公司，给予一定经营奖励，具体奖励方式及标准如下。

①每年实际对三亚地方财力贡献（不含个人所得税及与土地、海域、房地产相关的财力贡献，下同）500万元以上1000万元以下（含）的部分，返还15%给予奖励。

②每年实际对三亚地方财力贡献1000万元以上2000万元以下（含）的部分，返还30%给予奖励。

③每年实际对三亚地方财力贡献超过2000万元的部分，返还45%给予奖励。

（14）三亚凤凰岛国际邮轮母港根据需要不断完善基础设施建设（包括但不限于新建工程、维修工程、设备采购、设备维修等）而经报园区管理局审批同意的，按照实际发生费用的50%给予补助，每年最高补助100万元，补助年限不超过5年（含）。

（15）对于园区邮轮公司、邮轮经营人、租赁（或包船）邮轮的企业、协会或机构，因在园区开展邮轮业务所发生的广告、消费者推广及主题活动等宣传推广、赛事组织或会议会展费用，其方案报园区管理局审批同意的，按照总费用的50%给予补助，每家企业每年最高补助50万元，每年不超过200万元（含）。

三、基于业务场景的政策综合利好分析

（一）邮轮进口"零关税"

根据YL01—YL08政策，综合测算海南自由贸易港邮轮公司进口邮轮用于旅游业的经济性利好。

以海南购置进口邮轮为例，假如三亚某邮轮公司购置进口国际邮轮1艘，其含税售价超过1亿元人民币。该公司可以利用YL01、YL02政策，其购置的邮轮进口及登记环节税收可减免18.65%，该邮轮公司实际购买支付8135万元左右，直接节省了1865万元的税费。进口邮轮可以享受"零关税"政策对于海南邮轮旅游业转型升级具有重要的助推意义。

（二）邮轮企业所得税优惠

根据YL09—YL14政策，综合测算海南自由贸易港对邮轮旅游企业缴纳企业所得税的经济性利好。

以海南与内地邮轮公司缴纳5年企业所得税为例，假如海南省邮轮企业丙第一年营业收入为2亿元，营业成本0.3亿元，邮轮企业营业收入与成本以每年9%左右的速率增长。如表7-1测算所示，以5年为发展基数，落户海南的邮轮企业较之于内地可以节省缴纳约1.02亿元的企业所得税。

表7-1　海南与内地邮轮公司缴纳企业所得税历时比较

时间 要素	第一年	第二年	第三年	第四年	第五年
营业收入（亿元）	2.00	2.18	2.38	2.59	2.82
营业成本（亿元）	0.30	0.33	0.36	0.39	0.42
内地公司所得税（亿元）	0.43	0.46	0.51	0.55	0.60
海南公司所得税（亿元）	0.26	0.28	0.30	0.33	0.36
内地累计所得税（亿元）	0.43	0.89	1.40	1.95	2.55
海南累计所得税（亿元）	0.26	0.54	0.84	1.17	1.53
海南企业税收节省金额（亿元）	0.17	0.35	0.56	0.78	1.02

（三）个人所得税优惠

根据 YL15—YL18 涉及邮轮企业个人所得税优惠政策，综合测算海南自由贸易港对高端紧缺邮轮人才个人所得税的经济性利好。

若邮轮企业高端紧缺人才年度工资薪金的税前收入为 130 万元，那么按照现行的个人所得税计算（如果不考虑社会保险、公积金、专项附加扣除等因素），应纳税所得额为 130 万元–6 万元=124 万元（扣除基本减除费用，每月 5000 元，一个纳税年度 6 万元），124 万元所对应的税率为 45% 以及速算扣除数为 181920 元，因此该人才应该缴纳的个人所得税金额为 1240000×45%–181920= 376080 元，税负为 376080÷1240000=30.33%。如果按照 2025 年之前海南自由贸易港高端紧缺人才个人所得税实际税负超过 15% 免征的优惠政策计算，那么该邮轮企业高端紧缺人才享受自由贸易港个人所得税减免税额为 1240000× （30.33%–15%）=190092 元，这意味着该人才可以免征约 19 万元的个人所得税金额。该项个人所得税优惠政策利于海南省吸引邮轮行业高端人才，对于海南邮轮旅游行业提质升级具有重要的助推意义。

（四）海上游航线试点经营便利

根据 YL19、YL20、YL21 涉及邮轮海上航线类政策，综合分析海南自由贸易港海上游航线试点对邮轮公司的实质性利好。

以海南试点海上游航线为例，2020 年 9 月 23 日，甲邮轮公司得益于邮轮海上航线类政策 YL20、YL21 的（13）（14）等政策要点，该公司获得海南省交通运输厅批准颁发的首张邮轮港口海上游航线试点经营许可证。甲邮轮公司以旗下 A 号邮轮运营以三亚凤凰岛国际邮轮港为母港的海上游和国际邮轮航线，这标志着海南邮轮港口海上游航线试点政策颁布以来，全国第一家邮轮运输企业、第一艘邮轮正式获批在海南海口、三亚邮轮港口开展海上游航线试点业务。海上游航线试点经营许可证的颁发，利于丰富邮轮旅游短程航线，壮大海南邮轮旅游市场，对将三亚打造成海南邮轮及邮轮企业聚集地具有重要意义。

（五）外籍邮轮多点挂靠便利

根据 YL21 等涉及邮轮海上航线政策，综合分析海南自由贸易港外籍邮轮多点挂靠试点政策对邮轮公司的实质性利好。

得益于外籍邮轮多点挂靠政策 YL18-（9）中①的相关内容，邮轮公司可以利用此政策发展外籍邮轮多点挂靠业务。2017 年底，以三亚为母港的"中华泰山"号邮轮,开启了中国至菲律宾和中国至越南的航线之旅。2018年5月,世界顶级邮轮欧罗巴2号载着450名欧洲游客抵达三亚国际邮轮港,这是它第四次为三亚带来国际游客。有了进出的邮轮,海南邮轮产业就有了发展的源泉,三亚运用"外籍邮轮多点挂靠"政策,作为经停港,与国内外多个邮轮港联合打造了"香港—三亚—广州—下龙湾"等一程多站邮轮产品,利于吸引国外邮轮公司经营海南航线,为海南带来更多国际邮轮客源,促进海南邮轮旅游高质量发展。

（六）邮轮企业奖补

根据涉及邮轮企业奖补优惠政策YL23,综合测算海南自由贸易港对邮轮企业奖补的经济性利好。

以三亚新增入园的邮轮产业链企业为例,基于海南三亚邮轮行业统计状况,假定邮轮企业对三亚地方财力贡献主要体现在企业所得税,公司A、公司B、公司C的年度营业利润分别为6100万元、10078万元、23786.8万元（涉及三种不同奖补比例情况政策）。如表7-2可以发现,公司A、公司B、公司C分别按照15%、30%、45%的三种奖补退还比例测算,可以分别退还62.25万元、153.51万元、705.609万元。这项奖励退还的利好政策一定程度上可以降低邮轮企业的经营成本,缓解邮轮企业的资金压力,对吸引邮轮企业入驻、搞活海南邮轮旅游市场具有积极意义。

表7-2 邮轮产业链企业三种返还奖励情况

邮轮企业编号	A	B	C
营业利润收入（万元）	6100	10078	23786.8
企业缴纳所得税15%（万元）	915	1511.7	3568.02
返还比例（%）	15	30	45
返还奖励金额（万元）	62.25	153.51	705.609

四、操作指南

（一）申报"零关税"邮轮进口主体资格

办理事项	责任部门	流程	提交材料	申报入口
申报"零关税"邮轮进口主体资格	海南省交通运输厅、海口海关	1.系统登录。企业通过中国（海南）国际贸易单一窗口登录。 2.登录后，从"海南特色应用—零关税区—交通工具及游艇"菜单进入"企业主体申报"。 3.填写申报信息。选择申报行业类型，填写企业基本信息，上传营业执照，完成系统填报。 4.审核与修改。审核通过则单据信息无法修改，如若审批不通过可修改并重新提交。	营业执照	网址：www.singlewindow.hn.cn

（二）邮轮旅游企业进口"零关税"邮轮通关

办理事项	责任部门	流程	提交材料	申报入口
"零关税"邮轮进口通关	海口海关、海南海事部门政务中心、中国船级社海南分社	首次申报进口邮轮的企业，应登录中国（海南）国际贸易单一窗口点击【加贸保税】—【海南零关税设备、交通工具及游艇】完善企业账户信息。 报关申办流程： 1.收到到货通知。 2.准备进口报关文件。 3.录入报关单上传随附单据。 4.单证审核无误且无查证指令，海关放行。如征免性质代码为494的，企业缴纳相关进口税款后放行。	1.进口合同； 2.建造证明； 3.发票； 4.产品图片及相关情况说明； 5.进口代理协议书； 6.另涉及监管证件管理的应提交相关监管证件。	1.中国（海南）国际贸易单一窗口 网址：http://www.singlewindow.hn.cn 电话：0898-65203029 2.中华人民共和国海口海关 电话：0898-65365739

续表

办理事项	责任部门	流程	提交材料	申报入口
"零关税"邮轮进口通关	海口海关、海南海事部门政务中心、中国船级社海南分社	5.进口企业至码头提货。提货后，需及时办理船舶国籍证书、船舶所有权登记证书等。受理部门为海南海事部门政务中心、中国船级社海南分社。	备注："零关税"邮轮《进口货物检验报关单》填报要求： 1.企业申报进口"零关税"交通工具及游艇时，进口报关单"申报地海关"应填报"海口海关"下设的隶属海关或业务现场的关区名称及代码（不含"三沙海关"），征免性质填报为"零关税交通工具及游艇"（代码：492）； 2.自愿缴纳进口环节增值税和消费税的，应当在报关时将征免性质填报为"零关税交通工具及游艇（缴纳进口环节税）"（代码：494）； 3.监管方式填报为"一般贸易"（0110）、"租赁不满1年"（代码：1500）、"租赁贸易"（代码：1523）； 4.征减免税方式填报为"随征免性质"（代码：5）； 5.消费使用单位填报企业名称。	3.中国船级社海南分社综合业务处 电话：0898-66770036 4.中国船级社海南分社三亚办事处 电话：0898-88657619

（三）邮轮旅游企业所得税优惠政策

办理事项	责任部门	流程	提交材料	申报入口
企业办理减按15%的税率缴纳企业所得税	海南省税务局	登录网上电子税务局，按照【我要办税】—【税费申报及缴纳】—【常规申报】路径进入填报。 1.预缴申报时，在"中华人民共和国企业所得税月（季）度预缴纳税申报表（A类）"第13行"减：减免所得税额"中选择优惠事项名称"海南自由贸易港鼓励类企业减按15%税率征收企业所得税"并填写本年累计优惠金额。 2.年度申报时，在"中华人民共和国企业所得税年度纳税申报表（A类）"的附表"减免所得税优惠明细表"第28.3行"海南自由贸易港鼓励类企业减按15%的税率征收企业所得税"中填写本年优惠金额。	无	网址：https：//etax.hainan.chinatax.gov.cn

（四）邮轮旅游企业高层次人才认定

办理事项	责任部门	流程	提交材料	申报入口
高层次人才认定	海南省人力资源开发局（省人才服务中心），具有认定权限的市县、园区和用人单位	1.个人申报。邮轮旅游业有关人才个人向所在用人单位提出认定申请，提供有关证明材料，对照《海南自由贸易港高层次人才分类标准（2020）》，选择认定类别，填写海南自由贸易港高层次人才认定申请表或海南省柔性引进高层次人才认定申报表。	1.海南自由贸易港高层次人才认定需提供： （1）近期2寸免冠白底证件照 （2）劳动合同和任职文件 （3）身份证件	网址：https://wssp.hainan.gov.cn/hnwt/talent-service

续表

办理事项	责任部门	流程	提交材料	申报入口
高层次人才认定	海南省人力资源开发局（省人才服务中心），具有认定权限的市县、园区和用人单位	2.审核和认定（备案）。申报人所在用人单位对申报人各项条件进行审核。具有认定权限的用人单位，对符合条件的A、B、C、D类人才作出认定意见后，将认定意见与申请材料报省人才服务中心认定备案；对符合条件的E类人才直接进行认定，将认定名单报省人才服务中心备案。不具有认定权限的用人单位，对符合条件的A、B、C、D、E类人才作出推荐意见，将申请材料报市县或者重点园区人才服务部门。各相关市县或者重点园区人才服务部门对符合条件的A、B、C类人才作出认定意见后，将认定意见与申请材料报省人才服务中心认定备案；对符合条件的D、E类人才直接进行认定，将认定名单报省人才服务中心备案。3.发证。省人力资源开发局（省人才服务中心）对符合条件的A、B、C、D类人才颁发相应的海南自由贸易港高层次人才证书；授权具有认定权限的市县和省重点园区人才服务部门对符合条件的D、E类人才颁发相应的海南自由贸易港高层次人才证书；授权具有认定权限的用人单位对符合条件的E类人才颁发相应的海南自由贸易港高层次人才证书。	（4）申请认定层级和相关佐证材料（5）在海南缴纳社会保险记录单和个人所得税清单（6）申报人所在单位的营业执照和法人身份证件（7）海南自由贸易港高层次人才认定申请表 2.海南省柔性引进高层次人才认定需提供：（1）近期2寸免冠白底证件照（2）柔性引才协议（聘期在3年以上且已在海南服务1年以上）（3）身份证件（4）申请认定层级和相关佐证材料（5）为海南提供服务1年以上相关佐证材料（如工资单、个人所得税记录等）（6）申报人所服务单位的营业执照和法人身份证件（7）海南省柔性引进高层次人才认定申报表	网址：https://wssp.hainan.gov.cn/hnwt/talent-service

（五）邮轮旅游业个人所得税优惠政策

办理事项	责任部门	流程	提交材料	申报入口
个人所得税优惠政策	海南省税务局	可在自然人电子税务局WEB端或个人所得税APP上自行申报。 1.登录自然人电子税务局，按照【我要办税】—【税费申报】—【综合所得申报】—【年度汇算】路径进入综合所得年度申报表并填报。 2.选择申报年度和填报方式等有关信息。 3.确认任职受雇单位及其主管税务机关。 4.填报申报表，如需查看明细，点击【详情】进入查看明细数据。 5.填报海南自贸港高端和紧缺人才个人所得税优惠及其他优惠事项。 6.提交申报。此时申报表已填写完毕，确认无误后，依次点击主表右下角的【提交申报】—【确认提交】完成申报。 7.退（补）税。申报完成后如需退税或补税，根据页面提示点击【立即缴款】或【申请退税】。 8.后续操作。可在系统顶部点击【我要查询】—【申报查询】—【更正/作废申报】查看申报信息、更正申报、作废申报等后续操作。	无	网址：https://etax.chinatax.gov.cn/

（六）外籍邮轮多点挂靠

办理事项	责任部门	流程	提交材料	申报入口
外籍邮轮多点挂靠业务	海南省人民政府	邮轮运输经营人开展海南自由贸易港多点挂靠业务，发生船舶、挂港或班期变更的，应向省交通运输主管部门提交相关申请材料。	1.申请书 2.经营人的统一社会信用代码信息 3.运营船舶材料 4.已投保旅客人身伤害责任保险的证明材料 5.与拟挂靠海南自由贸易港港口的港口经营人达成的港航靠泊协议复印件 6.国际船舶代理企业委托函及申报函 7.指定联络机构说明书、委托书副本或者复印件及该联络机构的统一社会信用代码信息 8.省交通运输主管部门要求的其他文件	网址：http://www.hainan.gov.cn/hainan/

（七）邮轮旅游业企业申请奖补类流程

办理事项	责任部门	流程	提交材料	申报入口
支持邮轮行业复苏补贴项目	海南省旅游和文化广电体育厅	符合条件的相关企业须进入海南省惠企政策兑现服务平台，注册登录后进行申报。如未在规定时间内提交申请材料的，视为自动放弃。	1.资金申请件 2.申报单位营业执照复印件 3.申报单位对资金申请报告内容和附属文件真实性负责的声明 4.无欠税证明 5.营业收入相关证明 6.申报企业认为需要提交的其他资料	网址：https://hqzc.wssp.hainan.gov.cn/#/home

续表

办理事项	责任部门	流程	提交材料	申报入口
鼓励邮轮产业链企业集聚	三亚中央商务区管理局	进入三亚惠企政策综合服务平台申报页面。	1.营业执照（复印件） 2.船舶所有权证明（复印件） 3.纳税证明（复印件） 4.航次证明（原件） 5.申请函（原件，含真实性承诺） 备注：以上材料均加盖公章，原件备查。	网址：https://zwwx.sanya.gov.cn/zcdx
支持邮轮文化推广	三亚中央商务区管理局	进入三亚惠企政策综合服务平台申报页面。	1.营业执照（复印件） 2.推广方案（含会议、赛事或活动等） 3.费用证明（复印件） 4.申请函（原件，含真实性承诺） 备注：以上材料均加盖公章，原件备查。	网址：https://zwwx.sanya.gov.cn/zcdx
支持邮轮基础设施建设	三亚中央商务区管理局	进入三亚惠企政策综合服务平台申报页面。	1.申请文件（原件，含真实性承诺） 2.营业执照（复印件） 3.完税证明（复印件） 4.相关合同（复印件）及结算凭证	网址：https://zwwx.sanya.gov.cn/zcdx
鼓励邮轮经济发展	三亚中央商务区管理局	进入三亚惠企政策综合服务平台申报页面。	1.营业执照（复印件） 2.纳税证明（复印件） 3.申请函（原件，含真实性承诺） 备注：以上材料均加盖公章，原件备查。	网址：https://zwwx.sanya.gov.cn/zcdx

五、政策展望

根据实际调研与典型企业走访情况，邮轮旅游行业对未来发展的政策诉求主要体现在邮轮港口建设和邮轮航线运营两大方面。

（一）邮轮港口建设

现有关于邮轮旅游相关政策涉及邮轮港的规模扩容、服务区与接待设施建设，为海南邮轮港口建设与发展指明了方向。然而受环境规制政策影响，目前作为海南主要邮轮港口的三亚凤凰岛邮轮港规模扩容受到很大限制，阻碍了海南打造国际邮轮母港的战略进程。此外，根据对企业走访与座谈发现，三亚邮轮港存在港口接待与服务设施较少、邮轮港通关时间长等现实问题，这直接影响了三亚凤凰岛邮轮港的市场竞争力。综上，未来需要在政府层面加强海南邮轮港口的规划布局建设，加大项目招商，在确保集约节约的前提下，积极做好邮轮港口建设要素保障。同时，政府有必要制定引进外来优质邮轮港运营公司团队的营销激励方案，以有效提升港口管理水平，提高核心竞争力。

（二）邮轮航线运营

现有邮轮航线相关政策涉及中资方便旗邮轮海上游航线业务、无目的地邮轮航线等试点要点，这为促进海南邮轮旅游航线的开发与运营提供了良好的政策环境支持。然而，通过对企业走访与座谈发现，中资邮轮公司对海南海上游航线试点政策持观望态度，主要出于邮轮客源吸引、航线设计、航线水域范围、航线娱乐项目准予、邮轮二次收益保障等方面的顾虑，因此落实该政策的动力以及积极性不足。未来有必要出台海南试点海上游航线的实施细则，对试点的航线水域范围、邮轮娱乐项目范围、邮轮航线配套免税、客源市场营销、先行示范邮轮企业奖补等方面内容进行更细致的说明与安排，以吸引中资邮轮公司参与海上游航线开发与运营，开拓海南邮轮旅游市场，提升海南邮轮旅游品牌竞争力与影响力。

第八章　游艇旅游

一、产业界定和现状分析

（一）产业界定

游艇指用于游览观光、休闲娱乐、商务等活动且具备机械推进动力装置的船舶（含具有机械辅助动力的帆艇），不包括普通客船、摩托艇、皮划艇、冲锋舟、无机械动力帆船以及长度小于5米的船艇等船舶。而游艇旅游是一种以游艇为基本工具，以游览观光、休闲娱乐、商务等活动为目的而开展的一种旅游体验活动。游艇租赁是游艇旅游消费的主要方式，指的是以游览观光、休闲娱乐、商务等活动为目的，由游艇租赁业务经营人以整船租赁方式，向承租人提供游艇，并配套游艇驾驶和保障服务的一种租赁活动。

（二）现状分析

1. 游艇码头建设状况

海南省交通运输厅数据显示，截至2022年底，全省已建成13个游艇码头，2329个备案泊位。海南省游艇码头大部分属于私人码头，由游艇会建立，采用会员制模式经营。而游艇会基本都是地产公司面向高端客户所打造的附属配套，附属配套设施还包含码头、水上泊位、干仓、会所、游艇维修保养车间等。

表8-1　海南游艇码头分布情况

地区	企业（码头）名称	项目是否取得港口经营许可	码头所有权性质
海口	华彩·杰鹏国际游艇会	是	私人
	新埠岛国际游艇会	是	私人
	海口国家帆船帆板基地	否	公共
	海南美源国际游艇会	许可收回	私人
三亚	三亚半山半岛帆船港	是	私人

续表

地区	企业（码头）名称	项目是否取得港口经营许可	码头所有权性质
三亚	三亚星华游艇码头	是	私人
	三亚鸿洲国际游艇会	是	私人
	龙王庙码头	是	私人
	三亚鹿回头游艇游船公共码头	是	公共
	玛瑞纳码头	是	私人
陵水	富力湾国际游艇会	是	私人
	清水湾国际游艇会	是	私人
万宁	华润石梅湾国际游艇会	是	私人

2. 游艇企业进入状况

截至2022年6月底，海南省现有游艇俱乐部及相关企业约900家，同比增长63%，全省登记游艇保有量超1200艘，同比增长17.86%，其中以三亚游艇行业最具国际知名度，且经济效益显著。三亚市的游艇业始于2007年鸿洲游艇码头，2021年三亚全年游艇出海16万艘次，同比增长47.08%，出海105万人次，同比增长44.55%。截至2022年6月底，三亚市已建成运营6个游艇码头，共有953个水上泊位，游艇保有量达到1053艘，游艇注册企业超过130家。

3. 游艇旅游市场特征

海南省作为中国唯一地处热带且四面环海的省份，在发展游艇行业上具备极佳的地理优势。随着自由贸易港及国际旅游消费中心加快建设，极具海南特色的游艇产业逐渐成为海南旅游新宠并迎来了发展的春天。海南省游艇产业起步较早，经历了2008—2012年的起步和高速增长期、2013—2017年的稳定发展期以及2018年以来的新一轮快速发展期，已经形成了一定的产业规模。2021年海南接待出海游客113万人次，同比增长49.8%，即使在疫情影响之下，游艇产业的整体发展依然显示出不俗的活力。

现海南游艇行业已涵盖制造、维修保养、培训、销售、金融保险、运营服务等产业，产业链条基本完善并且已经形成一定的产业规模，基本实现游艇产业链上中下游全覆盖，游艇码头等基础设施日趋完善，政策创新不断激发市场活力。

二、自由贸易港相关政策解读

(一)政策索引

1. 进口免税类

YT01《财政部 海关总署 税务总局关于海南自由贸易港自用生产设备"零关税"政策的通知》(财关税〔2021〕7号)

YT02《关于明确海南自由贸易港"零关税"自用生产设备相关产品范围的通知》(财关税〔2021〕8号)

YT03《财政部 海关总署 税务总局关于调整海南自由贸易港自用生产设备"零关税"政策的通知》(财关税〔2022〕4号)

YT04《财政部 海关总署 税务总局关于海南自由贸易港原辅料"零关税"政策的通知》(财关税〔2020〕42号)

YT05《财政部 海关总署 税务总局关于调整海南自由贸易港原辅料"零关税"政策的通知》(财关税〔2021〕49号)

YT06《财政部 海关总署 税务总局关于海南自由贸易港交通工具及游艇"零关税"政策的通知》（财关税〔2020〕54号）

YT07《海南省人民政府关于印发海南自由贸易港"零关税"进口交通工具及游艇管理办法（试行）的通知》（琼府〔2020〕60号）

YT08《关于发布〈海南自由贸易港交通工具及游艇"零关税"政策海关实施办法（试行）〉的公告》（海关总署公告2021年第1号）

2. 企业税收类

YT09《关于海南自由贸易港企业所得税优惠政策的通知》（财税〔2020〕31号）

YT10《财政部 税务总局关于印发〈海南自由贸易港旅游业、现代服务业、高新技术产业企业所得税优惠目录〉的通知》（财税〔2021〕14号）

YT11《海南自由贸易港鼓励类产业目录（2020年本）》

YT12《国家税务总局海南省税务局关于海南自由贸易港企业所得税优惠政策有关问题的公告》（国家税务总局海南省税务局公告2020年第4号）

YT13《国家税务总局海南省税务局 海南省财政厅 海南省市场监督管理局关于海南自由贸易港鼓励类产业企业实质性运营有关问题的公告》（2021年第1号）（扫描二维码点击底部"相关文件"链接）

YT14《国家税务总局海南省税务局 海南省财政厅 海南省市场监督管理局关于海南自由贸易港鼓励类产业企业实质性运营有关问题的补充公告》（国家税务总局海南省税务局 海南省财政厅 海南省市场监督管理局公告2022年第5号）

3. 个人税收类

YT15《关于海南自由贸易港高端紧缺人才个人所得税政策的通知》（财税〔2020〕32号）

YT16《海南省财政厅 国家税务总局海南省税务局 海南省市场监督管理局 中共海南省委人才发展局关于落实海南自由贸易港高端紧缺人才个人所得税优惠政策有关问题的通知》（琼财税〔2020〕1019号）

YT17《海南省人民政府关于印发海南自由贸易港享受个人所得税优惠政策高端紧缺人才清单管理暂行办法的通知》（琼府〔2022〕31号）

YT18《海南省财政厅 国家税务总局海南省税务局 海南省人力资源和社会保障厅 海南省市场监督管理局 中共海南省委人才发展局关于进一步明确落实海南自由贸易港高端紧缺人才个人所得税优惠政策有关事项的通知》（琼财支财〔2022〕1211号）

4.产业发展类

YT19《海南省交通运输厅关于〈海南省游艇租赁检验暂行规定〉的通知》（海南省交通运输厅，2021年11月）

YT20《海南自由贸易港游艇产业促进条例》（海南省人民代表大会常务委员会公告第116号）

YT21《海南自由贸易港游艇操作人员培训、考试和发证办法》

YT22《海南省交通运输厅关于印发〈海南省游艇产业发展规划纲要（2021—2025年）〉的通知》

YT23《海南省交通运输厅关于印发〈海南游艇产业改革发展创新试验区建设实施方案〉的通知》

YT24《海南省交通运输厅 海南省商务厅 海口海关 海南海事局关于明确进口游艇管理有关措施的通知》

5. 游艇通行类

YT25《海南省人民政府办公厅关于印发中国（海南）自由贸易试验区琼港澳游艇自由行实施方案的通知》（琼府办〔2019〕16号）

YT26《关于调整海南进出境游艇有关管理事项的公告》（海关总署公告2020年第80号）

6. 游艇奖补类

YT27《三亚中央商务管理局关于印发〈三亚中央商务区关于加快游艇产业发展的实施细则〉等文件的通知》（三商管字〔2021〕24号）

（二）要点解读

1. 进口免税类

（1）全岛封关运作前，在海南自由贸易港登记注册并具有独立法人资格的游艇企业可享受游艇进口"零关税"政策，进口游艇包括娱乐或运动用的充气快艇、划艇、汽艇（装有舷外发动机的除外）等。

（2）"零关税"进口游艇仅限于进口游艇企业营运自用，并接受海口海关及海南省交通运输厅、海南省旅游和文化广电体育厅、民航中南地区管理局、海南海事局等相关主管部门监管。

（3）"零关税"进口游艇应在海南省管辖水域航行，娱乐或运动用的充气快艇、划艇等仅限在海南省内使用。

（4）游艇等水上乘骑游乐设施进口可以享受海南自由贸易港自用生产设备"零关税"政策，免征关税、进口环节增值税和消费税。

2. 企业税收类

（5）2025年前，注册在海南自由贸易港并实质性运营的游艇企业，符合鼓励类产业目录范围等条件的，可按规定享受15%的企业所得税优惠。对总机构设在海南自由贸易港的符合条件的游艇企业，仅就其设在海南自由贸易港的总机构和分支机构的所得，按规定适用15%税率；对总机构设在海南自由贸易港以外的游艇企业，仅就其设在海南自由贸易港内的符合条件的分支机构的所得，按规定适用15%税率。

（6）2025年前，对在海南自由贸易港设立的游艇企业新增境外直接投资取得的所得，符合条件的，可按规定免征企业所得税。新增境外直接投资所得应当符合以下条件：

①从境外新设分支机构取得的营业利润；或从持股比例超过20%（含）的境外子公司分回的，与新增境外直接投资相对应的股息所得。

②被投资国（地区）的企业所得税法定税率不低于5%。

2035年前，对注册在海南自由贸易港并实质性运营的旅游景区景点企业（负面清单行业除外），减按15%的税率征收企业所得税。

3. 个人税收类

（7）2025年之前，在海南自由贸易港工作的游艇企业高端人才和紧缺人才，其个人所得税实际税负超过15%的部分可以享受免征优惠政策。享受优惠政策的所得必须来源于海南自由贸易港的所得，即游艇高端紧缺人才从海南自由贸易港取得的综合所得（包括工资薪金、劳务报酬、稿酬、特许权使用费四项所得）、经营所得以及经海南省认定的人才补贴性所得，相应税款在海南自由贸易港缴纳。

（8）游艇高端人才和紧缺人才享受"15%"税收优惠政策应满足以下条件：

①一个纳税年度内在海南自由贸易港累计居住满183天（2023年1月1日起执行，2024年汇算清缴2023年度个人所得税起适用），"连续缴纳社保6个月以上"条件执行至2023年汇算清缴2022年度个人所得税结束。

②属于海南省各级人才管理部门所认定的人才或一个纳税年度内在海南自由贸易港收入达到30万元人民币以上（海南省根据经济社会发展状况实施动态调整）。

③对因职业特点一个纳税年度内在海南自由贸易港累计居住不满183天的航运行业特定人员，在满足上述第二条的同时，一个纳税年度内在海南自由贸易港以单位职工身份连续缴纳职工基本养老保险（与中国签订社会保障协定的国家中免缴人员除外）6个月以上（须包含本年度12月当月），并与在海南自由贸易港注册且实质性运营的企业或单位签订1年以上的劳动合同、聘用协议或可提供其他同等条件劳动人事关系证明材料的，由本人在规定的时间内向税务部门提交申请并说明情况，经由海南省人力资源社会保障部门组织评审认定通过后，可享受优惠政策。

（9）2035年前，对一个纳税年度内在海南自由贸易港累计居住满183天的游艇产业链企业或机构人员，其取得来源于海南自由贸易港内的综合所得和经营所得，按照3%、10%和15%三档超额累进税率征收个人所得税。

4. 产业监管类

（10）进口游艇范围。根据《国务院关税税则委员会关于2022年关税调整方案的通知》，明确进口游艇范围适用于包含充气船、帆船、汽艇等11个税则税目。

（11）船龄的认定。对需取得进口许可的游艇船龄认定是按技术资料载明的建成日期至商务部门签发的进口许可证签发之日的年限计算，不需要取得进口许可的游艇船龄认定是按技术资料载明的建成日期至报关单记载的进口日期的年限计算。

（12）实行机电产品进口许可证管理范围。对纳入进口许可管理范围的游艇，明确了进口单位应通过国际贸易"单一窗口"或者商务部业务系统统一平台办理机电产品进口许可证申报业务。

（13）规范管理程序。明确进口游艇的通关手续、初次检验、初次登记相关管理程序，为申请单位提供更高效便捷服务。其中，娱乐或运动用的充气快艇、划艇、帆船等应向旅游文体主管部门报备；其他符合《游艇安全管理规定》的游艇应向海事管理机构申请办理登记。

（14）从事游艇租赁业务经营的，应当取得企业法人资格，并具备下列条件：

①有与租赁服务范围相适应的游艇和泊位；

②游艇应当取得有效的船舶登记证书、游艇适航证书或者适航性证明文件和符合租赁游艇检验标准的检验证明或者租赁游艇入级证书；

③有与申请的经营服务范围和游艇数量相适应的安全管理人员和持有合格有效证书的游艇操作人员；

④有健全的经营管理制度、服务规程、安全管理制度和应急预案以及具备有关规定要求的安全和防污染能力。

（15）自有游艇指游艇租赁经营人占有51%以上所有权份额的游艇。

（16）开展夜航业务的游艇租赁经营人，应当确保租赁游艇满足夜航条件要求，码头具备夜间靠离泊条件。

（17）租赁游艇的操作人员除持有海事管理机构签发的游艇操作人员适任证书外，还应当参加海南海事管理机构要求的相应特殊培训，且年龄不得超过65周岁。

（18）游艇租赁经营人在海南本岛从事租赁业务活动的游艇航行距岸不得超过20海里。

（19）游艇租赁业务经营人应确保配备与租赁游艇航行水域所需的应急人员和救援船舶，在艇主手册中如实记录保存租赁游艇的每次出、返航时间。

（20）海南省租赁游艇检验适用于在海南本岛从事租赁业务活动的游艇，不包括充气式游艇、赛艇、摩托艇以及发动机类型为LPG座舱机艇。

（21）政策支持开展各类游艇赛事活动，开发精品游艇旅游产品，完善配套服务设施，促进游艇产业与旅游、体育产业融合发展，建设游艇旅游目的地。

（22）游艇产业各类人才可以按照相关政策，在落户、住房、子女教育、医疗保障、个人所得税优惠等方面享受相应的服务保障待遇。

（23）中国公民、法人和组织以及在海南工作并取得居留许可证的境外人员所有的游艇，可以在海南自由贸易港申请办理游艇登记。

（24）从境外购买或者通过其他合法途径取得且拟申请办理登记的游艇，船龄可以放宽至5年。

（25）政策支持游艇企业与科研院所、普通高等院校、职业院校（含技工学校）开展合作办学，共同建设游艇人才培养基地。

（26）政策支持游艇企业依法发行企业债券，优化融资结构。鼓励金融机构对游艇企业提供贷款、融资担保等金融服务。

（27）政策支持举办海南自由贸易港游艇产业国内国际展会、论坛、交易等活动，建设游艇产业设计、展示、交易、交流、合作平台。

（28）持有认可的境外海事主管当局或其授权机构颁发的游艇驾驶资格证明的人员，可以免于培训考试，直接申请换发与原适用范围相应的游艇驾驶证。

（29）游艇应当按适航证书或者适航性证明文件确定乘员人数。核定的乘员定额数可以放宽至29人。

5. 游艇通行类

（30）对中国（海南）自由贸易试验区内自驾游进境游艇，游艇所有人或其委托的代理人免于为游艇向海关提供担保。

（31）港澳游艇选择海南游艇口岸办理入境手续后，就近停靠游艇开放码头或沿规定的航行路线到指定的未对外开放的游艇码头停泊。

（32）港澳游艇办理出境手续后须直接出境，除口岸查验机关核准的特殊情况外，不能再停靠其他码头或泊位。

（33）首批指定的游艇出入境口岸及游艇停泊码头如下：

①游艇出入境口岸：三亚鸿洲国际游艇会码头口岸、海口港口岸、清澜港口岸、洋浦港口岸、八所港口岸。

②游艇停泊码头：三亚鸿洲国际游艇会码头、三亚半山半岛帆船港、陵水清水湾游艇会码头、万宁华润石梅湾游艇会码头、海口新埠岛游艇会码头、海口华彩杰鹏游艇会码头。

（34）港澳游艇先期可在海南对外开放水域和交通运输部批准同意的允许境外游艇临时进入我省东营、博鳌、石梅湾、海棠湾、南山、龙沐湾、棋子湾和临高角等8个海上景区活动。

（35）港澳游艇在办理入境手续后，在航行中需临时停靠的，应在经海事管理机构公布的码头和停靠点停靠，并向就近的口岸查验单位及边检机关报告。

（36）政策支持港澳居民及法人拥有自用游艇办理船舶登记。

（37）持有港澳海事管理机构颁发相关游艇驾驶证书的港澳居民，在熟悉拟航行水域环境后，可在无须换领游艇驾驶证书的情况下，驾驶经港澳海事管理机构登记（注册）的游艇在规定水域行驶7日。

6. 游艇奖补类

为促进游艇产业发展，海南部分市县出台了游艇产业奖补政策，以三亚出台的《三亚中央商务区关于加快游艇产业发展的实施细则》（三商管字〔2021〕24号）最具代表性，其要点包括：

（38）对于新增入园的游艇产业链企业或机构（包括但不限于游艇经纪、游艇俱乐部、游艇租赁、游艇设计、船级社、游艇零部件配套贸易及加工企业等业务），经园区管理局认定的，根据不同税收贡献情况，可以申请获得奖补资金。具体奖励方式及标准如下。

①每年实际对三亚地方财力贡献（不含个人所得税及与土地、海域、房地产相关的财力贡献，下同）500万元以上1000万元以下（含）的部分，返还15%给予奖励。

②每年实际对三亚地方财力贡献1000万元以上2000万元以下（含）的部分，返还30%给予奖励。

③每年实际对三亚地方财力贡献超过2000万元的部分，返还45%给予

奖励。

（39）新增入园的游艇产业链企业或机构可以享受一定入驻办公补助，补助年限为3年。租赁空间超过100平方米的，根据租赁合同及实际支付的租金，每年给予实付租金50%的补助，每家企业每年最高补助50万元。

（40）对于游艇帆船公司、游艇会、会展公司、培训公司、船级社等企业或机构，因在园区开展游艇业务所发生的广告、消费者推广及主题活动等宣传推广、赛事组织或会议会展费用，方案报园区管理局审批同意的，按照总费用的50%给予补助，每家企业每年最高补助50万元，每年不超过200万元（含）。

三、基于业务场景的政策综合利好分析

（一）游艇进口"零关税"

根据YT01—YT08政策，综合测算海南自由贸易港对岛内进口游艇用于旅游业的经济性利好。

以海南首艘享受"零关税"政策购置进口的游艇为例，2021年5月8日三亚甲公司购置博纳多蒙地卡罗MC6游艇，其含税售价超过1000万元人民币。该公司得益于2020年底出台的海南自由贸易港交通工具及游艇"零关税"政策，其购置的游艇减免了38%的关税及进口环节税，该公司实际购买支付600万元左右，直接节省了近400万元的税费。"零关税"政策的实施不仅大幅度降低了企业进口成本，更有利于引进境外优质游艇，优化游艇旅游产品结构，培育游艇旅游竞争新优势，有利于促进海南游艇产业发展。

（二）二手进口游艇境内登记

根据YT20政策，综合分析海南自由贸易港对二手进口游艇境内登记的实质性利好。

以海南自贸港首艘二手进口游艇为例，2022年6月9日，三亚乙公司的二手进口游艇"DU"号完成报关并取得船检证、所有权证，并在2022年11月，该公司取得游艇"DU"号国籍证。该公司能够最终获得二手进口游艇"DU"号国籍证，得益于2022年7月1日起施行的《海南自由贸易港游艇产业促进条例》政策，该政策将进口游艇船龄"不能超过一年"的限定调整为"不能超过五年"，这让更多二手游艇能有机会在海南自由贸易港落户登记，极大地惠及游艇购买者以及进口游艇代理商，利于促进海南游艇产业的高质量发展。

（三）游艇旅游企业所得税优惠

根据YT09—YT14等涉及企业所得税的优惠政策，综合测算海南自由贸易港对游艇旅游企业缴纳企业所得税的经济性利好。

以海南与内地游艇公司缴纳5年企业所得税为例，假如海南省某游艇企业丙第一年营业收入为2000万元，营业成本1000万元。受益于海南自由贸易港游艇旅游多项利好政策，游艇市场日益发展，该游艇企业营业收入与成本以每年10%的速率增长。如表8-2测算所示，以5年为发展基数，落户海南的游艇企业较之于内地可以节省缴纳610.51万元的企业所得税。

表8-2　海南与内地游艇公司缴纳企业所得税历时比较

时间 要素	第一年	第二年	第三年	第四年	第五年
营业收入（万元）	2000	2200	2420	2662	2928.2
营业成本（万元）	1000	1100	1210	1331	1464.1
内地公司所得税（万元）	250	275	302.5	332.75	366.025
海南公司所得税（万元）	150	165	181.5	199.65	219.615
内地累计所得税（万元）	250	525	827.5	1160.25	1526.275
海南累计所得税（万元）	150	315	496.5	696.15	915.765
海南游艇税收节省金额（万元）	100	210	331	464.1	610.51

（四）个人所得税优惠

根据YT15—YT18涉及游艇企业个人所得税优惠政策，综合测算海南自由贸易港对高端紧缺游艇人才个人所得税的经济性利好。

若游艇企业高端紧缺人才年度工资薪金的税前收入为100万元，那么按照现行的个人所得税计算（如果不考虑社会保险、公积金、专项附加扣除等因素），应纳税所得额为100万元-6万元=94万元（扣除基本减除费用，每月5000元，一个纳税年度6万元），94万元所对应的税率为35%以及速算扣除数为

85920元，因此该人才应该缴纳的个人所得税金额为940000×35%-85920=243080元，税负为243080÷940000=25.86%。如果按照2025年之前海南自贸港高端紧缺人才个人所得税实际税负超过15%的部分予以免征的优惠政策计算，那么该游艇企业高端紧缺人才享受自贸港个人所得税减免税额为940000×（25.86%-15%）=102084元，这意味着该人才可以免征约10.2万元的个人所得税金额。该项个人所得税优惠政策利于海南省吸引游艇行业高端人才，对于海南游艇行业提质升级具有重要的助推意义。

（五）游艇企业奖补

根据YT27等涉及游艇企业奖补优惠政策，综合测算海南自由贸易港对游艇企业奖补的经济性利好。

以三亚新增入园的游艇产业链企业为例，基于海南三亚游艇行业统计状况，假定游艇企业对三亚地方财力贡献主要体现在企业所得税，公司A、公司B、公司C的年度营业利润分别为5838万元、8964万元、15804.7万元（涉及三种不同奖补比例情况）。如表8-3可以发现，公司A、公司B、公司C分别按照15%、30%、45%的三种奖补退还比例测算，可以分别退还56.355万元、103.38万元、166.815万元。这项奖励退还的利好政策一定程度上可缓解游艇企业的资金压力，助力游艇产业提质升级，还有利于进一步加快三亚中央商务区游艇产业发展，促进产业聚集，提升三亚游艇旅游品质和国际化水平。

表8-3　游艇产业链企业三种返还奖励情况

游艇企业编号	A	B	C
营业利润收入（万元）	5838	8964	15804.7
企业缴纳所得税15%（万元）	875.7	1344.6	2370.705
返还比例（%）	15	30	45
返还奖励金额（万元）	56.355	103.38	166.815

四、操作指南

（一）申报"零关税"交通工具及游艇进口主体资格

办理事项	责任部门	流程	提交材料	申报入口
申报"零关税"交通工具及游艇进口企业主体资格	海南省交通运输厅、海口海关	1.系统登录。企业通过中国（海南）国际贸易单一窗口登录。 2.登录后，从"海南特色应用—零关税区—交通工具及游艇"菜单进入"企业主体申报"。 3.填写申报信息。选择申报行业类型，填写企业基本信息，上传营业执照，完成系统填报。 4.审核与修改。审核通过则单据信息无法修改，如若审批不通过可修改并重新提交。	营业执照	网址：www.singlewindow.hn.cn

（二）游艇旅游业企业进口"零关税"游艇通关

办理事项	责任部门	流程	提交材料	申报入口
"零关税"游艇进口通关	海口海关、海南海事部门政务中心、中国船级社海南分社	首次申报进口游艇的企业，应登录中国（海南）国际贸易单一窗口点击【加贸保税】—【海南零关税设备、交通工具及游艇】完善企业账户信息。报关办理流程： 1.收到到货通知。 2.准备进口报关文件。 3.录入报关单上传随附单据。 4.单证审核无误且无查证指令，海关放行。如征免性质为494的，企业缴纳相关进口税款后放行。	1.进口合同； 2.建造证明； 3.发票； 4.产品图片及相关情况说明； 5.进口代理协议书； 6.另涉及监管证件管理的应提交相关监管证件。 备注："零关税"游艇《进口货物检验报关单》填报要求：	1.中国（海南）国际贸易单一窗口 网址：http://www.singlewindow.hn.cn 电话：0898-65203029

续表

办理事项	责任部门	流程	提交材料	申报入口
"零关税"游艇进口通关	海口海关、海南海事部门政务中心、中国船级社海南分社	5.进口企业至码头提货。提货后，需及时办理游艇证书，包括船舶国籍证书、船舶所有权登记证书以及游艇适航证书。受理部门为海南海事部门政务中心、中国船级社海南分社。	1.企业申报进口"零关税"交通工具及游艇时，进口报关单"申报地海关"应填报"海口海关"下设的隶属海关或业务现场的关区名称及代码（不含"三沙海关"），征免性质填报为"零关税交通工具及游艇"（代码：492）； 2.自愿缴纳进口环节增值税和消费税的，应当在报关时将征免性质填报为"零关税交通工具及游艇（缴纳进口环节税）"（代码：494）； 3.监管方式填报为"一般贸易"（0110）、"租赁不满1年"（代码：1500）、"租赁贸易"（代码：1523）； 4.征减免税方式填报为"随征免性质"（代码：5）； 5.消费使用单位填报企业名称。	2.中华人民共和国海口海关 电话：0898-65365739 3.中国船级社海南分社综合业务处 电话：0898-66770036 4.中国船级社海南分社三亚办事处 电话：0898-88657619

（三）游艇旅游业企业所得税优惠政策

办理事项	责任部门	流程	提交材料	申报入口
企业办理减按15%的税率缴纳企业所得税	海南省税务局	登录网上电子税务局，按照【我要办税】—【税费申报及缴纳】—【常规申报】路径进入填报。1.预缴申报时，在"中华人民共和国企业所得税月（季）度预缴纳税申报表（A类）"第13行"减：减免所得税额"中选择优惠事项名称"海南自由贸易港鼓励类企业减按15%税率征收企业所得税"并填写本年累计优惠金额。2.年度申报时，在"中华人民共和国企业所得税年度纳税申报表（A类）"的附表"减免所得税优惠明细表"第28.3行"海南自由贸易港鼓励类企业减按15%的税率征收企业所得税"中填写本年优惠金额。	无	网址：https://etax.hainan.chinatax.gov.cn

（四）游艇旅游业高层次人才认定

办理事项	责任部门	流程	提交材料	申报入口
高层次人才认定	海南省人力资源开发局（省人才服务中心），具有认定权限的市县、园区和用人单位	1.个人申报。游艇旅游业有关人才个人向所在用人单位提出认定申请，提供有关证明材料，对照《海南自由贸易港高层次人才分类标准（2020）》，选择认定类别，填写海南自由贸易港高层次人才认定申请表或海南省柔性引进高层次人才认定申报表。	1.海南自由贸易港高层次人才认定需提供：（1）近期2寸免冠白底证件照（2）劳动合同和任职文件（3）身份证件	网址：https://wssp.hainan.gov.cn/hnwt/talent-service

续表

办理事项	责任部门	流程	提交材料	申报入口
高层次人才认定	海南省人力资源开发局（省人才服务中心），具有认定权限的市县、园区和用人单位	2.审核和认定（备案）。申报人所在用人单位对申报人各项条件进行审核。 具有认定权限的用人单位，对符合条件的A、B、C、D类人才作出认定意见后，将认定意见与申请材料报省人才服务中心认定备案；对符合条件的E类人才直接进行认定，将认定名单报省人才服务中心备案。 不具有认定权限的用人单位，对符合条件的A、B、C、D、E类人才作出推荐意见，将申请材料报市县或者重点园区人才服务部门。各相关市县或者重点园区人才服务部门对符合条件的A、B、C类人才作出认定意见后，将认定意见与申请材料报省人才服务中心认定备案；对符合条件的D、E类人才直接进行认定，将认定名单报省人才服务中心备案。 3.发证。省人力资源开发局（省人才服务中心）对符合条件的A、B、C、D类人才颁发相应的海南自由贸易港高层次人才证书；授权具有认定权限的市县和省重点园区人才服务部门对符合条件的D、E类人才颁发相应的海南自由贸易港高层次人才证书；授权具有认定权限的用人单位对符合条件的E类人才颁发相应的海南自由贸易港高层次人才证书。	（4）申请认定层级和相关佐证材料 （5）在海南缴纳社会保险记录单和个人所得税清单 （6）申报人所在单位的营业执照和法人身份证件 （7）海南自由贸易港高层次人才认定申请表 2.海南省柔性引进高层次人才认定需提供： （1）近期2寸免冠白底证件照 （2）柔性引才协议（聘期在3年以上且已在海南服务1年以上） （3）身份证件 （4）申请认定层级和相关佐证材料 （5）为海南提供服务1年以上相关佐证材料（如工资单、个人所得税记录等） （6）申报人所服务单位的营业执照和法人身份证件 （7）海南省柔性引进高层次人才认定申报表	网址：https://wssp.hainan.gov.cn/hnwt/talent-service

（五）游艇旅游业个人所得税优惠

办理事项	责任部门	流程	提交材料	申报入口
个人所得税优惠政策	海南省税务局	可在自然人电子税务局WEB端或个人所得税APP上自行申报。 1.登录自然人电子税务局，按照【我要办税】—【税费申报】—【综合所得申报】—【年度汇算】路径进入综合所得年度申报表并填报。 2.选择申报年度和填报方式等有关信息。 3.确认任职受雇单位及其主管税务机关。 4.填报申报表，如需查看明细，点击【详情】进入查看明细数据。 5.填报海南自贸港高端和紧缺人才个人所得税优惠及其他优惠事项。 6.提交申报。此时申报表已填写完毕，确认无误后，依次点击主表右下角的【提交申报】—【确认提交】完成申报。 7.退（补）税。申报完成后如需退税或补税，根据页面提示点击【立即缴款】或【申请退税】。 8.后续操作。可在系统顶部点击【我要查询】—【申报查询】—【更正/作废申报】查看申报信息、更正申报、作废申报等后续操作。	无	网址：https://etax.chinatax.gov.cn/

（六）游艇旅游业企业申请奖补类流程

办理事项	责任部门	流程	提交材料	申报入口
支持邮轮游艇行业复苏补贴项目	海南省旅游和文化广电体育厅	符合条件的相关企业须进入海南省惠企政策兑现服务平台，注册登录后进行申报。如未在规定时间内提交申请材料的，视为自动放弃。	1.资金申请件 2.申报单位营业执照复印件 3.申报单位对资金申请报告内容和附属文件真实性负责的声明 4.无欠税证明 5.营业收入相关证明 6.申报企业认为需要提交的其他资料	网址：https://hqzc. wssp. hainan. gov.cn/#/home
游艇产业链企业或机构开办补助	三亚中央商务区管理局	进入三亚惠企政策综合服务平台申报页面。	1.游艇产业链企业或机构开办补助申报表 2.企业营业执照副本 3.承诺书 4.完税证明	网址：https://zwwx. sanya. gov. cn/zcdx
游艇产业链企业或机构文化补助奖励	三亚中央商务区管理局	进入三亚惠企政策综合服务平台申报页面。	1.游艇产业链企业或机构文化补助奖励申报表 2.企业营业执照副本 3.承诺书 4.推广方案（含会议、赛事或活动等） 5.费用证明（复印件）	网址：https://zwwx. sanya. gov. cn/zcdx

五、政策展望

根据项目实地调研和典型企业走访的情况，游艇行业对未来发展的政策诉求集中体现在免税政策、荷载政策、泊位政策和人才政策四个方面。

（一）免税政策

目前，进口游艇免税政策只适用于企业购买，包含酒店、地产等配套项目，如果是个人购买行为，是无法享受到免税政策的。在海南游艇产业的长远规划中，未来的游艇保有量要突破万艘，所以如果仅靠企业行为购买，是不现实的。除此之外，游艇产业在海南已经经历了近20年的发展历程，目前已经形成了一定体量的私人游艇消费阶层，且该阶层有意愿在海南购置私享游艇。然而，目前的游艇免税政策并不惠及个人购买行为，这在很大程度上抑制了海南的游艇保有量。因此，私人购买进口游艇在未来有必要进行一定程度上的政策填补。

（二）荷载政策

游艇企业在从事游览观光、休闲娱乐、商务接待等活动的过程中，受到交通、海事、海警、旅文等多个部门的管理。基于各部门的管理要求，目前规定经营性游艇一次出海航行的最多荷载人数是10人。根据企业走访调研情况得知，很多游艇造价高昂，运维成本较高，每个航次如果仅仅荷载10人是难以盈利的，这就在某种程度上抑制了游艇企业的运营热情。因此，游艇荷载人数上限在未来有必要进行一定程度上的政策填补。

（三）泊位政策

根据近年来海南游艇产业的发展情况，可预判到游艇保有量在未来有一个较为可观的增长趋势，然而目前的泊位数量是远远不够的。因此，关于泊位建设在未来有必要进行一定程度上的政策填补，比如可通过准许利用废弃码头、增批码头用地等途径来增加泊位数量。

（四）人才政策

根据企业走访调研情况得知，目前游艇行业发展的一个明显短板为专业人才的缺失，具体体现在游艇维修维护、核心技术操作等方面。因此，关于游艇专业人才的培育在未来有必要进行一定程度上的政策填补，比如可通过大力引进游艇制造业、加大游艇人才的奖补力度等政策路径来充实游艇专业人才队伍。

第九章　房车露营旅游

一、产业界定和现状分析

（一）产业界定

房车，也称旅居车（Recreational Vehicle，RV），又称"车轮上的家"，兼具"房"与"车"两大功能，但其属性还是车，是一种可移动、具有居家必备的基本设施的车种，可以停靠在远离城市的沙滩、湖岸、草地、山坡、森林中，同时又可以在车上做饭、洗澡、睡觉、看电视、听音乐、放DVD等。房车是由国外引进的时尚设施车种，其车上的居家设施主要包括卧具、炉具、冰箱、橱柜、沙发、餐桌椅、盥洗设施、空调、电视、音响等家具和电器；房车空间则可细分为驾驶区域、起居区域、卧室区域、卫生区域、厨房区域等。同时车上还装备了许多安全设施，包括LPG（液化石油气）检测器、CO报警器、烟雾报警器、紧急出口、灭火器、安全带等，可谓麻雀虽小，五脏俱全。可见，房车是集衣食住行于一身，实现"生活中旅行，旅行中生活"的时尚产品。

房车旅游则是一种以房车为载体的新型旅游方式，将家安在轮子上体现的是一种个性化的生活方式，"车子外面是世界，车子里面是家庭"，旅游和生活完全结合起来，行在路上，乐在其中。在美国和欧洲的经济发达国家，房车早已成为人们休闲旅游甚至生活中的一部分，旅游者不用受旅行社线路限制，在什么地方吃饭、天黑前在哪安营扎寨全凭自己的兴趣。

露营原本指为了工程、军事、测绘、旅游等而特设临时的户外驻扎区，包括营帐、草棚、车房等简易形式的短时户外居住营所，是一种短时的户外生活方式。从旅游的角度，露营则是露营者徒步或者驾驶车辆到达露营地点，通常在山谷、湖畔、海边，露营者可以生篝火，可以烧烤、野炊或者唱歌，以达到户外休闲和娱乐的目的。经常进行这样活动的旅行者，和其他户外运动爱好者一样，被称为背包客（Backpacker），在中国大陆地区被称为"驴友"。现代露营（Camping）又特指旅游者到露营地开展相关休闲活动，而营地一般为风光迷人、特色鲜明的小型场地，并配套丰富的地方特色风情、美食或娱乐活动，同时还会配备淋浴室、盥洗室、露营小屋等现代化住宿设施，可以充分满足不同度假者的多样化需求。

随着露营活动和露营旅游的兴起，露营装备迅速走红，帐篷、睡袋、背包、生火用具（打火机、火柴、蜡烛、放大镜等）、照明用具（营灯、头灯、手电筒等）、野炊用具（水壶、多功能野炊锅、多功能折刀、餐具等）、专用工具（指南针、地图、绳索、折叠锹、针线、鱼钩鱼线、砍刀、照相机等）、水和食品、救生箱（内有解毒剂、消粉、感冒药、腹泻药、云南白药、镇痛药、纱布、胶带、绷带等）等装备成为热卖产品。

房车露营旅游是一种将日常生活、休闲与旅行有效结合的旅游形式，是人们对亲近自然、享受生活更深层次向往的体现。房车露营旅游本身是一种多元产业的结合，对房车和露营的设备要求较高，对相关的制造业和服务业都提出了更高的要求，也是旅游产业发展的新增长点之一。

（二）现状分析

1. 国外房车露营的基本情况

旅行房车已经是欧美国家居民的休闲旅游甚至生活中的一部分，国外房车消费的主要目的是进行旅行、打猎、钓鱼等休闲活动。美国是房车行业发展最成熟的国家，房车保有量和销量一直占据世界第一位，已经形成了完整的房车设计、制造、销售、消费、租赁等一体化的产业链。数据显示，美国的个人购买在数量上要多于租赁，拥有房车的家庭达到11%，其中每户家庭使用频次达到每年50天，约有1000万人常年居住于房车内。美国房车工业协会（RVIA）数据显示，美国拥有数百家房车生产企业，年销售额达到130亿美元。2010—2019年，美国房车年均销量约为36.5万辆，房车保有量约为1266万辆，其中2019年美国房车销量为40.6万辆，包括自行式房车销量为46629辆（占比11.5%）和拖挂式房车销量为359327辆（占比88.5%）。

欧洲的房车露营文化发展也已经有百年历史，在世界房车工业排名榜上仅次于美国，位列第二。根据欧洲房车工业协会（ECF）公布的数据，截至2019年，欧洲房车保有量约为804.7万辆。2019年欧洲房车总销量为210315辆，其中自行式房车总销量为131956辆，占比62.7%；拖挂式房车总销量为78359辆，占比37.3%。由此看出欧洲市场与美国市场对房车类别的需求形成明显差异，欧洲市场以自行式房车为主。2019年，德国是欧洲房车市场的销售冠军，房车总销量为80863辆（其中自行式房车53922辆，拖挂房车26941辆）。截至2019年，欧洲各国的营地数量已发展到超过4万个。这些营地从最早的只提供加油、加水和停车等简单服务，发展到现在成为集食宿、游乐、休闲度假、汽车保养与维护、汽车租赁等功能于一体的复合型多功能营地和房车旅游接待地。

2. 中国房车露营的基本状况

中国房车发展普遍以1999年春节档期的贺岁片《不见不散》作为中国房车出现的标志，将2001年8月中天公司拥有完全自主知识产权的第一代自驾式房车的上线作为中国房车产业发展的起点，2002年北京北方车辆集团制造生产第一辆国产拖挂房车紧随其后。经过20多年的发展历程，中国房车市场正以30%的增长速度"激进式"发展。据央视报道，2020年中国房车保有量已经增长到21.8万辆，平均年增速近50%，"开着房车去旅行"的全新旅游形式逐渐被不少人所喜爱。围绕房车出现的相关产业也正蓬勃发展，企查查数据显示：截至2021年5月，我国共有5419家房车相关企业，包括房车制造、租赁、销售等，其中2018—2020年是企业注册的高峰期，2018年注册量首次突破900家，2019年注册量达到最高的1181家，同比增长20.1%；2020年，房车相关企业的注册量是958家，同比下降18.9%；2021年前5月，房车相关企业新注册了335家，同比下降19.9%。2020年统计数据显示，全年房车销量为13824辆，同比增长8%。与年销量达430412辆的美国房车市场相比，中国房车市场还有很长的培育期，但未来中国一定是全球最大的房车市场，这是由我们的人口、经济、消费等因素共同决定的。

与此同时，露营旅游也快速发展，以2022年五一小长假期间消费动态为例，最火的休闲方式就是露营，在全国范围用于露营的帐篷可以说是一"篷"难求。有网红达人总结，朋友圈里有两种人：要么在郊野露营，要么就在去露营的路上。天眼查显示，截至2022年年中，中国有4.7万家露营相关企业，其中将近一半是在1年之内成立的。露营旅游出行的火爆和露营地投资的热点进一步彰显了露营旅游是跨界融合的一种旅游消费新业态新模式，长时间可以是一种生活方式，短时间则可以产生"微度假"的满足感，能够极大地满足旅游者情感和心理的需求。

房车和露营旅游的快速发展为旅游业带来了新的发展契机，但是在营地建设、设备研发、营地服务等方面还存在很大的提升空间，很难满足快速增长的市场需求。

3. 海南房车露营地的基本情况

"开着房车去旅游"的兴起和发展催生了海南房车租赁和露营地的快速发展。2012年，海南发布了《海南省房车露营旅游发展总体规划》，提及要充分利用主要旅游景区景点、美丽乡村、风情小镇、沿线服务区、景观平台等停车场约10%—20%的停车位建设微营地，同时做好智能水电桩、污水处理等配套设施的提供工作，通过智能微营地建设，形成全省以点带面的布设效果。查询海南市场监管综合业务管理系统后发现，截至2023年3月6日，全省登记注册名称或经营范围含"房车""露营地服务"的市场主体共5565家，其中海口市、三亚市、万宁市和陵水黎族自治县排列前四，主要分布状况如表9-1。

表9-1　全省登记注册的房车露营市场主体一览表

序号	市（县）名称	市场主体数量（家）
1	海口市	2132
2	三亚市	1683
3	万宁市	336
4	陵水黎族自治县	305
5	澄迈县	166
6	儋州市	160
7	儋州市洋浦经济开发区	50
8	琼海市	142
9	东方市	100
10	文昌市	88
11	保亭黎族苗族自治县	75
12	琼中黎族苗族自治县	66
13	乐东黎族自治县	54
14	昌江黎族自治县	45
15	临高县	45
16	五指山市	37

续表

序号	市（县）名称	市场主体数量（家）
17	定安县	30
18	白沙黎族自治县	28
19	屯昌县	15
20	三沙市	8
21	合计	5565

资料来源：海南省房车自驾车露营旅游调研报告（2022年）

4. 海南房车露营企业进入状况

海南作为中国唯一的热带海岛，世界一流休闲旅游目的地，生态环境良好、旅游资源丰富、交通体系完善，发展房车露营旅游具有得天独厚的资源优势。国家11部委《关于促进自驾车旅居车旅游发展的若干意见》的颁布出台，为海南房车露营旅游发展带来了重大政策利好，房车露营旅游产业市场开发潜力巨大。国务院印发的国家级重点专项规划《"十三五"现代综合交通运输体系发展规划》明确提出要拓展交通运输新领域、新业态，积极引导交通运输新消费，大力发展自驾车、房车营地，鼓励规划建设一批汽车综合营地、山地户外营地。

2012年海南出台了《海南省房车露营旅游发展总体规划》，明确提出大力发展房车露营休闲旅游，在"国际旅游岛"目标指导下，以国际旅游岛空间布局结构为依托，按照"二环、两带、三核、五心、多节点"的整体发展布局，打造"海南露营岛"的房车露营开发格局。海南省人民政府印发的《海南省旅游发展总体规划（2017—2030）》明确提出，大力发展自驾车房车露营旅游为主的专项旅游；重点研究房车管理和运营机制，重点加快推进示范性房车营地建设；重点建设雷琼世界地质公园、铜鼓岭、尖峰岭、棋子湾、火山海岸、五指山等一批国际化、标准化、生态化的汽车旅馆和自驾车房车露营基地，中远期构建覆盖全岛的自驾车房车露营服务体系。2021年，总长1000公里的环岛旅游公路建设动工，将海南22个海角、68个海湾、26个潟湖，还有21个度假区、31个旅游景区、216个名胜古迹串联在一起，在此基础上建设40个精品驿站，驿站将成为海南未来房车露营地的重要布局地。

5. 海南房车露营旅游市场特征

近些年，随着中国旅游市场逐渐从观光型向休闲度假型转变，随着自驾游市场的快速发展，房车游的吸引力与日俱增。《国务院关于加快发展旅游业的意见》明确提出要培育新的旅游消费热点，支持新兴露营休闲旅游方式，并把旅游房车等旅游装备制造业纳入国家鼓励类产业目录。随着追求个性、私密、自由的年轻群体成为文旅消费的主力军，以及游客对旅游体验要求的提升，房车露营旅游已经成为当下流行的旅游方式之一，自驾车、房车营地、星空营地等基础设施建设不断推进。

海南的房车露营旅游市场以2020年新冠疫情暴发时段为节点，疫情后房车自驾车露营企业逐渐增多，主要走高端、轻奢、网红打卡点的路线，倾向于为自驾游、体验游、私人定制的这类游客服务。目前，海南正在营业的房车露营地有27家，以综合配套型和专营露营型为主，占总量的70%；露营地住宿类型种类多样，以帐篷露营为主导，占总量的62%；房车营位占比较小，占总量的20%。

（1）开业时间方面

2020年之前成立的共6家，占总量的22%；2020年之后成立共21家，占总量的78%。

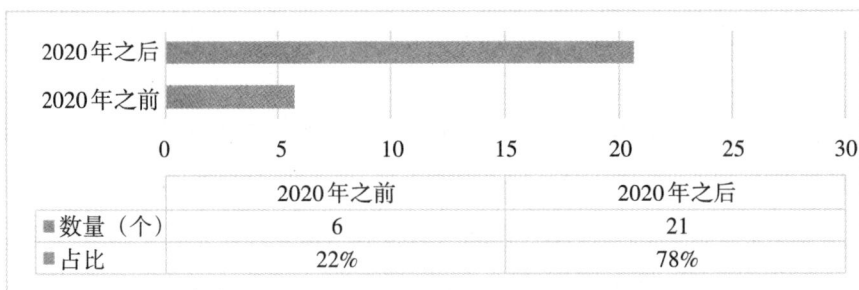

	2020年之前	2020年之后
■数量（个）	6	21
■占比	22%	78%

图9-1　房车自驾车露营地开业时间

资料来源：海南省房车自驾车露营旅游调研报告（2022年）

（2）经营类型方面

综合配套型有13家，占总量的48%；专营露营型有6家，占总量的22%；专营房车型有7家，占总量的26%；不确定经营模式的有1家，占总量的4%，为澄迈县的红坎岭陶艺园。

表9-2 专营房车型和专营露营型营地情况表

专营房车型			专营露营型		
市县名称	营地名称	备注	市县名称	营地名称	备注
文昌市	椰海星空房车露营公园	在建	万宁市	海南小洋侨度假区露营地	已建
琼海市	中原房车营地旅游景区项目	拟建		行宿物语帐篷露营地	已建
琼中黎族苗族自治县	琼中云宿房车营地	已建		日月湾极乐净土帐篷营地	已建
三亚市	十三村1号半山半岛房车营地	已建	三亚市	天涯海角极玩地球营地	已建
	十三村2号半山半岛房车营地	在建		天涯海角星空营地	已建
	十三村3号红塘湾房车营地	在建		蜈支洲岛QUESTING趣玩海岛营地	已建
	三亚大茅远洋生态村云宿房车营地	已建		—	—

资料来源：海南省房车自驾车露营旅游调研报告（2022年）

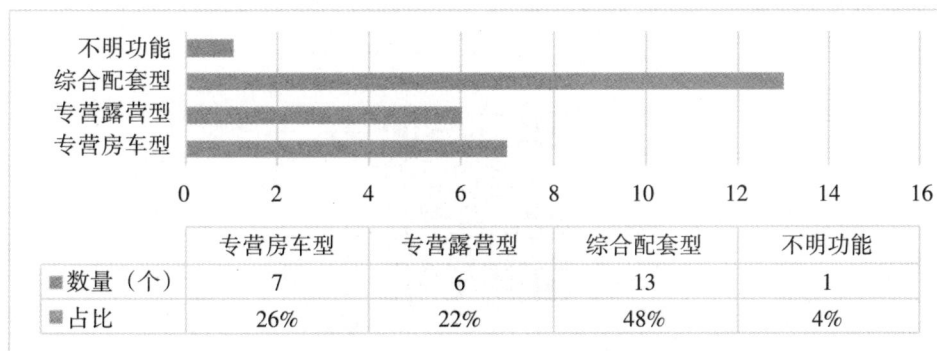

	专营房车型	专营露营型	综合配套型	不明功能
数量（个）	7	6	13	1
占比	26%	22%	48%	4%

图9-2 房车自驾车露营地经营类型

资料来源：海南省房车自驾车露营旅游调研报告（2022年）

（3）住宿类型方面

固定式房车营地有289个，占住宿总量的20%；帐篷数量有883个，占住宿总量的62%；集装箱数量有95个，占住宿总量的7%；其他设施数量（星空屋、泡泡屋等）146个，占住宿总量的10%。

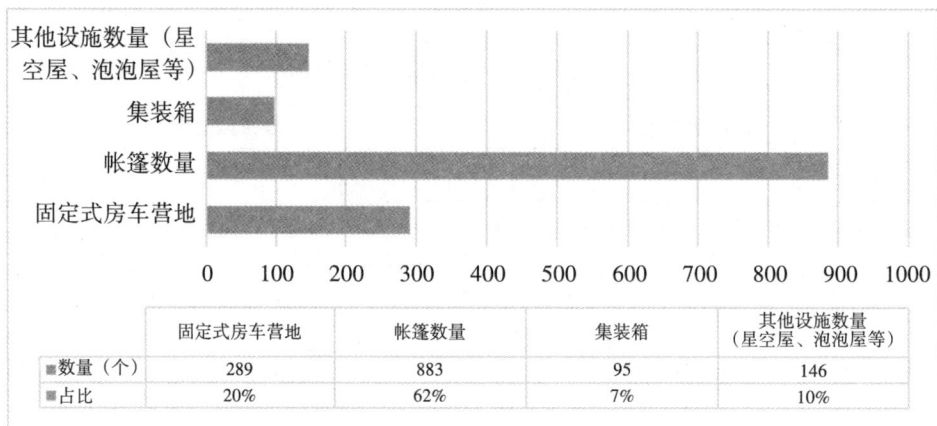

	固定式房车营地	帐篷数量	集装箱	其他设施数量 （星空屋、泡泡屋等）
■数量（个）	289	883	95	146
■占比	20%	62%	7%	10%

图9-3　房车自驾车露营地住宿类型

资料来源：海南省房车自驾车露营旅游调研报告（2022年）

二、自由贸易港相关政策解读

（一）政策索引

1. 企业税收类

FC01《关于海南自由贸易港企业所得税优惠政策的通知》（财税〔2020〕31号）

FC02《财政部 税务总局关于印发〈海南自由贸易港旅游业、现代服务业、高新技术产业企业所得税优惠目录〉的通知》（财税〔2021〕14号）

FC03《海南自由贸易港鼓励类产业目录（2020年本）》

FC04《国家税务总局海南省税务局关于海南自由贸易港企业所得税优惠政策有关问题的公告》（国家税务总局海南省税务局公告2020年第4号）

FC05《国家税务总局海南省税务局　海南省财政厅　海南省市场监督管理局关于海南自由贸易港鼓励类产业企业实质性运营有关问题的公告》（2021年第1号）（扫描二维码点击底部"相关文件"链接）

FC06《国家税务总局海南省税务局　海南省财政厅　海南省市场监督管理局关于海南自由贸易港鼓励类产业企业实质性运营有关问题的补充公告》（国家税务总局海南省税务局　海南省财政厅　海南省市场监督管理局公告2022年第5号）

2.个人税收类

FC07《关于海南自由贸易港高端紧缺人才个人所得税政策的通知》（财税〔2020〕32号）

FC08《海南省财政厅 国家税务总局海南省税务局 海南省市场监督管理局 中共海南省委人才发展局关于落实海南自由贸易港高端紧缺人才个人所得税优惠政策有关问题的通知》（琼财税〔2020〕1019号）

FC09《海南省人民政府关于印发海南自由贸易港享受个人所得税优惠政策高端紧缺人才清单管理暂行办法的通知》（琼府〔2022〕31号）

FC10《海南省财政厅 国家税务总局海南省税务局 海南省人力资源和社会保障厅 海南省市场监督管理局 中共海南省委人才发展局关于进一步明确落实海南自由贸易港高端紧缺人才个人所得税优惠政策有关事项的通知》（琼财支财〔2022〕1211号）

3. 产业发展类

FC11《关于推动露营旅游休闲健康有序发展的指导意见》

FC12《海南省人民政府关于提升旅游产业发展质量与水平的若干意见》（琼府〔2016〕17号）

FC13《海南省人民政府办公厅关于加快发展自驾车旅居车旅游的实施意见》（琼府办〔2017〕207号）

FC14《海南省人民政府办公厅关于印发海南省旅游发展总体规划（2017—2030）的通知》（海南省人民政府办公厅，2017年12月1日）

FC15《推动重点消费品更新升级　畅通资源循环利用实施方案（2019—

2020年）》（国家发展改革委、生态环境部、商务部，2019年6月）

FC16《海南省"十四五"旅游文化广电体育发展规划》（琼府办〔2021〕25号）

FC17《国务院关于印发"十四五"旅游业发展规划的通知》（国发〔2021〕32号）

4. 房车通行类

FC18《机动车驾驶证申领和使用规定》（中华人民共和国公安部令第162号，2021年12月17日）

（二）要点解读

1. 企业税收类

（1）2025年前，注册在海南自由贸易港并实质性运营的自驾车营地（含房车）企业，符合鼓励类产业目录范围等条件的，可按规定享受15%的企业所得税优惠。对总机构设在海南自由贸易港的符合条件的自驾车营地（含房车）企业，仅就其设在海南自由贸易港的总机构和分支机构的所得，按规定适用15%税率；对总机构设在海南自由贸易港以外的自驾车营地（含房车）企业，仅就其设在海南自由贸易港内的符合条件的分支机构的所得，按规定适用15%税率。

（2）2025年前，对在海南自由贸易港设立的自驾车营地（含房车）企业新增境外直接投资取得的所得，符合条件的，可按规定免征企业所得税。新增境外直接投资所得应当符合以下条件：

①从境外新设分支机构取得的营业利润；或从持股比例超过20%（含）的境外子公司分回的，与新增境外直接投资相对应的股息所得。

②被投资国（地区）的企业所得税法定税率不低于5%。

2035年前，对注册在海南自由贸易港并实质性运营的旅游景区景点企业（负面清单行业除外），减按15%的税率征收企业所得税。

2. 个人税收类

（3）2025年前，对在海南自由贸易港工作的房车露营企业高端人才和紧缺人才，其个人所得税实际税负超过15%的部分可以享受免征优惠政策。享受优惠政策的所得必须来源于海南自由贸易港的所得，即房车露营企业高端紧缺人才从海南自由贸易港取得的综合所得（包括工资薪金、劳务报酬、稿酬、特许权使用费四项所得）、经营所得以及经海南省认定的人才补贴性所得，相应税款在海南自由贸易港缴纳。

（4）房车露营企业高端人才和紧缺人才享受"15%"税收优惠政策应满足两大条件：

①一个纳税年度内在海南自由贸易港累计居住满183天（2023年1月1日起执行，2024年汇算清缴2023年度个人所得税起适用），"连续缴纳社保6个月以上"条件执行至2023年汇算清缴2022年度个人所得税结束。

②属于海南省各级人才管理部门所认定的人才或一个纳税年度内在海南自

由贸易港收入达到30万元人民币以上（海南省根据经济社会发展状况实施动态调整）。

（5）2035年前，对一个纳税年度内在海南自由贸易港累计居住满183天的房车露营产业链企业或机构人员，其取得来源于海南自由贸易港内的综合所得和经营所得，按照3%、10%和15%三档超额累进税率征收个人所得税。

3. 产业发展类

（6）营地选址应当科学合理、注意安全，避让生态区位重要或脆弱区域，远离洪涝、山洪、地质灾害等自然灾害多发地和危险野生动植物活动区域。

（7）加强用地保障。经营性营地项目建设应该符合国土空间规划，依法依规使用土地，不得占用永久基本农田、严格遵守生态保护红线。选址在国土空间规划确定的城镇开发边界外的经营性营地项目，其公共停车场、各功能区之间的连接道路、商业服务区、车辆设备维修及医疗服务保障区、废弃物收纳与处理区、营区、商务俱乐部、木屋住宿区等功能区可与农村公益事业合并实施，依法使用集体建设用地，其营区、商务俱乐部、木屋住宿区等功能区应优先安排使用存量建设用地，不得变相用于房地产开发。营地在不改变土地用途、不影响林木生长、不采伐林木、不固化地面、不建设固定设施的前提下，可依法依规利用土地资源，推动建立露营地与土地资源的复合利用机制，超出复合利用范围的，依法依规办理相关用地手续。利用国有建设用地上的老旧厂房（包含旧工业厂房、仓储用房及相关工业设施）等，在不改变老旧厂房主体结构的前提下，经依法依规办理相关行政审批许可后，用于发展露营旅游休闲营地项目建设的，可享受在一定年期内不改变用地主体和规划条件的过渡期支持政策。选址在国土空间规划确定的城镇开发边界内的经营性营地项目，全部用地均应依法办理转用、征收、供应手续。支持依法依规以划拨使用等方式保障非经营性公共营地用地。

（8）提升产品服务品质。大力发展自驾车旅居车露营地、帐篷露营地、青少年营地等多种营地形态，满足多样化露营需求。推进文化和旅游深度融合发展，充分挖掘文化资源，丰富露营旅游休闲体验。鼓励和引导营地与文博、演艺、美术等相关机构合作，结合音乐节、艺术节、体育比赛等群众性节事赛事活动，充实服务内容。与户外运动、自然教育、休闲康养等融合，打造优质产品。鼓励提升营地配套餐饮、活动组织等服务的品质，提高露营旅游休闲品质。

（9）加强标准引领。鼓励地方和社会团体结合国家和行业标准出台地方标准、团体标准和配套措施，并组织实施。各地可根据实际情况依标准组织开展

C级自驾车旅居车营地认定，打造优秀营地品牌。

（10）推动全产业链发展。做大做强露营旅游休闲上下游产业链，提升全产业链整体效益。引导露营营地规模化、连锁化经营，孵化优质营地品牌，培育龙头企业。鼓励支持旅居车、帐篷、服装、户外运动、生活装备器材等国内露营行业相关装备生产企业丰富产品体系，优化产品结构。创新研发个性化、高品质露营装备，打造国际一流装备品牌。培育露营产业咨询培训、规划设计等专业机构。鼓励露营餐饮、活动组织等配套服务企业创新产品服务。支持旅行社开发露营旅游休闲产品，开展露营俱乐部业务，强化互联网平台等渠道分销和服务能力建设。

（11）规范管理经营。露营旅游休闲经营主体要严格遵守有关法律和生产经营相关各项规定，依法依规取得开展露营旅游休闲服务所需营业执照及卫生、食品、消防等相关证照或许可，加强治安、消防、森林草原防灭火等管理。营地要有游客须知、明码标价的收费标准，提供真实准确的宣传营销信息。严格遵守各项疫情防控要求，切实落实防疫举措。

（12）房车露营旅游业各类人才可以按照相关政策，在落户、住房、子女教育、医疗保障、个人所得税优惠等方面享受相应的服务保障待遇。

（13）中国公民、法人和组织以及在海南工作并取得居留许可证的境外人员所有的房车，可以在海南自由贸易港申请办理车辆登记。

（14）政策支持从境外购买或者通过其他合法途径取得且拟申请办理登记的房车，车龄符合相关规定。

（15）政策支持房车露营企业与科研院所、普通高等院校、职业院校（含技工学校）开展合作办学，共同建设房车露营人才培养基地。

（16）政策支持房车露营企业依法发行企业债券，优化融资结构。鼓励金融机构对房车露营企业提供贷款、融资担保等金融服务。

（17）政策支持举办海南自由贸易港房车露营产业国内国际展会、论坛、交易等活动，建设房车产业设计、展示、交易、交流、合作平台。

4. 房车通行类

（18）《机动车驾驶证申领和使用规定》于2022年4月1日起施行，机动车驾驶证新增轻型牵引挂车准驾车型（C6），符合条件者可申请增驾C6驾驶证，为轻型拖挂房车上路提供了保障。C6驾照准驾车型为轻型牵引挂车，要求总质量小于（不包含等于）4500公斤的汽车列车。

①驾照类型：根据新规解读，要想开房车的话必须增驾C6驾照，增驾的基

础是 A1、A3、B1、B2、C1 以及 C2，并且在申请增驾的扣分周期以及前一个扣分周期都没有扣满 12 分；但是有一个例外，那就是 A2 驾照，如果是因为年满 60 周岁或者自愿降级已经注销 A2 驾照的车主，则不需要经过考试，可以直接向车管所申请 C6 准驾资格。

②增驾年龄：申请增驾 C6 驾照的车主，年龄必须在 20 周岁以上、60 周岁以下；但是 60—70 周岁的老年人，确实有强烈的驾驶房车需求，如果能通过反应力、判断力以及记忆力测试，也可以进行 C6 的增驾申请。

③驾照考试内容：增驾 C6 只需要考场地科目二和笔试科目四即可，科目二分为桩考、S 弯以及直角弯 3 个科目，没有 C1 驾考的侧方位停车以及半坡起步，考试满分 100 分，但是只需要 90 分即为及格；而所谓的桩考和倒车入库很相似，只不过是有 2 个相邻的车库需要考试车辆依次进出，考生需要在 8 分钟之内完成整个操作。

三、基于业务场景的政策综合利好分析

（一）房车露营企业所得税优惠

根据 FC01—FC06 涉及房车露营企业所得税优惠政策，综合测算海南自由贸易港对房车露营旅游企业缴纳企业所得税的经济性利好。

以海南与内地房车露营公司缴纳 5 年企业所得税为例，假如海南省某房车露营企业第一年营业收入为 1000 万元，营业成本 500 万元。受益于海南自由贸易港多项利好政策，房车露营旅游市场日益发展，该房车露营企业营业收入与成本以年均 20% 的速率增长。如表 9-3 测算所示，以 5 年为发展周期，落户海南的房车露营企业较之于内地可以节省缴纳 372.08 万元的企业所得税。

表 9-3　海南与内地房车露营企业缴纳企业所得税历时比较

时间　　　　要素	第一年	第二年	第三年	第四年	第五年
营业收入（万元）	1000	1200	1440	1728	2073.6
营业成本（万元）	500	600	720	864	1036.8
营业利润（万元）	500	600	720	864	1036.8
内地公司所得税（万元）	125	150	180	216	259.2
海南公司所得税（万元）	75	90	108	129.6	155.52
内地累计所得税（万元）	125	275	455	671	930.2
海南累计所得税（万元）	75	165	273	402.6	558.12
海南房车露营企业税收节省金额（万元）	50	110	182	268.4	372.08

（二）房车露营企业个人所得税优惠

根据FC07—FC10涉及房车露营企业个人所得税优惠政策，综合测算海南自由贸易港对高端紧缺房车露营人才个人所得税的经济性利好。

若房车露营企业高端紧缺人才年度工资薪金的税前收入为100万元，那么按照现行的个人所得税计算（如果不考虑社会保险、公积金、专项附加扣除等因素），应纳税所得额为100万元-6万元=94万元（扣除基本减除费用，每月5000元，一个纳税年度6万元），94万元所对应的税率为35%以及速算扣除数为85920元，因此该人才应该缴纳的个人所得税金额为940000×35%-85920=243080元，税负为243080÷940000=25.86%。如果按照2025年之前海南自由贸易港高端紧缺人才个人所得税实际税负超过15%免征的优惠政策计算，那么该房车露营企业高端紧缺人才享受自贸港个人所得税减免税额为940000×（25.86%-15%）=102084元，这意味着该人才可以免征约10.2万元的个人所得税金额。该项个人所得税优惠政策利于海南省吸引房车露营行业高端人才，对于海南国际旅游消费中心建设和提质升级具有重要的助推意义。

四、操作指南

（一）申报房车露营企业所得税优惠

办理事项	责任部门	流程	提交材料	申报入口
企业办理减按15%的税率缴纳企业所得税	海南省税务局	登录网上电子税务局，按照【我要办税】—【税费申报及缴纳】—【常规申报】路径进入填报。 1.预缴申报时，在"中华人民共和国企业所得税月（季）度预缴纳税申报表（A类）"第13行"减：减免所得税额"中选择优惠事项名称"海南自由贸易港鼓励类企业减按15%税率征收企业所得税"并填写本年累计优惠金额。 2.年度申报时，在"中华人民共和国企业所得税年度纳税申报表（A类）"的附表"减免所得税优惠明细表"第28.3行"海南自由贸易港鼓励类企业减按15%的税率征收企业所得税"中填写本年优惠金额。	无	网址：https://etax.hainan.chinatax.gov.cn

（二）申报房车露营企业个人所得税优惠

办理事项	责任部门	流程	提交材料	申报入口
个人所得税优惠政策	海南省税务局	可在自然人电子税务局WEB端或个人所得税APP上自行申报。 1.登录自然人电子税务局，按照【我要办税】—【税费申报】—【综合所得申报】—【年度汇算】路径进入综合所得年度申报表并填报。 2.选择申报年度和填报方式等有关信息。 3.确认任职受雇单位及其主管税务机关。 4.填报申报表，如需查看明细，点击【详情】进入查看明细数据。 5.填报海南自贸港高端和紧缺人才个人所得税优惠及其他优惠事项。 6.提交申报。此时申报表已填写完毕，确认无误后，依次点击主表右下角的【提交申报】—【确认提交】完成申报。 7.退（补）税。申报完成后如需退税或补税，根据页面提示点击【立即缴款】或【申请退税】。 8.后续操作。可在系统顶部点击【我要查询】—【申报查询】—【更正/作废申报】查看申报信息、更正申报、作废申报等后续操作。	无	网址：https://etax.chinatax.gov.cn/

（三）申报房车露营高层次人才认定

办理事项	责任部门	流程	提交材料	申报入口
高层次人才认定	海南省人力资源开发局（省人才服务中心），具有认定权限的市县、园区和用人单位	1.个人申报。房车露营有关人才个人向所在用人单位提出认定申请，提供有关证明材料，对照《海南自由贸易港高层次人才分类标准(2020)》，选择认定类别，填写海南自由贸易港高层次人才认定申请表或海南省柔性引进高层次人才认定申报表。2.审核和认定（备案）。申报人所在用人单位对申报人各项条件进行审核。具有认定权限的用人单位，对符合条件的A、B、C、D类人才作出认定意见后，将认定意见与申请材料报省人才服务中心认定备案；对符合条件的E类人才直接进行认定，将认定名单报省人才服务中心备案。不具有认定权限的用人单位，对符合条件的A、B、C、D、E类人才作出推荐意见，将申请材料报市县或者重点园区人才服务部门。各相关市县或者重点园区人才服务部门对符合条件的A、B、C类人才作出认定意见后，将认定意见与申请材料报省人才服务中心认定备案；对符合条件的D、E类人才直接进行认定，将认定名单报省人才服务中心备案。	1.海南自由贸易港高层次人才认定需提供：（1）近期2寸免冠白底证件照（2）劳动合同和任职文件（3）身份证件（4）申请认定层级和相关佐证材料（5）在海南缴纳社会保险记录单和个人所得税清单（6）申报人所在单位的营业执照和法人身份证件（7）海南自由贸易港高层次人才认定申请表 2.海南省柔性引进高层次人才认定需提供：（1）近期2寸免冠白底证件照（2）柔性引才协议（聘期在3年以上且已在海南服务1年以上）（3）身份证件（4）申请认定层级和相关佐证材料（5）为海南提供服务1年以上相关佐证材料（如工资单、个人所得税记录等）	网址：https://wssp.hainan.gov.cn/hnwt/talent-service

续表

办理事项	责任部门	流程	提交材料	申报入口
高层次人才认定	海南省人力资源开发局（省人才服务中心），具有认定权限的市县、园区和用人单位	3.发证。省人力资源开发局（省人才服务中心）对符合条件的A、B、C、D类人才颁发相应的海南自由贸易港高层次人才证书；授权具有认定权限的市县和省重点园区人才服务部门对符合条件的D、E类人才颁发相应的海南自由贸易港高层次人才证书；授权具有认定权限的用人单位对符合条件的E类人才颁发相应的海南自由贸易港高层次人才证书。	(6) 申报人所服务单位的营业执照和法人身份证件 (7) 海南省柔性引进高层次人才认定申报表	网址：https://wssp.hainan.gov.cn/hnwt/talent-service

五、政策展望

（一）加大对房车露营地的建设用地支持

在符合土地利用总体规划和国家土地供应管理政策的前提下，适当增加旅游业发展土地供应，积极支持利用荒山、荒地、荒滩、废弃矿山等开发房车露营地项目。可以考虑将房车露营地列入旅游类公共服务设施，在用地方面给予支持。政策依据如下。

1. 国家发展改革委、生态环境部、商务部于2019年6月联合发布《推动重点消费品更新升级 畅通资源循环利用实施方案（2019—2020年）》，提出积极探索住行一体化消费模式，统筹规划建设旅居车（又称房车）停车设施和营地，完善配套水电、通信等设施，促进旅居车市场发展。

2. 2016年9月，国家旅游局联合公安部、交通运输部、国土资源部、住房城乡建设部、国家工商总局等六部委印发《关于加快推进2016年自驾车房车露营地建设的通知》，加快推进自驾车房车营地建设。

3. 2016年11月，国家旅游局会同国家发展改革委等多部门联合印发《关于促进自驾车旅居车旅游发展的若干意见》，提出2020年建成各类自驾车旅居车营地2000个房车营地。

（二）加大对房车露营行业市场主体奖补力度

借鉴相关产业发展专项资金管理办法，对房车露营行业市场主体进驻、房车露营主题展会、论坛及相关活动给予奖补，吸引更多的市场主体进入。

（三）加快落实进口房车及露营设备"零关税"政策

目前，机动房车尚不在交通工具及游艇"零关税"政策清单内，进口房车优惠政策将有利于吸引更多的房车露营爱好者，也有利于房车露营产业发展，因此有必要谋划并落实进口房车及露营设备的"零关税"政策。

第十章　医疗旅游

一、产业界定和现状分析

（一）产业界定

世界旅游组织将医疗旅游定义为以医疗护理、疾病与健康、康复与休养为主题的旅游服务。医疗旅游将医疗、保健、休闲、旅游、娱乐等功能有机地结合起来，是旅游业发展的新趋势，集追寻健康与享受旅游服务于一体，它实现了医疗业和旅游业的跨界融合。旅游者可以根据自己的病情、医生的建议，选择合适的旅游目的地，在旅游的同时可以享受健康管家服务，进行有效的健康管理，达到身心健康的目的。

（二）现状分析

1. 医疗旅游的国际发展现状

医疗旅游产业是旅游产业和医疗产业融合的产物，医疗资源与旅游资源的结合可以同时满足人们追求身体健康和精神层面放松的要求。世界卫生组织（WHO）的一项调查显示，全球75%的人口都处于亚健康状态，这代表着医疗旅游具有非常广阔的发展前景。数据显示，全球医疗旅游产业产值从2000年不到100亿美金，飙升至2017年的7000亿美金，年均增速20%，已经成为全球增长最快的新兴旅游产业之一。世界医疗旅游协会预测，未来全球医疗旅游产业还将保持15%—25%的年增速。全球范围内，医疗旅游的目的地以气候宜人、旅游条件和医疗资源优越的国家和地区为主。其中，北美、西欧等经济发达地区凭借先进的医疗技术和医疗设施（对癌症及心血管、脑神经等方面的重症疾病治疗效果突出）形成了重疾治疗组团的特色，而一些地缘靠近发达国家及地区的发展中国家（如拉美、东南亚一些国家）则形成了以医疗美容、生育辅助、健康管理为主的特色组团。

目前，以泰国、印度、新加坡、韩国等为代表的亚洲国家逐渐成为世界最重要的医疗旅游目的地。其中，泰国更是异军突起，充分利用其质优价廉的医疗资源和旅游资源，成为全球最大的医疗旅游目的地。然而，根据医疗旅游杂志发布的《2020—2021医疗旅游目的地指数》，中国的医疗旅游指数在46个国家或地区中排名第32位。中国的医疗旅游与国际医疗旅游发达国家和地区相比还有较大差距，近年的COVID-19疫情也较大程度上影响了中国医疗旅游的健康持续发展。

2. 海南成为中国发展医疗旅游的先行区

2013年2月28日，海南博鳌乐城国际医疗旅游先行区经国务院批准设立，先行区位于琼海市嘉积镇和博鳌亚洲论坛核心区之间的万泉河两岸。这里聚集了国际国内高端医疗旅游服务和国际前沿医药科技成果，加上海南的自由贸易港政策和得天独厚的旅游资源，是发展医疗旅游的优势地区。先行区按照海南自由贸易港建设的有关要求，对标国际最高标准，创新体制机制，在产业政策、招商引资、医疗创新、旅游服务、跨境服务贸易等方面先行先试，以高水平开放推动国际医疗旅游和高端医疗服务发展，正在努力打造世界一流的国际医疗旅游目的地和医疗科技创新平台。

在受到疫情严重影响的情况下，2022年，1—8月园区共接待医疗旅游消费者11.75万人，同比增长65.74%；市场主体营业收入18.43亿元，同比增长62.15%；特许药械使用患者9423人次，同比增长56.61%。1—8月完成固定资产投资13.76亿元，其中政府投资项目完成投资6.01亿元，占年度计划的60.13%，新增债券资金3.7亿元，支出进度100%，专项债资金支出进度排名全省第一。社会投资项目完成投资7.75亿元，对园区固定资产投资贡献率达56.32%。

医学治疗、医学美容、康复疗养、养生保健等四大医疗旅游是海南发展旅游的关键领域。海南致力于打造"一心、五区"医疗旅游布局体系，未来将成为高端医疗旅游与特色养生保健相结合的世界一流医疗旅游胜地、国际著名医疗旅游中心。海南目前正在通过引进国际知名医疗机构、医学美容机构、养生保健机构、保险机构、中介服务机构等，发展具有中国特色及海南特点的医疗旅游服务项目，实现与国际医疗旅游市场的全面对接，将海南打造成为中国对接国际医疗旅游市场的高端平台；同时，充分挖掘海南滨海、森林及温泉资源优势，大力发展滨海、森林及温泉养生休闲产品。

近年来，海南健康产业起步稳、成长快，总体呈现良好发展态势，产业规模持续扩大，特色不断凸显，集聚格局初步形成。2022年，全省医疗健康产业增加值210.92亿元，现价增长7.0%，占全省GDP的3.1%。以博鳌乐城国际医疗旅游先行区为龙头的健康旅游业发展迅速，在干细胞临床研究、肿瘤治疗、医美抗衰、辅助生殖等4个方面聚集资源，中医药健康旅游辐射俄罗斯、东欧、大洋洲等市场。海南健康产业虽然取得一定发展成果，但仍处在起步阶段，医疗服务水平不高，健康制造业层次相对偏低，难以支撑和带动产业链上下游拓展，产业链条较短；新业态发展较为缓慢，区域差异化特色有待凸显，产业集聚度有待提升；科技支撑相对薄弱，高端产业孵化和服务平台缺乏，还未形成龙头企业和品牌效应；人才智力支撑不强，人才供给与产业发展需求适应度较低。

二、自由贸易港相关政策解读

（一）政策索引

1. 医疗器械进口自用生产设备免税类

MT01《海南自由贸易港建设总体方案》（中发〔2020〕8号）

MT02《财政部 海关总署 税务总局关于海南自由贸易港自用生产设备"零关税"政策的通知》（财关税〔2021〕7号）

MT03《关于明确海南自由贸易港"零关税"自用生产设备相关产品范围的通知》（财关税〔2021〕8号）

MT04《财政部　海关总署　税务总局关于调整海南自由贸易港自用生产设备"零关税"政策的通知》（财关税〔2022〕4号）

MT05《财政部　海关总署　税务总局关于海南自由贸易港原辅料"零关税"政策的通知》（财关税〔2020〕42号）

MT06《财政部　海关总署　税务总局关于调整海南自由贸易港原辅料"零关税"政策的通知》（财关税〔2021〕49号）

2. 医疗旅游企业所得税类

MT07《关于海南自由贸易港企业所得税优惠政策的通知》（财税〔2020〕31号）

MT08《财政部 税务总局关于印发〈海南自由贸易港旅游业、现代服务业、高新技术产业企业所得税优惠目录〉的通知》（财税〔2021〕14号）

MT09《海南自由贸易港鼓励类产业目录（2020年本）》

MT10《国家税务总局海南省税务局关于海南自由贸易港企业所得税优惠政策有关问题的公告》（国家税务总局海南省税务局公告2020年第4号）

MT11《国家税务总局海南省税务局 海南省财政厅 海南省市场监督管理局关于海南自由贸易港鼓励类产业企业实质性运营有关问题的公告》（2021年第1号）（扫描二维码点击底部"相关文件"链接）

MT12《国家税务总局海南省税务局 海南省财政厅 海南省市场监督管理局

关于海南自由贸易港鼓励类产业企业实质性运营有关问题的补充公告》（国家税务总局海南省税务局　海南省财政厅　海南省市场监督管理局公告2022年第5号）

3. 医疗旅游企业个人税收类

MT13《关于海南自由贸易港高端紧缺人才个人所得税政策的通知》（财税〔2020〕32号）

MT14《海南省财政厅　国家税务总局海南省税务局　海南省市场监督管理局中共海南省委人才发展局关于落实海南自由贸易港高端紧缺人才个人所得税优惠政策有关问题的通知》（琼财税〔2020〕1019号）

MT15《海南省人民政府关于印发海南自由贸易港享受个人所得税优惠政策高端紧缺人才清单管理暂行办法的通知》（琼府〔2022〕31号）

MT16《海南省财政厅 国家税务总局海南省税务局 海南省人力资源和社会保障厅 海南省市场监督管理局 中共海南省委人才发展局关于进一步明确落实海南自由贸易港高端紧缺人才个人所得税优惠政策有关事项的通知》（琼财支财〔2022〕1211号）

4. 医疗旅游产业监管类

MT17《国家发展改革委 国家卫生健康委 国家中医药局 国家药监局关于印发〈关于支持建设博鳌乐城国际医疗旅游先行区的实施方案〉的通知》（发改地区〔2019〕1482号）

MT18《海南自由贸易港博鳌乐城国际医疗旅游先行区条例》（海南省人民代表大会常务委员会，2020年6月16日）

MT19《海南省人民政府印发〈关于支持博鳌乐城国际医疗旅游先行区发展的措施（试行）〉等四个"一园一策"的通知》（琼府〔2019〕37号）

MT20《海南省人民政府办公厅关于印发〈海南自由贸易港博鳌乐城国际医疗旅游先行区制度集成创新改革方案〉的通知》（琼府办〔2020〕33号）

MT21《中共海南省委　海南省人民政府关于促进中医药在海南自由贸易港传承创新发展的实施意见》（琼发〔2020〕14号）

MT22《海南省卫生健康委员会　海南省旅游和文化广电体育厅关于印发〈海南省健康医疗旅游实施方案〉的通知》（琼卫体改〔2018〕27号）

MT23《海南省药品监督管理局关于印发〈海南自由贸易港博鳌乐城国际医疗旅游先行区临床急需进口药品医疗器械申报指南〉的通知》（琼药监综〔2021〕17号）

（二）要点解读

1. 医疗器械进口自用生产设备免税类

（1）政策支持医疗旅游企业包括医疗器械在内的所需要的机器、设备等货物予以免税，并实行简单税制和免税制，实现税种少、税率低及零关税进口。

2. 医疗旅游企业所得税类

（2）2025年前，注册在海南自由贸易港并实质性运营的医疗旅游企业，符合鼓励类产业目录范围等条件的，可按规定享受15%的企业所得税优惠。对总机构设在海南自由贸易港的符合条件的医疗旅游企业，仅就其设在海南自由贸易港的总机构和分支机构的所得，按规定适用15%税率；对总机构设在海南自由贸易港以外的医疗旅游企业，仅就其设在海南自由贸易港内的符合条件的分支机构的所得，按规定适用15%税率。

（3）2025年前，对在海南自由贸易港设立的医疗旅游企业新增境外直接投资取得的所得，符合条件的，可按规定免征企业所得税。新增境外直接投资所得应当符合以下条件：

①从境外新设分支机构取得的营业利润；或从持股比例超过20%（含）的境外子公司分回的，与新增境外直接投资相对应的股息所得。

②被投资国（地区）的企业所得税法定税率不低于5%。

2035年前，对注册在海南自由贸易港并实质性运营的旅游景区景点企业（负面清单行业除外），减按15%的税率征收企业所得税。

3. 医疗旅游企业个人税收类

（4）2025年前，在海南自由贸易港工作的医疗企业高端人才和紧缺人才，其个人所得税实际税负超过15%的部分可以享受免征优惠政策。享受优惠政策的所得必须来源于海南自由贸易港的所得，即医疗企业高端紧缺人才从海南自由贸易港取得的综合所得（包括工资薪金、劳务报酬、稿酬、特许权使用费四项所得）、经营所得以及经海南省认定的人才补贴性所得，相应税款在海南自由贸易港缴纳。

（5）医疗高端人才和紧缺人才享受"15%"税收优惠政策应满足两大条件：

①一个纳税年度内在海南自由贸易港累计居住满183天（2023年1月1日起执行，2024年汇算清缴2023年度个人所得税起适用），"连续缴纳社保6个月以上"条件执行至2023年汇算清缴2022年度个人所得税结束。

②属于海南省各级人才管理部门所认定的人才或一个纳税年度内在海南自由贸易港收入达到30万元人民币以上（海南省根据经济社会发展状况实施动态

调整）。

（6）2035年前，对一个纳税年度内在海南自由贸易港累计居住满183天的医疗产业链企业或机构人员，其取得来源于海南自由贸易港内的综合所得和经营所得，按照3%、10%和15%三档超额累进税率征收个人所得税。

4. 医疗旅游产业监管类

（7）政策支持对申请使用临床急需进口药品医疗器械的医疗机构进行资格评估审核，支持医疗机构根据自身科室能力情况分科室申请评估。

（8）政策支持博鳌乐城国际医疗旅游先行区、南平健康养生产业园等园区发展中医药健康服务业。

（9）政策支持建设演丰沉香健康产业园等本土中医药特色文化旅游产业园。

（10）政策鼓励省内公立医院拓展服务项目，增设与休闲度假功能相结合的康养中心。

（11）政策鼓励社会资本建设一批以中医康养保健服务为重点的中医康养度假村。

（12）政策鼓励景区、酒店等引进中医专业人员开办面向游客的中医康养服务项目。

（13）政策鼓励旅行社与各类中医医疗、康养机构合作，将中医药与观光、休闲、度假类产品结合，在国内外市场推广，打造我省中医药健康旅游品牌。

（14）政策支持先行区使用临床急需进口药械的特定医疗机构（简称医疗机构）应具备以下基本条件：

①依法取得医疗机构执业许可，具有三级甲等医院资质，并具备与所申请临床急需进口药械相适应的专业科室；

②具有符合临床急需进口药械特性和说明书要求的流通、运输及贮存制度；

③设置药械不良反应/事件监测机构，配备专职人员并已接受专业培训，能够正确履行不良反应/事件监测职责；

④具有针对临床急需进口药械可能发生严重不良反应/事件的应急预案和处置能力；

⑤通过省卫生健康管理部门组织的临床急需进口药械的医疗机构进行资格评估审核。

（15）政策支持使用临床急需进口药械的科室或医疗团队应当在该类产品应用领域具有国内领先水平，相应人员应当依法取得在先行区指定医疗机构执业资格，对所申请临床急需进口药械具有充分的认知，能够正确、合理使用临床急需进口药械。

（16）政策支持医疗机构临床急需进口医疗药械应向省药品监督管理部门提出申请并提交以下材料：

①临床急需进口医疗药械申请表；

②资质证明文件；

③产品综述；

④进口医疗药械的必要性说明；

⑤省卫生健康管理部门评估意见；

⑥临床急需进口医疗药械使用计划和风险管理措施；

⑦医疗机构与供应商签订的协议；

⑧省药品监督管理部门要求提供的其他资料。

医疗机构应当跟踪掌握所申请进口医疗器械及患者的动态，所提交申请资料应当为最新信息，申报过程中如信息发生变更，应当及时上报省药品监督管理部门。

（17）政策支持医疗旅游布局体系中的"一心"为博鳌（乐城）—白石岭生命养护医疗休闲旅游区，以博鳌乐城国际医疗旅游先行区的高端国际医疗养生休闲旅游、琼海白石岭康复养生休闲度假的康复养生旅游为核心。

（18）政策支持医疗旅游布局体系中的"五区"包括海口—澄迈—定安长寿养生休闲旅游区、兴隆—万宁（中医）养生保健休闲旅游区、三亚—陵水国际医疗养生休闲旅游区、儋州蓝洋—洋浦古盐田康养保健休闲旅游区、（保亭）七仙岭—五指山养生休闲旅游区。

（19）政策支持在海南自由贸易港博鳌乐城国际医疗旅游先行区进行建设项目实行极简审批，项目总审批时限9—13个工作日，试行工程项目建设"零审批"制度。

（20）"政策支持国外已上市国内未上市的临床急需特许药械追溯平台一站式完成审批流程，审批时限为3个工作日"修改为"政策支持境外已上市国内未上市的临床急需特许药械追溯平台一站式完成审批流程，审批时限平均为3个工作日"。

（21）"政策支持海南博鳌乐城国际医疗旅游先行区临床急需进口药品带离先行区使用申报批准时限为2个工作日"修改为"政策支持海南博鳌乐城国际医疗旅游先行区临床急需进口药品带离医疗机构使用实施备案管理制"。

（22）政策支持公立医院在博鳌乐城国际医疗旅游先行区的特许经营指经授权的公立医院（简称特许方）将品牌、商标、专利等无形资产，以及技术、服务、管理等以特许经营协议的形式，提供给先行区医疗机构（简称被特许方）使用，被特许方按照特许经营协议约定，在特定的期限内以统一的经营、管理方式和服务流程向社会提供医疗服务，并向特许方支付特许经营费用的活动。

三、基于业务场景的政策综合利好分析

（一）医疗旅游企业医疗器械"零关税"利好

2021年3月发布的进口"零关税"自用生产设备负面清单，让相关企业受益匪浅。2021年3月23日，海南一龄医疗产业发展有限公司申报进口的首票"零关税"低温理疗箱在海关通关放行，该企业申报的压缩式低温理疗箱，货值358万元，可减免税款约83万元。

（二）医疗旅游企业所得税优惠利好

根据MT07—MT12，综合测算海南自由贸易港对医疗旅游企业缴纳企业所得税的经济性利好。

以海南与内地医疗公司缴纳5年企业所得税为例，假如海南省某医疗企业第一年营业收入为5000万元，营业成本2000万元。受益于海南自贸港医疗旅游多项利好政策，医疗市场日益发展，该医疗企业营业收入与成本以20%的速率增长（表10-1）。以5年为发展周期，落户海南的医疗企业较之于内地可以少缴纳2232.48万元的企业所得税。

表10-1　海南与内地医疗企业缴纳企业所得税历时比较

时间　　要素	第一年	第二年	第三年	第四年	第五年
营业收入（万元）	5000	6000	7200	8640	10368
营业成本（万元）	2000	2400	2880	3456	4147.2
营业利润（万元）	3000	3600	4320	5184	6220.8
内地公司所得税（万元）	750	900	1080	1296	1555.2
海南公司所得税（万元）	450	540	648	777.6	933.12
内地累计所得税（万元）	750	1650	2730	4026	5581.2
海南累计所得税（万元）	450	990	1638	2415.6	3348.72
海南医疗企业税收节省金额（万元）	300	660	1092	1610.4	2232.48

（三）医疗旅游企业个人所得税优惠利好

根据 MT13—MT16 涉及医疗旅游企业个人所得税优惠政策，综合测算海南自由贸易港对高端紧缺医疗旅游人才个人所得税的经济性利好。

若医疗旅游高端紧缺人才年度工资薪金的税前收入为 100 万元，那么按照现行的个人所得税计算（如果不考虑社会保险、公积金、专项附加扣除等因素），应纳税所得额为 100 万元–6 万元=94 万元（扣除基本减除费用，每月 5000 元，一个纳税年度 6 万元），94 万元所对应的税率为 35% 以及速算扣除数为 85920 元，因此该人才应该缴纳的个人所得税金额为 940000×35%–85920=243080 元，税负为 243080÷940000=25.86%。如果按照 2025 年之前海南自由贸易港高端紧缺人才个人所得税实际税负超过 15% 免征的优惠政策计算，那么该医疗旅游高端紧缺人才享受自由贸易港个人所得税减免税额为 940000×（25.86%–15%）=102084 元，这意味着该人才可以免征约 10.2 万元的个人所得税金额。该项个人所得税优惠政策利于海南省吸引医疗行业高端人才，对于海南医疗行业提质升级具有重要的助推意义。

（四）医疗旅游企业医疗器械国际合作利好

近日，韩国上市公司 BioPlus 与济民医疗达成合作，双方将在中国境内成立合资公司，作为引进 BioPlus 组织修复用生物材料系列产品的唯一中国代理商，下一步，该公司将致力于引进优质医疗器械产品落地大中华市场。

BioPlus 成立于 2003 年，是韩国知名的以透明质酸钠（HA，又称玻尿酸）为主要材料的人体注射填充材料等人体植入型医疗器械的研发、生产和销售企业，为韩国 KOSDAQ 上市公司，主要产品包括 HA 填充剂、防黏连剂、关节组织修复材料、膀胱用组织修复材料，BioPlus 还应用自主研发的 "MDM Technology" 平台技术进行活体乳房、活体软骨替代品等的研发。此外，公司为了实现业务多元化，还致力于改良型肉毒杆菌、新一代肥胖/糖尿病治疗剂、抗病毒治疗剂的研究开发。

目前，双方合作涉及 4 种产品，具体包括 HyalDew（整形用皮下填充材料）、InterBlock（可吸收防黏连剂）、HyalSyno（关节组织修复生物材料）、Blad-Care（膀胱组织修复生物材料），以上四种产品等级均为医疗器械 3 类，目前均已获得 KFDA（韩国食品药物管理局）认证，其中 HyalDew、InterBlock 已获得 CE（欧洲共同体）认证。

韩国 BioPlus 公司此次与济民医疗进行战略合作，是依托海南博鳌乐城国际医疗旅游先行先试验区的政策优势，让先进的技术产品快速进入大中华区，也是进军中国开展医疗业务的重要战略布局。而选择济民医疗进行深度合作的重要原因之一，是其下属的博鳌国际医院位于海南博鳌乐城国际医疗旅游先行区，享受一系列关于进口医疗器械注册、临床研究和临床使用的优惠政策。本次合作相关产品前期将依托于博鳌国际医院，短时间内取得先行区临床急需进口医疗器械许可，快速实现该产品在先行区内的销售，同时同步展开真实世界临床数据应用研究，缩短国内报批注册的临床时间，为全面拓展中国市场奠定基础。

（五）医疗旅游企业进口药品带离特殊安排

博鳌乐城在进口国际先进药品上具有政策优势，能够突破目前国内进口新药、特药的一系列障碍性问题。一款药物从研发到三期临床，再到顺利上市，成功率仅为0.1%左右，耗时长达5—10年，即便从申报注册开始计算，平均也需要3—5年。而乐城先行区引进的100个创新药械和100种肿瘤、罕见病新药，其中有11例是国外上市不到一年就在乐城得到应用。比如，乐城正在使用的特许药品YUTIQ（氟轻松玻璃体内植入剂），这款产品在国外上市不到一年，就在乐城得到应用，治愈了10多名患者；另外一款心脏收缩力调节器产品，在美国上市仅半年就在乐城实现了应用。

中国约有2000多万罕见病患者，面对高昂的药价和极其稀少的采购途径，罕见病患者特别无助。截至2022年底，乐城先行区引进的首批罕见病药品品种共有17种，来自10多个不同国家的厂商。

先行区政策也为罕见病患者带来福音，比如由日本武田制药提供的"达泽优"，适用于12岁及以上患者预防遗传性血管性水肿（HAE）的发作。遗传性血管性水肿是以发作性、自限性、局限性全身皮肤黏膜下非凹陷性水肿为特征的原发性补体缺陷病，在中国发病率为五万分之一。主要表现为反复发生的皮肤、呼吸道和内脏肿胀，当水肿发生于气道时，可致喉水肿，如果抢救不及时，会产生窒息死亡的严重后果。乐城引进"达泽优"，能为这些患者带来重大福音，及时挽救更多人的生命。

（六）医疗旅游企业进口药械公共保税仓制度

博鳌公共保税仓是国内首个针对临床急需进口药械的公共保税仓，其核心在于通过建设公共保税药仓为先行区医疗机构实现对临床急需进口药械的提前备货、批量进货、保税仓储、流向监控，利用第三方运营公司提供第四方专业医药物流服务、关务服务、保税物流服务和保税仓储服务等4项核心服务，为医疗机构进口临床急需进口药械提供从购买、报关、物流到保税仓储的全流程服务，完善进口药械供应链，确保了临床急需进口药械使用的时效性，从传统

"人等药"变成了"药等人"。其实质是围绕保税仓建设为使用临床急需进口药械的医药机构提供服务，相关部门应加快建设线上、线下相结合的监管模式，对临床急需进口药械购买、运输、仓储、配送、使用全过程加强监管，防范临床急需进口药械的流弊风险。这能够充分促进临床急需进口药械的使用，降低医疗机构的备药成本，提升患者用药的及时性，对于促进医疗产业高质量发展具有重要意义。

《海南自由贸易港建设总体方案》提出，针对现代服务业，要推动保税仓储、国际物流配送等服务的发展；《关于支持建设博鳌乐城国际医疗旅游先行区的实施方案》提出，要加快提升医疗服务水平，方便境内外患者诊疗。博鳌公共保税仓的建设，能够促进先行区医疗机构对临床急需进口药械的使用，方便患者及时用药，符合博鳌乐城建设国际医疗旅游先行区的定位。

四、操作指南

（一）申报医疗旅游企业所得税优惠

办理事项	责任部门	流程	提交材料	申报入口
企业办理减按15%的税率缴纳企业所得税	海南省税务局	登录网上电子税务局，按照【我要办税】—【税费申报及缴纳】—【常规申报】路径进入填报。 1.预缴申报时，在"中华人民共和国企业所得税月（季）度预缴纳税申报表（A类）"第13行"减：减免所得税额"中选择优惠事项名称"海南自由贸易港鼓励类企业减按15%税率征收企业所得税"并填写本年累计优惠金额。 2.年度申报时，在"中华人民共和国企业所得税年度纳税申报表（A类）"的附表"减免所得税优惠明细表"第28.3行"海南自由贸易港鼓励类企业减按15%的税率征收企业所得税"中填写本年优惠金额。	无	网址：https://etax.hainan.chinatax.gov.cn

（二）申报医疗旅游企业高层次人才认定

办理事项	责任部门	流程	提交材料	申报入口
高层次人才认定	海南省人力资源开发局（省人才服务中心），具有认定权限的市县、园区和用人单位	1.个人申报。医疗旅游有关人才个人向所在用人单位提出认定申请，提供有关证明材料，对照《海南自由贸易港高层次人才分类标准（2020）》，选择认定类别，填写海南自由贸易港高层次人才认定申请表或海南省柔性引进高层次人才认定申报表。 2.审核和认定（备案）。申报人所在用人单位对申报人各项条件进行审核。 具有认定权限的用人单位，对符合条件的A、B、C、D类人才作出认定意见后，将认定意见与申请材料报省人才服务中心认定备案；对符合条件的E类人才直接进行认定，将认定名单报省人才服务中心备案。 不具有认定权限的用人单位，对符合条件的A、B、C、D、E类人才作出推荐意见，将申请材料报市县或者重点园区人才服务部门。各相关市县或者重点园区人才服务部门对符合条件的A、B、C类人才作出认定意见后，将认定意见与申请材料报省人才服务中心认定备案；对符合条件的D、E类人才直接进行认定，将认定名单报省人才服务中心备案。	1.海南自由贸易港高层次人才认定需提供： （1）近期2寸免冠白底证件照 （2）劳动合同和任职文件 （3）身份证件 （4）申请认定层级和相关佐证材料 （5）在海南缴纳社会保险记录单和个人所得税清单 （6）申报人所在单位的营业执照和法人身份证件 （7）海南自由贸易港高层次人才认定申请表 2.海南省柔性引进高层次人才认定需提供： （1）近期2寸免冠白底证件照 （2）柔性引才协议（聘期在3年以上且已在海南服务1年以上） （3）身份证件 （4）申请认定层级和相关佐证材料	网址：https://wssp.hainan.gov.cn/hnwt/talent-service

续表

办理事项	责任部门	流程	提交材料	申报入口
高层次人才认定	海南省人力资源开发局（省人才服务中心），具有认定权限的市县、园区和用人单位	3.发证。省人力资源开发局（省人才服务中心）对符合条件的A、B、C、D类人才颁发相应的海南自由贸易港高层次人才证书；授权具有认定权限的市县和省重点园区人才服务部门对符合条件的D、E类人才颁发相应的海南自由贸易港高层次人才证书；授权具有认定权限的用人单位对符合条件的E类人才颁发相应的海南自由贸易港高层次人才证书。	（5）为海南提供服务1年以上相关佐证材料（如工资单、个人所得税记录等）（6）申报人所服务单位的营业执照和法人身份证件（7）海南省柔性引进高层次人才认定申报表	网址：https://wssp.hainan.gov.cn/hnwt/talent-service

（三）申报医疗旅游企业个人所得税优惠

办理事项	责任部门	流程	提交材料	申报入口
个人所得税优惠政策	海南省税务局	可在自然人电子税务局WEB端或个人所得税APP上自行申报。1.登录自然人电子税务局，按照【我要办税】—【税费申报】—【综合所得申报】—【年度汇算】路径进入综合所得年度申报表并填报。2.选择申报年度和填报方式等有关信息。3.确认任职受雇单位及其主管税务机关。4.填报申报表，如需查看明细，点击【详情】进入查看明细数据。5.填报海南自贸港高端和紧缺人才个人所得税优惠及其他优惠事项。	无	网址：https://etax.chinatax.gov.cn/

续表

办理事项	责任部门	流程	提交材料	申报入口
个人所得税优惠政策	海南省税务局	6.提交申报。此时申报表已填写完毕，确认无误后，依次点击主表右下角的【提交申报】—【确认提交】完成申报。 7.退（补）税。申报完成后如需退税或补税，根据页面提示点击【立即缴款】或【申请退税】。 8.后续操作。可在系统顶部点击【我要查询】—【申报查询】—【更正/作废申报】查看申报信息、更正申报、作废申报等后续操作。	无	网址：https://etax.chinatax.gov.cn/

（四）申报博鳌乐城国际医疗旅游先行区建设项目审批流程

办理事项	责任部门	流程	提交材料	申报入口
博鳌乐城国际医疗旅游先行区建设项目审批流程	海南省卫健委、先行区管委会	整体奉行先建后验的原则。 1.项目立项用地许可。创建项目生成，实施"标准地"供地制，然后项目落地联评联审。 2.工程建设许可。 （1）带方案出让建设用地。直接核发规划许可。 （2）不带方案出让建设用地。容缺核发规划许可。 3.施工许可。 （1）分阶段审批，取消图审，容容缺核发规划许可。 （2）工程建设许可阶段后置事项一次性审批。 （3）对施工许可阶段，企业承诺事项进行"双随机，一公开"检查。 4.联合验收。组织联合验收。 5.项目运营。 （1）项目后评估。 （2）退出机制。	无	无

（五）临床急需进口药品首次申报流程

办理事项	责任部门	流程	提交材料	申报入口
临床急需进口药品首次申报（适用于先行区临床急需少量进口药品的报批）	海南省药品监督管理局	1.申请人提交申请资料 2.药品注册与生产监督管理处受理审核申报资料 3.专题会议审议 4.局领导审批	1.申请书 (1)向海南省药品监督管理局提交的临床急需少量药品进口申请书，内容包括拟进口药品的通用名称、数量、生产国、生产厂家（中外文对照）、国外批准上市情况、进口数量的使用说明及病人简要情况说明，以及医疗机构"对本次临床急需少量进口的药品仅供本医疗机构特定医疗目的使用，承诺加强管理，不进行广告宣传和赢利，不流出本医疗机构"的承诺； (2)填写临床急需进口药品备案信息表（附1）。 2.资质证明文件 (1)拟进口药品的资质证明； (2)提供申请单位资质证明； (3)提供医疗机构与境外药品上市许可持有人或其授权供应商签订的协议。	无

续表

办理事项	责任部门	流程	提交材料	申报入口
临床急需进口药品首次申报（适用于先行区临床急需少量进口药品的报批）	海南省药品监督管理局	1.申请人提交申请资料 2.药品注册与生产监督管理处受理审核申报资料 3.专题会议审议 4.局领导审批	3.病情与用药必要性说明文件 （1）病人病情详细说明（包含病情诊断书、检验报告、会诊说明、住院病床号信息等）； （2）用药的必要性论证说明。 4.拟进口药品的使用计划文件 （1）医疗机构和医生对拟进口药品的认知情况说明； （2）特定病人使用拟进口药品的使用计划说明； （3）后续安全防范措施说明和必要的风险计划阐述。 5.专家信息 参与该药品进口急需研判的临床专家填写临床专家意见表（附2）及临床专家简介（附3）。 6.省级卫生行政部门审核意见	无

（六）临床急需进口医疗器械首次申报流程

办理事项	责任部门	流程	提交材料	申报入口
临床急需进口医疗器械首次申报（适用于进口医疗器械首次注册审批的申请和办理）	海南省药品监督管理局	1.申请人提交申请资料 2.医疗器械注册与监督管理处受理审核申报资料 3.专题会议审议 4.局领导审批	1.临床急需医疗器械进口申请书和申请表（附4） 2.资质证明文件 （1）提供拟进口医疗器械的资质证明； （2）国外生产厂家出具的拟进口该批次的产品的出厂检验报告或者厂家出具的合格证明文件； （3）提供申报单位资质证明，包括营业执照复印件、医疗机构执业许可证复印件； （4）供货方资质文件。 3.产品综述 4.用械必要性说明 5.医疗机构伦理委员会意见：提供伦理审查批件（盖章）原件、伦理委员会成员签字的伦理审查意见复印件 6.临床急需进口医疗器械使用计划和风险管理的说明 （1）拟进口医疗器械的使用计划说明； （2）后续安全防范措施说明和必要的风险计划阐述； （3）知情同意书。 7.提供从生产厂家到医疗机构全链条供货协议，协议中应明确双方责任与义务 8.承诺书：临床急需进口医疗器械只在本医疗机构内使用或安装且仅用于所申请医疗目的、对临床急需进口医疗器械的临床使用承担全部责任和所提交资料真实性的自我保证声明（附5）	无

附1

临床急需进口药品备案信息表

药品通用名称 （英文）			
剂型		规格	
包装规格		拟进口数量	
进口口岸		拟进口时间	
药品持证商名称			
药品生产厂名称			
药品生产厂地址		产地	
拟用于适应证			
申请机构	机构名称： 负责人（签名）： 　　　年　　月　　日		（公章）

注：申请单位应为实际使用该临床急需药品的医疗机构。

附2

临床专家意见表

药品通用名称 （英文）			
规格		拟使用数量	
病例简况			
诊治意见			
临床专家签字	签名： 年　月　日		

附3

临床专家简介

临床专家签字	签名： 年　月　日

附4

临床急需医疗器械进口申请表

产品名称 （中英文）				
型　　号		规　格		
包装规格		首次进口		是□　否□
管理类别		拟进口数量		
产品序列号				
生产批号				
器械持证商名称				
器械生产厂名称				
器械生产厂地址		产地		
进口数量使用说明				
病人简要情况说明				
联系人及手机号码				
申请单位	单位名称(公章)： 负责人(签名)： 　　　　　　　　　　年　　月　　日			

附5

承诺书(样板)

本院郑重承诺：

一、本次申请临床急需进口医疗器械只在本医疗机构内使用或安装且仅用于所申请医疗目的；

二、本院对临床急需进口医疗器械的临床使用承担全部责任；

三、本次申请所提交资料，如有不实之处，我们承担由此导致的一切法律后果。

(盖章)

年　　月　　日

五、政策展望

根据项目实地调研和典型企业走访的情况，医疗旅游行业对未来发展的政策诉求集中体现在免税政策、产业发展政策和人才政策三个方面。

（一）医疗器械免税政策

目前，医疗器械的进口免税主要还是依据《财政部 海关总署 税务总局关于海南自由贸易港自用生产设备"零关税"政策的通知》（财关税〔2021〕7号）和《财政部 海关总署 税务总局关于调整海南自由贸易港自用生产设备"零关税"政策的通知》（财关税〔2022〕4号），没有专门针对医疗器械的进口免税清单和具体政策及实施办法。因此，可以针对医疗器械、进口药品制定专门的免税政策。另一方面，目前进口医疗器械政策只适用于医疗企业购买，如果是个人购买一些日常的药械和药品，是无法直接享受到免税政策的。虽然带离药品从某种程度上能够满足医疗旅游患者的需求，但仍存在诸多不便，这在一定程度上抑制了海南医疗旅游市场的发展。因此，未来有必要进行一定程度上的政策填补。

（二）医疗旅游产业发展政策

医疗旅游产业的发展需要有高屋建瓴的产业规划，可以指导产业确立发展目标，为政府招商引资和企业经营决策指引方向。另一方面，医疗旅游产业的发展离不开周边产业的能力提升。产业政策可以立足更高远的布局，加强海南药品和医疗器械的研发，注重与旅游产业的融合，开发更多适应海南自然条件和患者需要的医疗旅游产品。

（三）医疗旅游人才政策

医疗旅游行业发展的一个明显短板就是专业人才缺失。医疗旅游不仅需要大量的高级专业人才，还需要一些既懂医学专业知识又懂旅游和服务的跨专业人才。人才聚集才能真正用好海南的优惠政策，将医疗旅游产业做大做强。因此，关于医疗旅游专业人才的培育在未来有必要进行一定程度上的政策填补，比如可通过增设本地高等院校、完善相关专业设置，加大医护专业、医疗管理、医疗服务人才奖补力度等政策路径来逐步壮大专业人才队伍。

第十一章　会展旅游

一、产业界定和现状分析

（一）产业界定

国际上，会展统称为 MICE 或 Event，意指包括 Meetings（会议）、Incentives（奖励旅游）、Conferencing/Conventions（大型企业会议）、Exhibitions/Exposition（活动展览）和 Event（赛事及社交活动）在内的各项活动。广义的会展旅游是以会议和展览为目的的旅游，包括会议旅游和展览旅游等各种出于工作需要的旅游和奖励旅游。狭义的会展旅游指为会议和展览活动的举办提供展会场馆之外的且与旅游业相关的服务，并从中获取一定收益的经济活动。学术界对于会展旅游的定义主要分为三类：第一类认为会展旅游是一种专项旅游产品或新兴旅游方式，会展业是旅游业的一部分；第二类认为会展旅游是会展业与旅游业互动发展、相互结合的新兴产业；第三类认为会展旅游从属于会展经济，只是为会展经济提供相应的配套旅游服务。综上所述，会展旅游是借助举办会议、研讨、论坛等会务活动以及各种展览和节庆活动而开展的旅游形式，属于商务旅游的形式之一。

（二）现状分析

近年来，海南省高度重视会展旅游发展，立足海南自由贸易港建设，围绕"一中心"的战略目标和"三天堂、一高地"的重要举措，即着力打造国际知名度假天堂、康养天堂、购物天堂和会展高地，最终将海南省建设成国际旅游消费中心。其中"会展高地"是要对标《海南自由贸易港建设总体方案》，紧抓"双循环"新发展格局契机，多措并举刺激"旅游+"和"文化+"相关领域的会展消费，以"两会三展"为抓手办好系列节庆会展活动，把吸引海外旅游消费回流作为消费经济新引擎，提高旅游千亿产业含金量，加快打造全域旅游新格局。

1. 会展企业发展情况

根据海南省会展局"海南省会展业数据统计和资金统计申报系统"在2018年获取的261家会展企业数据，从地区分布来看，上报会展企业仍主要集中在海口、三亚两市，其次为琼海市，与我省会展业的发展区域分布相吻合；从企业类型看，会议型酒店为180家，占比69%，会展服务企业为69家，占比26.4%，会展组织单位为10家，占比3.8%，会展场馆2家，占比0.8%。

2. 会展场馆及会议室情况

（1）会展场馆数量及总体面积

截至2022年6月底，海南省现有海南国际会展中心、博鳌亚洲论坛国际会议中心、海花岛国际会议中心等大型会展场馆10个，展馆面积共约35.28万平方米。此外，全岛还有海南省体育中心、三亚国际体育产业园及海口、文昌、琼海、万宁、陵水、琼中、五指山、白沙、昌江、澄迈等市县的体育馆（场）、文化体育公园、市民广场、文体广场，能为各类会展提供可拓展的办展空间。

表11-1　海南主要会展场馆信息表

序号	名称	地址	展馆面积（万平方米）
1	海南国际会展中心	海口滨海大道	13.62
2	海口国际会展中心	海口滨海大道	3.25
3	博鳌亚洲论坛国际会议中心	琼海博鳌东屿岛	3.70
4	三亚红树林国际会议中心	三亚凤凰路	3.30
5	三亚美丽之冠文化会展中心	三亚凤凰路101号	1.3
6	三亚亚龙湾会议中心	三亚吉阳区吉阳镇龙溪路11号	1.59
7	三亚财经国际论坛永久会址	三亚海棠湾	18
8	三亚保利C+国际博览中心	三亚海棠湾	17.5
9	海花岛国际会议中心	儋州滨海新区	10
10	海花岛国际会展中心	儋州滨海新区	1.8

（2）会议室数量及总体面积

随着全省会议型酒店数量不断增加，1000平方米及500平方米以上会议室数量相应增加。2018年统计的会议室数量共1229个，会议室总体面积247733.71平方米，其中1000平方米以上会议室33个，500平方米以上会议室78个，500平方米以上会议室数量占全省总会议室数量的9%。

表11-2　海南1000平方米以上（含）会议室情况（部分）

序号	企业名称	最大会议室面积（平方米）
1	东方环球（海南）国际会展中心运营管理有限公司	4850
2	中远海运博鳌有限公司博鳌亚洲论坛大酒店	2600
3	三亚亚特兰蒂斯酒店综合体	2300
4	琼海博鳌亚洲湾度假酒店有限公司	2000
5	三亚海棠湾红树林度假酒店	1836
6	海口鲁能希尔顿酒店	1600
7	三亚海棠湾开维万达文华度假酒店	1500
8	三亚香格里拉大酒店	1500
9	三亚海棠湾喜来登度假酒店	1500
10	三亚万丽度假酒店	1430
11	海口丽思卡尔顿酒店	1350
12	三亚亚龙湾环球城大酒店	1330
13	三亚亚龙湾华宇度假酒店	1300
14	海南博鳌国宾馆	1300
15	三亚万达希尔顿逸林酒店	1290
16	三亚美高梅度假酒店	1260
17	三亚喜来登度假酒店	1250
18	三亚康年酒店	1200
19	三亚海棠湾民生威斯汀度假酒店	1200
20	海口寰岛泰得大酒店	1100
21	三亚皇圃大酒店	1100
22	万宁石梅湾威斯汀度假酒店	1100
23	海南蓝湾绿城威斯汀度假酒店	1080
24	国信（海南）龙沐湾投资控股有限公司	1080
25	万宁神州半岛福朋喜来登酒店	1050
26	海南南国威尼斯酒店管理有限公司	1046
27	三亚国光豪生度假酒店	1018
28	三亚湾海居铂尔曼度假酒店	1008
29	三亚天房洲际度假酒店	1000
30	三亚三亚湾喜来登度假酒店	1000
31	文昌金石国际大酒店	1000
32	海南景园悦海湾酒店管理有限公司	1000
33	海南恒盛元棋子湾开元度假村有限公司	1000

3. 会展活动开展情况

近年来，海南凭借气候、政策等优势吸引了更多的会议、展览等会展活动落地，会展活动数量不断增加。2017—2019年海南省会展数据统计分析报告显示，2017年举办展览场次总计50场，展览接待人数共346435人次，使用展馆面积总计443280平方米；举办会议总计13238场，会议接待人数总计1706757人次。2018年举办展览场次35场，使用展馆面积总计580852平方米，举办展览接待人数累计1195776人次；累计举办会议总计21006场，会议接待人数总计2695721人次。2019年累计举办展览总计199场，展览接待人数共计4033150人次；举办会议总计651场，会议接待人数总计286773人次。

表11-3 2017—2019年海南展览与会议数据统计表

年份	展览场次	展览接待人次	会议场次	会议接待人次
2017	50	346435	13238	1706757
2018	35	1195776	21006	2695721
2019	199	4033150	651	286773

海南会展活动不仅在数量、参与人数方面呈现上升的趋势，而且会展活动涉及的领域和举办形式也越来越多样化。除企业年会外，展销会、供货会等也越来越多地选择在海南举办。会展活动主题涉及汽车、医学、电子商务、互联网、物联网、经济、文化创意、投资、商业贸易等诸多领域。

表11-4 海南部分代表性会展活动

类型	代表活动
会议	博鳌亚洲论坛年会（2001年起） 中国数字健康医疗大会 博鳌·健康界峰会 博鳌国际旅游论坛 博鳌国际旅游传播论坛 上汽通用汽车别克市场营销年会 深海能源大会 中国种子大会暨南繁硅谷论坛

续表

类型	代表活动
展览	中国国际消费品博览会 海南世界休闲旅游博览会 海天盛筵——中国游艇、航空及时尚生活方式展 海南国际旅游美食博览会 中国（海南）国际热带农产品冬季交易会 三亚目的地婚礼博览会 世界新能源汽车大会 缤纷海南奥莱生活展 共好海口汽车博览会
节庆	中国（三亚）天涯海角国际婚庆节（1996年起） 海南国际旅游岛欢乐节（2000年起） 海南岛国际电影节 海南省黎族苗族传统节日"三月三"活动 海口冼夫人文化节
赛事	环海南岛国际公路自行车赛（2006年起） 环海南岛国际大帆船赛（2010年起） 万宁日月湾国际冲浪赛 海南高尔夫球公开赛 海南（儋州/三亚/海口）国际马拉松赛 沃尔沃环球帆船赛（亚洲经停点三亚站） 国际汽联电动方程式锦标赛三亚分站赛 全国电子竞技大赛大众公开赛海南站 全国（学生）青年运动会冲浪比赛
演艺	海南草莓音乐节 华晨宇"火星"演唱会 湖南卫视跨年演唱会
其他活动	沉浸式5D幻影时光体验剧场《光景如诗·骑楼》 海南全息音乐灯光秀 美兰区跨年消费季名门广场商圈促消费活动

4.会展旅游发展情况

"十三五"期间，海南会展业发展势头良好。2016—2019年，海南会展业收入年均增长21%，会展业增加值年均增长11.6%，均保持两位数增长。尽管受新冠疫情影响，2020年参会参展人员在琼平均停留时间仍达到3.2天，比2019年同期延长了0.5天，对海南经济恢复与发展起到了积极作用。作为省内会展业的龙头，海口在"十三五"期间的会展收入持续增长。2016年至2019年会展业收入分别为80亿元、103亿元、122亿元、125亿元，年均增长率12.5%。展览面积持续扩大的同时，展会的数量与质量也在同步提升，结构不断优化的会展业已经成为海口城市发展的重要推手。根据中国会展经济研究会《2020年度中国展览数据统计报告》，在提供统计数据的151个城市中，设置政府主管展览业（会展业）部门的共86个，海南省有3个，分别为海南省会展局、海口市会展局、三亚商务会展局；成立展览业（会展业）民间社团（协会、商会、学会）的共86个，海南省会展业协会民间社团有3个，分别为海南省会展业协会、海南省会展旅游与展览行业协会、海口市会议展览业协会。国际展览项目协会、国际展览协会中国会员及展会认证情况统计中，至2020年底，IAEE（国际展览和项目协会）在中国大陆地区的企业会员达68个，其中有5个位于海口，分别为海南省会展业协会、海南九目会展服务有限公司、海南同鑫展览服务有限公司、海南逸展宏图文化传媒有限公司、鑫之源海南文化传媒有限公司。海南累计有4所本科院校开设会展经济与管理专业，海口和三亚各自拥有2家，海口同时拥有4家开设会展专业的专科院校。

二、自由贸易港相关政策解读

（一）政策索引

1. 会展旅游企业进口展品"零关税"类

HZ01《商务部等20部门关于推进海南自由贸易港贸易自由化便利化若干措施的通知》（商自贸发〔2021〕58号）

HZ02《财政部 海关总署 税务总局关于海南自由贸易港交通工具及游艇"零关税"政策的通知》（财关税〔2020〕54号）

HZ03《海南省人民政府关于印发海南自由贸易港"零关税"进口交通工具及游艇管理办法（试行）的通知》（琼府〔2020〕60号）

HZ04《关于发布〈海南自由贸易港交通工具及游艇"零关税"政策海关实施办法（试行）〉的公告》（海关总署公告2021年第1号）

HZ05《财政部 海关总署 税务总局关于中国国际消费品博览会展期内销售的进口展品税收优惠政策的通知》（财关税〔2021〕32号）

HZ06《财政部 海关总署 税务总局关于海南自由贸易港自用生产设备"零

关税"政策的通知》（财关税〔2021〕7号）

HZ07《关于明确海南自由贸易港"零关税"自用生产设备相关产品范围的通知》（财关税〔2021〕8号）

HZ08《财政部 海关总署 税务总局关于调整海南自由贸易港自用生产设备"零关税"政策的通知》（财关税〔2022〕4号）

HZ09《财政部 海关总署 税务总局关于海南自由贸易港原辅料"零关税"政策的通知》（财关税〔2020〕42号）

HZ10《财政部 海关总署 税务总局关于调整海南自由贸易港原辅料"零关税"政策的通知》（财关税〔2021〕49号）

2. 会展旅游企业所得税类

HZ11《关于海南自由贸易港企业所得税优惠政策的通知》（财税〔2020〕31号）

HZ12《财政部 税务总局关于印发〈海南自由贸易港旅游业、现代服务业、高新技术产业企业所得税优惠目录〉的通知》（财税〔2021〕14号）

HZ13《海南自由贸易港鼓励类产业目录（2020年本）》

HZ14《国家税务总局海南省税务局关于海南自由贸易港企业所得税优惠政策有关问题的公告》（国家税务总局海南省税务局公告2020年第4号）

HZ15《国家税务总局海南省税务局 海南省财政厅 海南省市场监督管理局关于海南自由贸易港鼓励类产业企业实质性运营有关问题的公告》（2021年第1号）（扫描二维码点击底部"相关文件"链接）

HZ16《国家税务总局海南省税务局 海南省财政厅 海南省市场监督管理局关于海南自由贸易港鼓励类产业企业实质性运营有关问题的补充公告》（国家税务总局海南省税务局 海南省财政厅 海南省市场监督管理局公告 2022 年第 5 号）

3. 会展旅游企业个人税收类

HZ17《关于海南自由贸易港高端紧缺人才个人所得税政策的通知》（财税〔2020〕32 号）

HZ18《海南省财政厅 国家税务总局海南省税务局 海南省市场监督管理局中共海南省委人才发展局关于落实海南自由贸易港高端紧缺人才个人所得税优惠政策有关问题的通知》（琼财税〔2020〕1019 号）

HZ19《海南省人民政府关于印发海南自由贸易港享受个人所得税优惠政策高端紧缺人才清单管理暂行办法的通知》（琼府〔2022〕31号）

HZ20《海南省财政厅 国家税务总局海南省税务局 海南省人力资源和社会保障厅 海南省市场监督管理局 中共海南省委人才发展局关于进一步明确落实海南自由贸易港高端紧缺人才个人所得税优惠政策有关事项的通知》（琼财支财〔2022〕1211号）

4. 会展旅游产业发展类

HZ21《国务院关于进一步促进展览业改革发展的若干意见》（国发〔2015〕15号）

HZ22《海南省会展业标准体系建设工作方案》（琼商展〔2017〕139号）

HZ23《中共中央 国务院关于支持海南全面深化改革开放的指导意见》（中发〔2018〕12号）

HZ24《海南自由贸易港建设总体方案》（中发〔2020〕8号）

HZ25《海南省商务厅关于印发〈海南省会展业"十四五"发展规划〉的通知》（琼商展〔2021〕73号）

5. 会展旅游企业人员通行类

HZ26《免签证来琼旅游外国人服务和管理办法》（2018年4月20日海南省人民政府令第277号公布）

HZ27《海南省公安厅 海南省旅游和文化广电体育厅关于59国人员入境旅游免签政策注意事项的通告》

HZ28《海关总署关于调整海南进出境游艇有关管理事项的公告》（海关总

署公告2020年第80号）

6. 会展旅游企业奖补类

HZ29《海南省财政厅　海南省商务厅关于印发〈海南省支持会展业发展资金管理办法〉的通知》（琼财旅规〔2020〕11号）

HZ30《海南省财政厅　海南省商务厅关于〈海南省支持会展业发展资金管理办法〉的补充通知》

HZ31《海南省会展产业统计调查制度》

HZ32《三亚市商务局　三亚市财政局关于印发〈三亚市会展业发展专项资金管理办法（修订稿）〉的通知》（三亚市商务局、三亚市财政局，2021年9月23日印发）

HZ33《海口市人民政府办公室关于印发〈海口市扶持会展业发展若干规定（2019年10月修订）〉的通知》（海府办规〔2019〕4号）

HZ34《海南省人民政府办公厅关于促进海南文体会展活动恢复振兴若干措施的通知》（琼府办〔2023〕11号）（有效期截至2024年3月17日）

（二）要点解读

1. 会展旅游企业进口展品"零关税"

（1）进口展品免征关税。中国国际消费品博览会（简称消博会）展期内销售的进口展品税收政策包括3项。①全岛封关运作前，对消博会展期内销售的规定上限以内的进口展品免征进口关税、进口环节增值税和消费税。每个展商享受税收优惠政策的展品销售上限按附件规定执行。享受税收优惠政策的展品不包括国家禁止进口商品、濒危动植物及其产品、烟、酒和汽车。②对展期内销售的超出附件规定数量或金额上限的展品，以及展期内未销售且在展期结束后又不退运出境的展品，按照国家有关规定照章征税。③参展企业名单及展期内销售的展品清单，由海南国际经济发展局或其指定单位向海口海关统一报送。

2. 会展旅游企业所得税类

（2）2025年前，注册在海南自由贸易港并实质性运营的会展旅游企业，符合鼓励类产业目录范围等条件的，可按规定享受15%的企业所得税优惠。对总机构设在海南自由贸易港的符合条件的会展旅游企业，仅就其设在海南自由贸易港的总机构和分支机构的所得，按规定适用15%税率；对总机构设在海南自由贸易港以外的会展旅游企业，仅就其设在海南自由贸易港内的符合条件的分支机构的所得，按规定适用15%税率。

（3）2025年前，对在海南自由贸易港设立的会展旅游企业新增境外直接投资取得的所得，符合条件的，可按规定免征企业所得税。新增境外直接投资所得应当符合以下条件：

①从境外新设分支机构取得的营业利润；或从持股比例超过20%（含）的境外子公司分回的，与新增境外直接投资相对应的股息所得。

②被投资国（地区）的企业所得税法定税率不低于5%。

2035年前，对注册在海南自由贸易港并实质性运营的会展旅游企业（负面清单行业除外），减按15%征收企业所得税。

3. 会展旅游企业个人税收类

（4）2025年前，对在海南自由贸易港工作的会展旅游企业高端人才和紧缺人才，其个人所得税实际税负超过15%的部分可以享受免征优惠政策。享受优惠政策的所得必须来源于海南，即会展旅游业高端紧缺人才从海南取得的综合所得（包括工资薪金、劳务报酬、稿酬、特许权使用费四项所得）、经营所得以及经海南省认定的人才补贴性所得，相应税款在海南缴纳。

（5）会展业高端人才和紧缺人才享受15%的税收优惠政策应满足两大条件：

①一个纳税年度内在海南自由贸易港累计居住满183天（2023年1月1日起执行，2024年汇算清缴2023年度个人所得税起适用），"连续缴纳社保6个月以上"条件执行至2023年汇算清缴2022年度个人所得税结束。

②属于海南省各级人才管理部门所认定的人才或一个纳税年度内在海南自由贸易港收入达到30万元人民币以上（海南省根据经济社会发展状况实施动态调整）。

（6）2035年前，对一个纳税年度内在海南自由贸易港累计居住满183天的会展旅游产业链企业或机构人员，其取得来源于海南自由贸易港内的综合所得和经营所得，按照3%、10%和15%三档超额累进税率征收个人所得税。

4. 会展旅游产业发展类

（7）政策支持建设区域性国际会展中心，鼓励会展旅游企业积极参与。

（8）政策允许外国人以商贸、会展、体育竞技等事由申请免签入境海南。

（9）政策支持59国人员赴琼享受入境旅游免签政策。

（10）政策支持会展旅游业实行注册资本认缴登记制、简化经营范围登记、放宽住所登记条件、实行企业年度报告制度等市场准入的创新举措。

（11）政策支持会展旅游业等九大行业享受25条税收优惠政策。

（12）会展旅游业获得财政扶持的力度进一步加大，扶持范围更宽、扶持金额提高，并能得到资金重点倾斜。本地自主品牌、小微企业将依据企业对地方贡献增量享受财政资金扶持。

（13）政策支持会展旅游业在价格、费用、土地、人才等供给要素方面享受重点服务业产业发展待遇。

（14）省级会展资金重点支持引进国内外重大会展品牌，大力培育省内现有重点专业展览或会议，积极打造一批国内外知名会展品牌。

（15）积极吸引国内外知名会展品牌来海南办会办展，引导推动海南省会展业向特色化、品牌化、国际化、专业化、市场化和创新化发展。

（16）对省政府主办或者参与主办的专业展览或会议列入承办的省级产业主管部门年度预算执行。鼓励市场化办展办会，对省政府主办的大型展览或会议的支持资金预算逐年减少。

（17）政策提出要把海南打造成区域性国际会展中心，将会展业提升为省级十二个重点产业之一，将海南建设成为会展高地。

（18）政策支持海南举办中国国际消费品博览会和海南岛国际电影节。

（19）政策支持国家级展会境外展品在展期内进口和销售享受免税政策。

（20）政策支持开展各类会展活动，开发高端会展旅游产品，完善配套服务设施，促进会展与旅游、文化、体育、科技等融合发展，建设会展旅游目的地。

（21）会展旅游产业各类人才可以按照相关政策，在落户、住房、子女教育、医疗保障、个人所得税优惠等方面享受相应的服务保障待遇。

（22）政策支持会展旅游企业与科研院所、普通高等院校、职业院校（含技工学校）开展合作办学，共同建设会展人才培养基地。

（23）政策支持会展旅游企业依法发行企业债券，优化融资结构。鼓励金融机构提供贷款、融资担保等金融服务。

（24）政策支持举办海南自由贸易港国内国际展会、论坛、交易等活动，建设会展旅游产业交易、交流、合作平台。

5. 会展旅游企业人员通行类

（25）政策支持将赴海南旅游的免签旅游团国家由26国放宽到59国，将外国游客入境海南的免签停留时间延长至30天，将团队免签放宽为个人免签。

（26）政策支持并拓展外国人免签入境渠道，规范外国人免签入境预申报信息标准，将旅行社邀请接待模式扩展为外国人自行申报免签入境或通过单位邀请接待免签入境。

（27）政策支持并扩大外国人免签入境事由，在59国人员入境海南旅游免签基础上，允许外国人以商贸、访问、探亲、医疗、会展、体育竞技等事由免签入境海南，工作、学习事由除外。

6. 会展旅游企业奖补类

（28）政策支持对纳入省政府重点培育的现有品牌专业展览或会议（不含省政府主办或者参与主办的专业展览或会议），每届给予组织单位最高不超过500万元奖励。每个专业展览或会议除首届之外，第二、三届分别按其实际审计金额的95%进行奖励，奖励最多不超过三届。①专业展览的奖励金额按"展览总面积×40元每平方米每天×展期天数×70%+宣传费×30%"的公式计算。若展览中同时举办同一题材的专业会议，其会议部分的奖励金额按"会场总面积×90元每平方米每天×会期天数×70%"的公式计算。②专业会议的奖励金额按"会场总面积×90元每平方米每天×会期天数×70%+宣传费×30%"的公式计算。若会议中同时举办同一题材的专业展览，其展览部分的奖励金额按"展览总面积×40元每平方米每天×展期天数×70%"的公式计算。

（29）政策支持对引进在我省举办列全国同行业内规模排名前三名的专业展览和引进在我省举办的高端国际专业会议，每届额外再给予组织单位200万元的引进费奖励。从首届算起，连续奖励不超过三届；不连续举办或举办超过三届的，不再享受引进费奖励。

（30）海口市对扶持会议的补贴标准：

①国内会议。参会人数在200人以上，会议安排住宿在三星级以上酒店（或相当于该档次），且总间夜数达到400间夜以上，按三、四、五星级酒店分别给予每间夜100、120、150元补贴。使用多星级酒店的，合并计算。对于参会人数达1000人以上的国内大型会议，按照以下标准进行补贴：外来参会人数在1000人以上，给予100万元补贴；外来参会人数达3000人以上，给予120万元补贴；外来参会人数达5000人以上，给予150万元补贴；外来参会人数达7000人以上，给予200万元补贴。

②国际会议。参会人数超过200人以上，其中境外参会人员在50人以上，会议安排住宿在三星级以上酒店（或相当于该档次），且总间夜数达到400间夜以上，按三、四、五星级酒店分别给予每间夜150、200、250元补贴。使用多

星级酒店的，合并计算。对于参会人数达1000人以上的国际大型会议，按照以下标准进行补贴：外来参会人数在1000人以上，给予120万元补贴；外来参会人数达3000人以上，给予150万元补贴；外来参会人数达5000人以上，给予200万元补贴；外来参会人数达7000人以上，给予300万元补贴。

（31）海口市对新培育举办的展览项目的补贴标准：

①按照展览实际销售的标准展位数量进行补贴。每届展览申请补贴的展位规模应不低于150个标准展位（标准展位9平方米/个，特装展位按标准展位折算，与展览区无关的开幕式场地、茶歇、洽谈区、活动区、媒体区、公共服务区不在标准展位计算范围），按实际销售的标准展位数量，前三届给予每个展位补贴600元，第四、五、六届分别按照每个展位补贴500元、400元、300元。游艇、航空器、大型机械等不适合在室内展馆举办的展览，根据实际展览面积乘以0.5的系数折算成标准展位按上述补贴标准给予补贴。

②展位数量达到300个标准展位以上，省外参展商比例不低于30%的展览，对超出300个标准展位以上的展位，每个展位再增加300元的补贴。

③境外参展商展位按实际消费展位价格全额补贴（按当日汇率折算成人民币计价）。

④每届展览补贴总额最高可达160万元。补贴届数原则上不超过6届。

（32）海口市对已举办超过6届的展览项目的补贴标准：

①以前三届展览实际销售的标准展位数平均值为基数，对超出的增加展位进行补贴。对超出基数100、200、300个以上标准展位的，分别按每个标准展位200元、250元、300元的标准予以补贴。超出基数少于100个标准展位的不予补贴。

②对实际展位数达到1000个以上标准展位的展览，对超出1000个标准展位以上的增量进行补贴，每个标准展位补贴金额300元。

③每届展览补贴总额最高60万元。

（33）海口市对引进举办的展览项目的补贴标准：

①展览面积超过5000平方米且折合标准展位数量不少于300个的，每届补贴金额为30万元，在此基础上，每增加1个标准展位给予600元的补贴；为鼓励展览项目在海口市定期举办，以第一届的标准为基数，在其连续举办年份

（届数）内，每届在原资金补贴基础上额外给予20%的补贴，最多补贴三届。

②对国内外知名会展机构举办的全国性流动大型展览项目，原则上按照1.5万平方米且折合标准展位数量不少于900个的条件予以补贴，补贴金额为100万元，每增加1.5万平方米补贴100万元，补贴金额最高可达300万元。

（34）海口市对淡季展览的补贴标准：对每年4月至8月在本市展馆内举办的展览，按展期给予6元每平方米每天的场地租金补贴（最高不超过5天），每个展览的单届场地租金补贴金额最高可达60万元。

（35）海口市对线上展会的补贴标准：在本市注册、纳税的机构或企业，依托自办的实体展会，建立相应的线上展会，产生实际效果的，每届给予5万元的补贴。

（36）三亚市对会议的补贴标准：

①境外会议：参会人数在200人以上，参会人员有来自3个及以上国家或地区（含港澳台地区）人士或国际性组织参加的，其中境外参会人数在25%以上的，给予每间夜200元补贴。单个境外会议补贴总额最高不超过80万元。

②境内会议：参会人数在500人以上，给予每间夜120元补贴。500人以上、1000人以下，单个会议补贴总额最高不超过10万元；1000人以上、3000人以下，单个会议补贴总额最高不超过30万元；3000人以上、5000人以下，单个会议补贴总额最高不超过50万元。

③特大型会议：参会人数在5000人以上、8000人以下，且间夜数达到5000—7999间夜，给予60万元补贴；参会人数在8000人以上，且间夜数达到8000间夜以上，给予80万元补贴。同一主办方在不同时间段分批次举办同一主题的特大型会议，视为一个会议合并申报，不能拆分为多个会议分开申报。

④高端会议或论坛、国际会议：由全球性国际会展组织、国际性组织或国家级行业协会（学会）主办，出席活动的高端嘉宾人数在3名以上或顶尖专家人数在5名以上的国际性、国家级、专业类高端会议或论坛，以及ICCA（国际大会及会议协会）数据库中收录的国际会议，除根据上述会议标准就高申请外，另给予申报单位举办场地租赁费用的全额补贴。⑤淡季办会补贴：对符合本条第①至第④项规定，每年5月、6月、9月举办的会议项目，在按照上述标准就高计算补贴总额的基础上再上浮10%。

（37）三亚市对展览项目的补贴标准：

①新培育类展览项目：第一，由市会展业联席会议认定的符合三亚市产业发展方向，在三亚市首次举办并承诺长期培育的展览活动，每届展览展位数量在200个标准展位以上，前三届给予每届展览补贴金额150万元，后三届给予每届展览补贴金额100万元。补贴届数不超过六届。（举办未满六届，但中途更换展会名称，展会主承办单位、展览题材和内容基本不变的，不视为新创立的展会）；第二，国外参展商比例达35%以上的展览，除按以上标准补贴外，另给予20万元补贴。

②引进类展览项目：在国内外其他城市连续举办三届以上并获得国际展览业协会（UFI）认证的展览项目，所属产业链符合本省市产业发展方向，与三亚市旅游业、热带特色高效农业、现代服务业、高新技术产业等重点产业高度融合且具有带动作用，实际展览面积10000平方米以上且折合标准展位数量不少于500个，给予每届展览补贴金额100万元。为鼓励扩大规模，在连续举办的届数内，以第一届在三亚举办的标准为基数，每增加100个标准展位，给予5万元增量补贴，增量补贴金额不超过50万元。引进类展览连续补贴届数不超过三届。

③淡季办展补贴：对符合本条第①项、第②项规定，每年5月、6月、9月举办的展览项目，在按照上述标准计算补贴总额的基础上再上浮10%。

（38）利用海南省促进经济高质量发展资金支持各类大型会展项目来琼举办，对纳入省政府重点培育的现有品牌专业展览给予最高不超过500万元的奖励；对引进在我省举办列全国同行业内规模排名前三名的专业展览和引进在我省举办的高端国际专业会议给予最高不超过700万元的奖励。鼓励各市县根据实际，围绕参会人数、酒店间夜数、展位数量等制定会展激励政策。

三、基于业务场景的政策综合利好分析

（一）会展旅游企业进口展品"零关税"

根据财政部、海关总署、税务总局联合发布的《关于中国国际消费品博览会展期内销售的进口展品税收优惠政策的通知》（财关税〔2021〕32号），中国国际消费品博览会享受税收优惠政策的进口展品清单规定了消博会进口展品享受零关税的类别、件数或金额上限，综合测算进口展品"零关税"对会展旅游业的综合利好。

表11-5 中国国际消费品博览会享受税收优惠政策的进口展品清单

序号	展品类别	每个展商享受税收优惠政策的数量或金额上限
1	家具	50件
2	服装及衣着附件	30件
3	皮革制品、毛皮制品、人造毛皮制品	30件
4	旅行用品、手提包及类似容器	30件
5	光学、照相、电影仪器及设备	10件，且单件价格不得超过1万美元
6	天然或养殖珍珠、宝石或半宝石、贵金属、包贵金属及其制品	5件，且单件价格不得超过1万美元
7	手表、怀表及其他表	5件，且单件价格不得超过1万美元
8	除上述类别外的其他展品	2万美元

注：上述各类别展品不包括国家禁止进口商品、濒危动物及其产品、烟、酒和汽车。

中国国际消费品博览会是中国首个以消费精品为主题的国家级展会，消博会已与中国进出口商品交易会、中国（北京）国际服务贸易交易会和中国国际进口博览会一道，成为中国主动与世界分享发展机遇的国家级"会展矩阵"，成为中国对外开放的重要公共服务平台，成为更好造福世界各国人民实际行动和生动范例。首届消博会于2021年5月7日至10日在海南省海口市海南国际会展中心举办，会场总占地面积达8万平方米，其中包括6万平方米的国际展区，展品包括化妆品、汽车、游艇和服装等多个品类。共有来自70个国家和地区的1505家企业、2628个消费精品品牌参展，吸引了超过3万名采购商与专业观众，进场人次超过24万。第二届消博会于2022年7月25日至30日在海南国际会展中心举办，来自61个国家和地区的1955家企业、2800多个海内外品牌参展，超4万名境内外采购商和专业观众云集，622件新品首发首秀，"消博成果"引发世界惊叹。第三届中国国际消费品博览会于2023年4月11—15日举办，以"共享开放机遇、共创美好生活"为主题，继续坚持"精品路线"定位，更加聚焦全球消费精品和首发首秀新品。主会场展览面积为10万平方米，其中，国际展区8万平方米。

（二）会展旅游企业所得税优惠

根据HZ11—HZ16涉及会展旅游企业所得税优惠政策，综合测算海南自由贸易港对会展旅游企业缴纳企业所得税的经济性利好。

以海南与内地会展公司缴纳5年企业所得税为例，假如海南省某会展企业丙第一年营业收入为3000万元，营业成本1500万元。受益于海南自由贸易港会展旅游多项利好政策，会展市场日益发展，该会展企业营业收入与成本以20%的比例持续增长。以5年为发展基数，落户海南的会展企业较之于内地可以节省缴纳1116.24万元的企业所得税（表11-6）。

表11-6 海南与内地会展公司缴纳企业所得税历时比较

时间 要素	第一年	第二年	第三年	第四年	第五年
营业收入（万元）	3000	3600	4320	5184	6220.8
营业成本（万元）	1500	1800	2160	2592	3110.4
营业利润（万元）	1500	1800	2160	2592	3110.4
内地公司所得税（万元）	375	450	540	648	777.6
海南公司所得税（万元）	225	270	324	388.8	466.56
内地累计所得税（万元）	375	825	1365	2013	2790.6
海南累计所得税（万元）	225	495	819	1207.8	1674.36
海南会展税收节省金额（万元）	150	330	546	805.2	1116.24

（三）会展旅游企业个人所得税优惠

根据HZ17—HZ20涉及会展旅游企业个人所得税优惠政策，综合测算海南自由贸易港对高端紧缺会展旅游人才个人所得税的经济性利好。

若会展企业高端紧缺人才年度工资薪金的税前收入为100万元，那么按照现行的个人所得税计算（如果不考虑社会保险、公积金、专项附加扣除等因素），应纳税所得额为100万元-6万元=94万元（扣除基本减除费用，每月5000元，一个纳税年度6万元），94万元所对应的税率为35%，速算扣除数为85920元，因此该人才应该缴纳的个人所得税金额为940000×35%-85920=243080元，税负为243080÷940000=25.86%。如果按照2025年之前海南自由贸易港高端紧缺人才个人所得税实际税负超过15%免征的优惠政策计算，那么该会展企业高端紧缺人才享受自贸港个人所得税减免税额为940000×（25.86%-15%）=102084元，这意味着该人才可以免征约10.2万元的个人所得税金额。该项个人所得税优惠政策利于海南省吸引会展旅游行业高端人才，对海南会展旅游行业提质升级具有重要的助推意义。

四、操作指南

（一）申报"零关税"进口展品及企业主体资格

办理事项	责任部门	流程	提交材料	申报入口
申报"零关税"进口展品企业主体资格	海南经济发展局、海口海关	1.参展企业名单及展期内销售的展品清单，由海南国际经济发展局或其指定单位向海口海关统一报送。 2.具体进口报关流程及相关事宜可与主场运输服务商沟通。	1.海运提单正本一份。 2.电放海运提单副本一份。 3.空运提单副本一份。 4.熏蒸证明或非木质包装证明正本一份。 5.消博会进境物资清单一份。 6.装箱单。 7.其他通关所需材料（视产品种类特性单独确定）。 8.展位确认书（由各馆馆长提供）。	网址：http：//hainanexpo.org.cn 中华人民共和国海口海关 电话：0898-68516888

（二）申报会展旅游企业所得税优惠

办理事项	责任部门	流程	提交材料	申报入口
企业办理减按15%的税率缴纳企业所得税	海南省税务局	登录网上电子税务局，按照【我要办税】—【税费申报及缴纳】—【常规申报】路径进入填报。1.预缴申报时，在"中华人民共和国企业所得税月（季）度预缴纳税申报表（A类）"第13行"减：减免所得税额"中选择优惠事项名称"海南自由贸易港鼓励类企业减按15%税率征收企业所得税"并填写本年累计优惠金额。 2.年度申报时，在"中华人民共和国企业所得税年度纳税申报表（A类）"的附表"减免所得税优惠明细表"第28.3行"海南自由贸易港鼓励类企业减按15%的税率征收企业所得税"中填写本年优惠金额。	无	网址：https://hainan.chinatax.gov.cn

（三）申报会展旅游企业个人所得税优惠

办理事项	责任部门	流程	提交材料	申报入口
个人所得税优惠政策	海南省税务局	可在自然人电子税务局WEB端或个人所得税APP上自行申报。 1.登录自然人电子税务局，按照【我要办税】—【税费申报】—【综合所得申报】—【年度汇算】路径进入综合所得年度申报表并填报。 2.选择申报年度和填报方式等有关信息。 3.确认任职受雇单位及其主管税务机关。 4.填报申报表，如需查看明细，点击【详情】进入查看明细数据。 5.填报海南自贸港高端和紧缺人才个人所得税优惠及其他优惠事项。 6.提交申报。此时申报表已填写完毕，确认无误后，依次点击主表右下角的【提交申报】—【确认提交】完成申报。 7.退（补）税。申报完成后如需退税或补税，根据页面提示点击【立即缴款】或【申请退税】。 8.后续操作。可在系统顶部点击【我要查询】—【申报查询】—【更正/作废申报】查看申报信息、更正申报、作废申报等后续操作。	无	网址：https://etax.chinatax.gov.cn/

（四）申报会展旅游业高层次人才认定

办理事项	责任部门	流程	提交材料	申报入口
高层次人才认定	海南省人力资源开发局（省人才服务中心），具有认定权限的市县、园区和用人单位	1.个人申报。会展旅游有关人才个人向所在用人单位提出认定申请，提供有关证明材料，对照《海南自由贸易港高层次人才分类标准（2020）》，选择认定类别，填写海南自由贸易港高层次人才认定申请表或海南省柔性引进高层次人才认定申报表。 2.审核和认定（备案）。申报人所在用人单位对申报人各项条件进行审核。 具有认定权限的用人单位，对符合条件的A、B、C、D类人才作出认定意见后，将认定意见与申请材料报省人才服务中心认定备案；对符合条件的E类人才直接进行认定，将认定名单报省人才服务中心备案。 不具有认定权限的用人单位，对符合条件的A、B、C、D、E类人才作出推荐意见，将申请材料报市县或者重点园区人才服务部门。各相关市县或者重点园区人才服务部门对符合条件的A、B、C类人才作出认定意见后，将认定意见与申请材料报省人才服务中心认定备案；对符合条件的D、E类人才直接进行认定，将认定名单报省人才服务中心备案。	1.海南自由贸易港高层次人才认定需提供： （1）近期2寸免冠白底证件照。 （2）劳动合同和任职文件。 （3）身份证件。 （4）申请认定层级和相关佐证材料。 （5）在海南缴纳社会保险记录单和个人所得税清单。 （6）申报人所在单位的营业执照和法人身份证件。 （7）海南自由贸易港高层次人才认定申请表。 2.海南省柔性引进高层次人才认定需提供： （1）近期2寸免冠白底证件照。 （2）柔性引才协议（聘期在3年以上且已在海南服务1年以上）。 （3）身份证件。 （4）申请认定层级和相关佐证材料。	网址： https:// wssp.hainan.gov. cn/hnwt/

续表

办理事项	责任部门	流程	提交材料	申报入口
高层次人才认定	海南省人力资源开发局（省人才服务中心），具有认定权限的市县、园区和用人单位	3.发证。省人力资源开发局（省人才服务中心）对符合条件的A、B、C、D类人才颁发相应的海南自由贸易港高层次人才证书；授权具有认定权限的市县和省重点园区人才服务部门对符合条件的D、E类人才颁发相应的海南自由贸易港高层次人才证书；授权具有认定权限的用人单位对符合条件的E类人才颁发相应的海南自由贸易港高层次人才证书。	（5）为海南提供服务1年以上相关佐证材料（如工资单、个人所得税记录等）。（6）申报人所服务单位的营业执照和法人身份证件。（7）海南省柔性引进高层次人才认定申报表。	网址： https://wssp.hainan.gov.cn/hnwt/

（五）申报会展旅游企业业绩奖补资金

办理事项	责任部门	流程	提交材料	申报入口
会展奖补资金	海南省商务厅	1.专业展览或会议完成后，申报单位向省级产业主管部门分别提交申报材料的纸质版和电子版各一份。2.符合《海南省支持会展业发展资金管理办法》第七条第（二）（三）（四）项条件的专业展览或会议完成后，承办的省级产业主管部门应对申报单位的资金申报情况聘请第三方机构进行审计，并对资金申报的真实性、完整性、合规性等负责，审计结果在官方网站公示。	1.海南省促进经济高质量发展资金申报表。2.市场监督管理部门颁发的营业执照或民政部门颁发的社会团体法人登记证书复印件。3.活动总结报告（含活动实施方案、组织单位简介、展览或会议规模、宣传及成果等内容）以及符合《海南省支持会展业发展资金管理办法》第十五条要求的承诺书。	无

续表

办理事项	责任部门	流程	提交材料	申报入口
会展奖补资金	海南省商务厅	3.公示结果无异议后拟定资金拨付方案报省商务厅汇总。省商务厅根据年度会展计划安排，每年分三批次将会展资金分配方案报送省政府审定，省财政厅根据省政府的批准意见和国库集中支付相关规定拨付资金到省级产业主管部门，由省级产业主管部门将资金拨付到申报单位。	4.体现活动现场全貌的视频与照片、会刊以及场地租赁合同（应包括场地使用面积等内容）与发票、宣传广告合同与发票、银行转账凭证等材料复印件。 5.专业展览除提交前四项材料外，还需提交现场展位布置图（含展览总面积、展位数量等内容）、参展商名录（含参展商名称、国别、联系人及联系电话、展位号等内容）、采购商名录（含采购商名称、国别、联系人及联系电话等内容）。 6.专业会议除提交前四项材料外，还需提交会场布置图（含会场总面积、座位数量等内容）、参会高端嘉宾现场参会照片及名录（含姓名、工作单位、职务、联系方式、国别、成就简介等内容）、参会代表名录（含姓名、工作单位、职务、联系方式、国别等内容）。 7.专业展览或会议的组织单位超过一家的，还需提交其他共同主办或承办单位的授权文件。	无

续表

办理事项	责任部门	流程	提交材料	申报入口
会展奖励申报	海口市会展局	项目申请单位应于活动举办前20日提交备案材料。为做好项目统筹管理，各项目申请单位应于每年10月底前向市商务局提交下年度会展项目备案材料，每年6月底前可以补报当年下半年会展项目材料。	备案材料清单： 1.申报项目备案表。 2.政府部门（含行业协会）同意作为项目组织机构的批准文件。 3.申报委托书（由多个单位共同举办的项目，委托其中一个单位负责申报，主办单位盖章）。 4.申报单位营业执照副本（或三证合一）、法人代表身份证复印件。 5.展览项目提供活动方案。 评估材料清单： 1.评估申请。 2.会展业发展专项资金申请表。 3.未获得市财政其他资金支持的说明。 4.会议项目提供会议通知及议程、会议活动方案、会议指南等。 5.展览项目提供展位总平面图和各展馆展位平面图、参展企业名录。	无

续表

办理事项	责任部门	流程	提交材料	申报入口
会展奖励申报	海口市会展局	项目申请单位应于活动举办前20日提交备案材料。为做好项目统筹管理，各项目申请单位应于每年10月底前向市商务局提交下年度会展项目备案材料，每年6月底前可以补报当年下半年会展项目材料。	6.会展活动应急预案和公安部门关于大型群众性活动的批复文件。 总结材料： 1.海口市会展业专项资金申请表。 2.项目场地租赁合同及发票。 3.项目总结。 4.会议项目提交酒店出具的住宿证明、酒店住宿水单等相关证明；如申请国际会议补贴还需提供全部境外参会名单表及不少于50人的境外参会人员护照复印件。 5.项目现场彩色照片（会议项目3张；展会项目不少于6张，包括开幕式、特装展位、标准展位、配套活动等）。 6.展览项目提供展会宣传和专业观众证明材料，包括： （1）宣传广告费清单、宣传广告合同及发票复印件。 （2）专业观众邀请费（交通、住宿）清单、专业观众名单、专业观众邀请（交通、住宿）费用发票复印件。	无

续表

办理事项	责任部门	流程	提交材料	申报入口
会展奖励申报	三亚商务局	1.项目预申报：申请单位向市商务局提交预申报材料。市商务局对活动材料进行初审，并告知初审结果。(仅限会议类和展览类项目) 2.联席会议认定：召开市会展业联席会议审议项目举办的必要性，评估预期效果，形成会议认定结论。(仅限展览类项目) 3.现场核查：会议项目预申报初审通过，展览类项目经预申报初审通过、联席会议认定同意举办后，由市商务局委派第三方机构在活动当天进行现场核查，核实活动真实性、内容及规模，并出具现场核查结果。(仅限会议类项目和展览类项目) 4.部门审核及专项审计：经现场核查通过的会议类和展览类项目提交书面总结材料，其他项目提交书面申报材料。市商务局审核申报项目资料的完整性，并将资料完整的项目交由第三方专业会计师事务所审核，重点审查项目的合规性、资料的真实性。 5.联席会议审议：经审计合格的项目上报联席会议审议，形成会议审议结论。(仅限展览类项目)	会展项目结束后20个工作日内，申请单位应向市商务局提交项目总结材料，具体如下： 1.项目总结报告。 2.三亚市会展业发展专项资金项目现场核查表。 3.酒店住宿清单(含流水)、场地租赁及住宿发票原件及复印件、参会人员名单及签到表(会议项目提供)，高端会议或论坛、国际会议还需额外提供会场布置图、高端嘉宾现场参会照片及名录；场地租赁发票原件及复印件、参展合同原件及复印件及参展商名录、实际展位平面图、当届会刊(展览项目提供)。 4.申报企业近三年内获得财政扶持资金的说明。 5.对申请材料真实性负责的声明。 6.绩效自评报告(新培育类展览项目)。	无

续表

办理事项	责任部门	流程	提交材料	申报入口
会展奖励申报	三亚商务局	6.政府批准：结合审计结果及联席会议审议结果，市商务局拟定会展项目资金分配方案，上报市政府批准。 7.结果公示：经市政府批准的资金分配计划在市政府门户网站和市商务局网站进行公示，公示期为5个工作日。 8.资金支付：公示期无异议后，由市财政局根据审批结果，按国库集中支付相关规定拨付资金到市商务局，后由市商务局按程序将资金拨付至获批单位。	7.三张以上能大致反映会议规模的会场照片。 8.活动现场视频。 9.所有展位照片。	无

五、政策展望

（一）进一步放宽进口展品免税清单和额度

中国国际消费品博览会是海南乃至全国的"会展高地"，是会展业的领头羊和桥头堡，应充分考虑其示范作用，将进口展品清单的品类向离岛免税的品类看齐，并将汽车等耐用品纳入其中，享受限量和限额免税待遇；可充分释放中国国际消费品博览会参展观众的消费潜力，考虑增加针对参展观众的消费清单及提高免税额度，整体上可以纳入离岛免税额度或单设10万元的免税消费额度；可充分发挥中国国际消费品博览会的示范价值，策划包括旅游、海洋、文化艺术等更多的国家级主题展会落户海南自由贸易港，为扩大开放做出更为积极的贡献。

（二）进一步放宽会展人员入境限制

可延长免签外籍人员在海南的停留时间，实现给予免签入境人员30日以上的停留期限，研究建立国别免签停留政策，对不同国家人员适用不同的免签停留期限。与此同时，可以评估调整免签国家范围，综合考虑海南对外交往和旅游市场需求，会同有关部门开展综合评估，对适用免签入境政策国家名单进行适时调整。

（三）进一步吸引国际会展机构落户和加大会展奖补力度

借鉴《三亚市会展业发展专项资金管理办法（修订稿）》中对全球性国际会展组织来三亚设立总部的奖励措施，吸引更多的国际会展组织落户海南自由贸易港。同时，加大对新办的主题鲜明、特色突出的区域性会展项目和国际性会展品牌的奖励力度，并加大持续举办的品牌会展项目的扶持和奖励力度。

第十二章　体育旅游

一、产业界定和现状分析

（一）产业界定

体育旅游是旅游产业和体育产业深度融合的新兴产业形态，是以体育运动为核心，以现场观赛、参与体验及参观游览为主要形式，以满足健康娱乐、旅游休闲为目的，向大众提供相关产品和服务的一系列经济活动，涉及健身休闲、竞赛表演、体育设施管理、体育用品销售、体育教育等业态。体育旅游是体育与旅游相互融合交叉的部分，它同时体现了体育和旅游的社会性。体育旅游是人类社会生活中的一种新兴旅游活动，它属于社会体育的一个产业分支，也是旅游的重要组成部分，是特种旅游的一个类别。目前，在海南发展迅速、特色鲜明的体育旅游主要有低空旅游、潜水旅游和冲浪旅游。

1. 低空旅游

通用航空指除军事、警务、海关缉私飞行和公共航空运输飞行以外的航空活动，包括从事工业、农业、林业、渔业、矿业、建筑业的作业飞行和医疗卫生、抢险救灾、气象探测、海洋监测、科学实验、遥感测绘、教育训练、文化体育、旅游观光等方面的飞行活动。本指南中通航飞行指除公务飞行和无人驾驶航空器飞行以外的通用航空飞行活动。通用航空作为支持国民经济建设的重要手段，具有民航运输活动的安全、高速、舒适、公共性、国际化等共性特点，还具通用性、机动性、专业技术性、经济调节性、地区差异性等个性特点。低空旅游是通用航空不断发展壮大的结果。

低空旅游，指在低空空域（在我国原则上指真高1000米以下的垂直范围），依托通用航空运输、通用航空器和低空飞行器所从事的旅游活动。依据体验方式的不同，低空旅游可分为飞行观光体验、低空体育运动、空中旅游交通和地面航空体验等多种类型。通用航空新消费领域主要包括航空旅游、航空运动、私人飞行、航空俱乐部等。低空旅游产业指包括低空旅游产品设计开发、低空旅游人才培训、飞行器地面和空中管理、飞行器销售、飞行器维修和维护、飞行基地建设、航空俱乐部经营等环节在内的产业生态系统。

2. 潜水旅游

潜水的原意是为进行水下查勘、打捞、修理和水下工程等作业而在携带或不携带专业工具的情况下进入水面以下的活动。后潜水逐渐发展成为一项以在水下活动为主要内容，从而达到锻炼身体、休闲娱乐目的的休闲运动，广为大众所喜爱。潜水旅游指游客穿戴潜水装具到水下或海底去观赏水下自然生态景观、海底遗物或遗迹的活动。潜水旅游是海南旅游产业的重要组成部分，随着海南潜水旅游产业的发展，潜水旅游也逐步走向规范化和品质化，潜水教练、潜水向导等专业人员专业化程度不断提高，潜水培训产业不断发展。

海南目前有不同类型的潜水类型，包括体验潜水和持证潜水。体验潜水指未取得任何国际或国内潜水组织颁发的潜水员资格证书，在潜水教练或助教带领下进行水底探索的潜水体验活动。持证潜水指取得国际或国内潜水组织颁发的潜水员资格证书，具备自主进行水底潜水能力的潜水活动。

3. 冲浪旅游

海南省是中国拥有海洋面积最大的省份，海域面积约200万平方公里，海岸线总长度为1944公里，是发展冲浪运动和冲浪旅游的优势地区。海南万宁日月湾和三亚海棠湾后海是目前发展较为成熟的冲浪胜地，日月湾更是世界级的浪点。冲浪，指体验者站立在冲浪板上，或利用腹板、跪板、充气的橡皮垫、划艇、皮艇等驾驭海浪的一项水上体验运动。适合冲浪的波浪主要存在于海洋中，但也可以在湖泊或河流中以驻波或潮汐的形式存在。海南以海洋冲浪为主，冲浪者也可以利用人造波浪，例如船只尾波和人造波浪池中产生的波浪。冲浪旅游以冲浪或观赏冲浪比赛为主要目的，涵盖国内及国外旅游。

（二）现状分析

根据世界旅游组织相关报告，新冠疫情暴发前全球体育旅游产业年均增速始终保持在14%的高速增长区间，年均产值已经超过4500亿欧元，远超旅游业4%—5%的增速。我国体育旅游产业正处于快速增长期，据企查查数据，截至2021年底，我国体育旅游相关企业51.15万家，其中2019年新增9.45万家，

2020年新增10.73万家，2021年上半年新增7.47万家，同比增长174.4%。但是，体育旅游线路目前只占旅游市场的5%左右，与国外体育旅游占比总产值的20%相比还有很大的发展差距。因此，我国体育旅游市场还具有非常广阔的前景，我国体育旅游消费或将迎来爆发式增长，呈现出创新性、动态性和群体性的特征。

海南发展体育旅游产业具备一定的优势条件，主要体现在以下四方面：

一是得天独厚的自然和气候资源。海南是我国南部的岛屿，属热带季风气候，全年开展体育活动受气候限制较小，是开展水上体育、沙滩体育、雨林体育等活动的重要区域。

二是自由贸易港政策优势。旅游业和现代服务业是海南重点发展的两大产业，体育旅游产业备受重视。2020年4月6日，海南省人民政府印发了《海南省国家体育旅游示范区发展规划（2020—2025）》，对发展体育旅游产业进行了宏观部署和安排。

三是体育旅游产品日趋丰富。海南体育+滨海、体育+民俗、体育+探险、体育+健康、体育+科技、体育+极限、体育+会展、体育+演艺等八大"体育+"特色旅游产品体系已现雏形。尤其是水上运动、沙滩运动优势明显，成效颇丰。

四是体育赛事知名度逐渐提高。三亚亚洲沙滩运动会、环海南岛国际公路自行车赛、环海南岛国际大帆船赛、海南国际马拉松赛、海南高尔夫球公开赛等大批具有一定影响力的国际赛事在海南举办，并逐渐成熟，日益成为海南发展体育旅游的重要依托。

目前，海南体育旅游中的主要特色分支有低空旅游、潜水旅游和冲浪旅游等。这些特色体育旅游产业依托海南特有的滨海资源，带动了海南体育旅游产业的整体发展，也为海南旅游产业的升级构建了体验感十足的体育旅游产品体系。

1. 低空旅游

（1）通用航空产业发展现状

通用航空产业是低空旅游发展的基础，目前海南通用航空市场发展现状如下：

第一，通用航空市场快速发展。低空空域管理改革试点的顺利推进，为海南通航产业快速发展创造了良好条件。2020年，全省通用航空有人飞机共执行飞行计划14.71万架次，较2019年增长3.44倍，2021年一季度执行飞行计划7.5万架次；2020年飞行小时数为18689小时，比2019年增长20.5%；开通海口至徐闻、儋州至珠海等短途运输航线，引进金鹿商务航空从北京整体迁入海口江东新区；累计进驻海南的通航企业达到60多家，业务范围从单一的平台作业、观光旅游拓展到体育、公务、航拍、医疗救援、地理探测等众多领域；建成美兰机场航空科技馆、金林甲子通航馆，2012年至2018年连续举办了"飞向北京—飞向太空"全国青少年航空航天模型教育竞赛活动总决赛，有力推广了航空科技文化。

第二，通用机场建设稳步推进。现有东方大田机场、南航通用航空有限公司三亚基地、儋州西庆通用机场等，白沙元门通用机场已完成基础设施待投入使用；有海口美兰国际机场、三亚凤凰国际机场、琼海博鳌机场、三沙永兴机场等兼顾通用航空功能的运输机场4个；有凤凰岛、新海港、海南医学院第二附属医院等100多个具备基本起降功能的直升机临时起降点；有航空飞行营地5个、校园航空飞行营地2所，同时还有多处具备飞行营地颁证标准、已经开展日常飞行活动的场所。

第三，通用航空产业培育初见成效。一是通用航空制造取得突破。海南莱特兄弟航空咨询有限公司开展自制飞机业务，2016年成功组装我国首架在民航局注册的自制类飞机。二是低空旅游业初步形成集聚态势。三亚独特的旅游景区优势资源，吸引了一批开展低空游览的通航企业；陵水和万宁海岸线长、地形起伏较大，吸引了一批开展伞降运动的通航企业，行业集聚态势初步形成。三是依托通用机场促进产业集聚。充分发挥现有4个通用机场效能，积极引进国内通航企业进驻，其中金林海口甲子通用机场引进30余家通航企业，发挥较好产业集聚效应。四是无人机新业态起步发展。京东物流于2018年4月在海口、澄迈、保亭等市县试运行无人机物流；菜鸟网络于2019年5月试行无人机物流跨琼州海峡飞行；南方电网海南公司利用无人机开展电力巡线活动，无人机新业态平稳起步。

第四，低空空域划设更加合理。基本完成低空空域管理改革试点任务，进入深化改革阶段。通过改革试点，至2021年共划设三类23个低空空域，其中管制空域10个、监视空域2个、报告空域11个，并划设了3条海口至三亚东中西低空目视飞行航线，连接通用机场、临时起降点、主要景区的低空转场和旅游航线，初步构建了省内低空飞行网络。

第五，服务保障体系逐步完善。一是加强基础设施建设。2011年，完成低空空域对空监视和地空通信设施试点建设项目。2017年，完成低空空域空管服务保障示范区项目。低空空管服务综合保障平台、通航飞行服务站、低空通信台站、通用机场空管一体化系统、"低慢小"移动终端、目视航图系统等一批基础设施设备顺利建成并投入使用。二是强化无人机综合监管。2020年，海南省交通运输厅发布了《海南省民用无人机管理办法（暂行）》，建设无人机综合监管试验平台，实现对省内合作目标无人机的实时管控。2020年已累计对40多万架次无人机实施了全程监管，处置违规飞行事件67起。三是出台地方政府通用航空补贴政策。2016—2018年对通用航空企业开展观光游览、通勤航空飞行作业以及通用航空机场运营给予补贴1227.74万元。

（2）海南低空旅游发展现状

2021年海南省空中游览起降架次、小时数和载客量分别达到9.62万架次、0.74万小时、25.91万人次，分别占全国的63.6%、38%和70%。其中，三亚市空中游览起降架次、小时数和载客量分别为9.48万架次、0.71万小时、25.63万人次，分别占全国的62.6%、36.6%和69.2%。海南低空旅游发展呈现以下特点：

第一，海南发展低空旅游具有优势。海南低空净空率高、空中能见度远，年可飞行日、可供空中游览观光的时间居全国之首，优越的气候条件和碧海、绿岛、金沙滩等优质自然资源是海南发展低空旅游的突出优势。经过几年的发展，海南低空旅游线路、飞行架次、飞行小时等指标均处于国内领先地位，空中观光、娱乐飞行的体验值大大提升，已形成旅游新品牌。

第二，海南发展低空旅游具有政策优势。2010年8月，《关于深化我国低空空域管理改革的意见》（简称《意见》）出台，我国低空旅游产业开始萌芽。2016年11月，原国家旅游局、国家发展改革委、中国民用航空局和国家体育总局印发《关于做好通用航空示范推广有关工作的通知》，进一步推进通用航空旅游，发展多类型、多功能的低空旅游产品和线路，因地制宜，形成低空旅游环线或网络，并推出首批16个通航旅游试点项目。

第三，海南低空旅游产品逐步丰富。低空旅游的发展不仅推动了"国内航空热"，也促使中国通用航空产业链越来越完善，逐步形成产业体系。目前海南低空旅游产品主要有直升机观光游览、天空跳伞和滑翔伞飞行等。2012年，三亚提出建设三亚国际水上飞机中心。三亚国际水上飞机中心将航空功能、旅游功能与三亚市旅游产业结合，成为三亚市重要的旅游活动场馆，是飞行与航空举办高端活动和赛事的场所，也是促进三亚旅游业品质提升的重要载体。海口在琼山区甲子镇建设了金林海口甲子通用机场，这是海南首个公众型通航机场。金林海口甲子通用机场主要以航空体育科技体验为切入点，逐步引入和培育空中旅游、飞行培训、低空空管服务、应急救援、航空俱乐部、航空博物馆及主题酒店、主题民宿等产业链项目，打造通航产业示范区。在这里，游客能享受到乘直升机观湖光山色、住集装箱享园野生活的体验服务。2015年，博鳌直升机低空观光旅游项目正式启动，琼海成为继三亚、海口后第三个开通低空旅游项目的城市。博鳌正式开通博鳌直升机低空观光旅游航线，包括博鳌—海口、博鳌—三亚往返航线，并设立直升机应急救援基地。

第四，低空旅游企业纷纷进驻。目前，海南从事低空飞行旅游的甲类通航企业主要有两家：美亚旅游航空有限公司（简称美亚航空）和海南三亚亚龙通用航空有限公司（简称亚龙通航）。两家公司总部均在三亚。美亚航空主营水上飞机业务，亚龙通航主营直升机业务。2016年初，北京首航直升机股份有限公司进入海南通航市场，开展景区空中观光、护林、防火、飞行训练等多项业务。

2. 潜水旅游

中国潜水旅游的发展历史不长，1995年3月，我国的第一家潜水俱乐部——中国国际潜水俱乐部在广东湛江正式成立，这是我国潜水运动开始为大众所关注的标志性事件。经过近30年的发展，中国许多滨海地区和城市都设有潜水俱乐部，但海南省凭借其独特的地理位置和气候优势，成为我国休闲潜水旅游产业发展最好的省份，三亚更是成为全球范围内接待休闲潜水游客最多的城市之一，同时也被认为是南太平洋最适合潜水的地方之一。截至2015年，三亚珊瑚礁国家级自然保护区内有造礁珊瑚种类110余种，浮游植物也多达130余种，再加之鱼类、甲壳动物等海洋物种十分丰富，能让潜水体验者欣赏到异彩缤纷的海洋世界。

目前海南比较知名的潜点有：（1）三沙：永乐龙洞、鸭公岛、全富岛和羚羊礁；（2）三亚：天涯景区、西岛、大东海、龙仔湾、亚龙湾、西排、蜈支洲岛；（3）陵水：分界洲岛。截至2023年2月，海南持有合法证照经营的潜水企业共有24家。

3. 冲浪旅游

目前海南冲浪旅游发展较好的地区主要是万宁的日月湾和三亚的后海，尤其是万宁的日月湾是公认的国际冲浪胜地。国际冲浪协会执行总裁罗伯特（Robert Fasulo）曾表示，以日月湾为代表的万宁海湾冲浪条件最佳，是经过众多世界级运动员鉴定的"天赐之地"，这也是世界职业冲浪协会和国际冲浪协会将其顶级冲浪赛事设在万宁的重要原因。数据显示，2019年到万宁日月湾冲浪的有11万人次，2020年冲浪人数达到30万人次。截至2022年5月，湾区内正规注册登记的冲浪俱乐部共有35家。

随着冲浪旅游的迅速升温，冲浪相关的产业链亦逐步完善健全，冲浪者、冲浪俱乐部、冲浪培训、冲浪装备、冲浪配套服务（住宿、餐饮）形成极具特色的冲浪社区，为冲浪旅游的进一步发展提供了平台和基础。

二、自由贸易港相关政策解读

（一）政策索引

1. 体育旅游企业进口自用生产设备免税类

TY01《财政部 海关总署 税务总局关于海南自由贸易港自用生产设备"零关税"政策的通知》（财关税〔2021〕7号）

TY02《关于明确海南自由贸易港"零关税"自用生产设备相关产品范围的通知》（财关税〔2021〕8号）

TY03《财政部 海关总署 税务总局关于调整海南自由贸易港自用生产设备"零关税"政策的通知》（财关税〔2022〕4号）

TY04《财政部 海关总署 税务总局关于海南自由贸易港原辅料"零关税"政策的通知》（财关税〔2020〕42号）

TY05《财政部 海关总署 税务总局关于调整海南自由贸易港原辅料"零关税"政策的通知》（财关税〔2021〕49号）

TY06《关于海南自由贸易港交通工具及游艇"零关税"政策的通知》（财关税〔2020〕54号）

TY07《海南省人民政府关于印发海南自由贸易港"零关税"进口交通工具及游艇管理办法（试行）的通知》（琼府〔2020〕60号）

TY08《海南自由贸易港交通工具及游艇"零关税"政策海关实施办法（试行）》（海关总署公告2021年第1号）

2. 体育旅游企业所得税类

TY09《关于海南自由贸易港企业所得税优惠政策的通知》（财税〔2020〕31号）

TY10《财政部 税务总局关于印发〈海南自由贸易港旅游业、现代服务业、高新技术产业企业所得税优惠目录〉的通知》（财税〔2021〕14号）

TY11《海南自由贸易港鼓励类产业目录（2020年本）》

TY12《国家税务总局海南省税务局关于海南自由贸易港企业所得税优惠政策有关问题的公告》（国家税务总局海南省税务局公告2020年第4号）

TY13《国家税务总局海南省税务局 海南省财政厅 海南省市场监督管理局关于海南自由贸易港鼓励类产业企业实质性运营有关问题的公告》（2021年第1号）（扫描二维码点击底部"相关文件"链接）

TY14《国家税务总局海南省税务局 海南省财政厅 海南省市场监督管理局关于海南自由贸易港鼓励类产业企业实质性运营有关问题的补充公告》（国家税务总局海南省税务局 海南省财政厅 海南省市场监督管理局公告2022年第5号）

3. 体育旅游企业个人所得税类

TY15《关于海南自由贸易港高端紧缺人才个人所得税政策的通知》（财税〔2020〕32号）

TY16《海南省财政厅　国家税务总局海南省税务局　海南省市场监督管理局　中共海南省委人才发展局关于落实海南自由贸易港高端紧缺人才个人所得税优惠政策有关问题的通知》（琼财税〔2020〕1019号）

TY17《海南省人民政府关于印发海南自由贸易港享受个人所得税优惠政策高端紧缺人才清单管理暂行办法的通知》（琼府〔2022〕31号）

TY18《海南省财政厅　国家税务总局海南省税务局　海南省人力资源和社会保障厅　海南省市场监督管理局　中共海南省委人才发展局关于进一步明确落实海南自由贸易港高端紧缺人才个人所得税优惠政策有关事项的通知》（琼财支财〔2022〕1211号）

4. 体育旅游产业监管类

TY19《海南省人民政府关于印发〈海南省国家体育旅游示范区发展规划（2020—2025）〉的通知》（琼府〔2020〕23 号）

TY20《海南省"十四五"旅游文化广电体育发展规划》（琼府办〔2021〕25 号）

TY21《三亚地区通用航空空管保障实施细则》（民航局，2020 年 11 月）

TY22《海南省通用航空产业发展"十四五"规划》（海南省交通运输厅，2021 年 12 月 20 日）

TY23《三亚空管站通用航空运行保障规定》（三亚空管站，2022 年 6 月）

TY24《海南省潜水经营管理办法》（海南省人民政府令第 258 号）

TY25《三亚市人民政府关于印发〈水上旅游项目促进和管理办法〉的通知》（三府规〔2021〕17号）

TY26《三亚市潜水旅游服务规范》（三亚市体育旅游协会，2021年11月）

TY27《三亚市冲浪旅游服务规范》（三亚市体育旅游协会，2021年11月）

5. 体育旅游企业奖补类

TY28《海南省人民政府办公厅关于促进海南文体会展活动恢复振兴若干措施的通知》（琼府办〔2023〕11号）（有效期截至2024年3月17日）

（二）要点解读

1. 体育旅游企业自用生产设备货物免税类

（1）政策支持体育旅游企业享受进口所需的辅料等货物"零关税"政策。

（2）政策支持体育旅游企业享受交通工具及游艇"零关税"政策。

（3）政策支持体育旅游企业享受自用生产设备"零关税"政策。

2. 体育旅游企业所得税类

（4）2025年前，注册在海南自由贸易港并实质性运营的体育旅游企业，符合鼓励类产业目录范围等条件的，可按规定享受15%的企业所得税。对总机构设在海南自由贸易港的符合条件的体育旅游企业，仅就其设在海南自由贸易港的总机构和分支机构的所得，按规定适用15%的税率；对总机构设在海南自由贸易港以外的体育旅游企业，仅就其设在海南自由贸易港内的符合条件的分支机构的所得，按规定适用15%的税率。

（5）2025年前，对在海南自由贸易港设立的体育旅游企业新增境外直接投资取得的所得，符合条件的，可按规定免征企业所得税。新增境外直接投资所得应当符合以下条件：

①从境外新设分支机构取得的营业利润；或从持股比例超过20%（含）的境外子公司分回的，与新增境外直接投资相对应的股息所得。

②被投资国（地区）的企业所得税法定税率不低于5%。

2035年前，对注册在海南自由贸易港并实质性运营的旅游景区景点企业（负面清单行业除外），减按15%征收企业所得税。

3. 体育旅游企业个人所得税类

（6）2025年之前，在海南自由贸易港工作的体育旅游类企业高端人才和紧缺人才，其个人所得税实际税负超过15%的部分可以享受免征优惠政策。享受优惠政策的所得必须来源于海南，即体育旅游类高端紧缺人才从海南取得的综合所得（包括工资薪金、劳务报酬、稿酬、特许权使用费四项所得）、经营所得以及经海南省认定的人才补贴性所得，相应税款在海南自由贸易缴纳。

（7）体育旅游类高端人才和紧缺人才享受15%税收优惠政策应满足两大条件：

①一个纳税年度内在海南自由贸易港累计居住满183天（2023年1月1日起执行，2024年汇算清缴2023年度个人所得税起适用），"连续缴纳社保6个月以上"条件执行至2023年汇算清缴2022年度个人所得税结束。

②属于海南省各级人才管理部门所认定的人才或一个纳税年度内在海南自由贸易港收入达到30万元人民币以上（海南省根据经济社会发展状况实施动态调整）。

（8）2035年前，对一个纳税年度内在海南自由贸易港累计居住满183天的体育旅游产业链企业或机构人员，其取得来源于海南自由贸易港内的综合所得和经营所得，按照3%、10%和15%三档超额累进税率征收个人所得税。

4. 体育旅游产业指导类

（9）政策支持"一圈、五区、五极、七核"的理念，统筹全省体育旅游资源，合理谋划体育旅游空间布局，构建以环岛体育旅游圈为引领、五大体育旅游板块为特色、五个体育旅游示范城市为核心、七个体育旅游先行区为示范的"一圈、五区、五极、七核"的空间结构，统筹推进海南省体育旅游有序发展。

（10）政策支持"一圈"环海南岛体育旅游圈建设：推进环岛高铁、环岛高速公路、环岛旅游公路以及环岛游艇码头等配套服务设施建设，提高旅游服务水平。以环岛高铁和环岛旅游公路为骨架，以海口、三亚为核心，发展包括潜水、冲浪、帆船、帆板、游艇、铁人三项等的滨海型或近海型体育旅游产品，沿线合理布局体育旅游产业集聚区、体育旅游小镇等，高品质、高水平发展相关体育旅游产业，以国际型环岛体育赛事活动增强吸引力，构建环海南岛体育旅游圈。

（11）政策支持东南西北中"五区"五大体育旅游板块建设：北部综合体育旅游区（主要包括海口市、文昌市、澄迈县三市县）、南部热带滨海休闲度假体育旅游区（三亚市、乐东黎族自治县、陵水黎族自治县、保亭黎族苗族自治县四市县）、东部会展健康体育旅游区（主要包括琼海市、万宁市两个城市）、西部山地与海上休闲运动体育旅游区（主要包括儋州市、东方市、临高县、昌江黎族自治县四个市县）、中部热带雨林民族特色运动体育旅游区（主要包括五指山市、定安县、屯昌县、琼中黎族苗族自治县、白沙黎族自治县五个市县）。

（12）政策坚持以海口、三亚、儋州、万宁、琼中五个城市为核心的"五极"精品化发展原则，强化海口商务休闲体育旅游特色，突出三亚热带滨海体育旅游优势，展现儋州休闲运动体育旅游魅力，彰显万宁海上运动体育旅游品牌，塑造琼中雨林民俗体育旅游形象，将海口、三亚、儋州、万宁、琼中建设为特色鲜明、功能齐全的体育旅游示范城市。

（13）政策支持建设海口观澜湖体育健康特色小镇、儋州海花岛海上运动休闲度假区、琼海健康运动旅游度假区、万宁冲浪小镇、琼中山地民俗运动旅游体验区、澄迈智力运动产业基地、白沙体育训练基地等"七核"体育旅游先行区，争取在项目开发、规划建设、管理运营、品牌营销等方面成为海南体育旅游发展的有效示范。

（14）政策支持发展的特色运动项目有海滩运动和水上运动。

（15）政策支持体育赛事、体育休闲、体育训练、体育竞技等四大主导体育旅游产品建设。

（16）政策支持海南体育旅游着力发展体育+滨海、体育+民俗、体育+探险、体育+健康、体育+科技、体育+极限、体育+会展、体育+演艺等八大特色产品。

（17）海南低空旅游的空间分布格局，包括三亚独特的旅游景区优势资源，吸引了一批开展低空游览的通航企业；陵水和万宁海岸线长、地形起伏较大，吸引了一批开展伞降运动的通航企业，行业集聚态势初步形成。

（18）海南通过改革试点，截至2021年共划设三类23个低空空域，其中管制空域10个、监视空域2个、报告空域11个，并划设了3条海口至三亚东中西低空目视飞行航线，连接通用机场、临时起降点、主要景区的低空转场和旅游航线，初步构建了省内低空飞行网络。

（19）海南各市县旅游部门结合旅游资源分布情况，引导企业开发跳伞、滑翔伞、热气球、动力伞、飞艇等多元化旅游产品，推动低空旅游与户外极限运动、水上运动、自驾露营等旅游新业态结合，利用城市宣传册、旅游地图、旅游网站等积极帮助通航企业宣传推广低空旅游项目。

（20）航空器驾驶员应当按照相关法规规章和管理部门的要求自行保持飞行安全间隔，通用航空器之间、通用航空器与其他航空器之间的间隔，通用航空器距离地面障碍物的安全高度由航空器驾驶员负责。从事通用航空活动的民用航空器之间的飞行冲突，由从事通用航空活动的单位、个人按照相关军航飞行管制部门要求自行协调。

（21）通用航空活动驾驶人未与三亚塔台管制室或三亚进近管制室建立无线电联系并取得管制许可的，不得擅自进入管制范围边界及其以外20公里空域。因紧急情况，通用航空活动临时需要进入以上空域的，必须向相应的民航管制室申请，同意后可以进入，进入时机、进出方法、动态通报等按民航管制室要求执行。

（22）飞行时间超过三个月的，三亚空管站管制运行部应与通航运营人签订低空运行保障协议。为提升通用航空活动审批效率，飞行计划实施前，三亚空管站管制运行部可组织专项会议，评估低空运行影响和制定防控措施，并以会议纪要的形式确定保障事宜。

（23）飞行时间未超过三个月的，飞行计划实施前，三亚空管站管制运行部可组织专项会议，评估低空运行影响和制定防控措施，并以会议纪要的形式确定保障事宜。

（24）发展短途运输与公务航空。着眼海南岛内、岛际及与周边大陆地区旅客、货物、邮件运输需求，以省际航空运输和满足"低空旅游"建设为导向，大力发展短途运输，提供直升机、水上飞机和小型运输机等多样化机型服务，拓展海南至粤港澳、北部湾、三沙以及东南亚的短途运输航线，构建省内低空目视航线网络，满足区域间快速交通出行和高效物流需求。强化公务航空服务保障能力，在琼海博鳌机场开辟专门的公务航空运营服务保障功能区域，研究扩建或新建海口、三亚等地的通用机场以满足轻型公务机起降需求，缓解三亚凤凰国际机场及海口美兰国际机场公务航空时刻压力，打造运输机场与通用互为补充的区域公务航空运营网络，开展针对高净值人群的高端公务航空业务。

（25）政策支持做大做强低空旅游业。完善岛内"三横三纵"的低空航线，构建水陆联动、全域全季的特色低空休闲旅游产品体系。加强对低空旅游项目的开发引导，将低空旅游作为我省旅游业发展的一个重要方向，纳入省（市、县）旅游发展规划。各市县旅游部门结合旅游资源分布情况，引导企业开发跳伞、滑翔伞、热气球、动力伞、飞艇等多元化旅游产品，推动低空旅游与户外极限运动、水上运动、自驾露营等旅游新业态结合，利用城市宣传册、旅游地图、旅游网站等积极帮助通航企业宣传推广低空旅游项目。加强行业规范化、标准化建设，鼓励行业协会组织发展和开展行业自律，逐步形成统一规范、竞争有序的良好市场环境。

（26）政策支持推进飞行营地建设。结合通用机场建设，新增10个左右各具特色的公共航空飞行营地，加强现有航空飞行营地的运营和接待能力，丰富产品种类，引导旅行社和经营企业将航空运动体验项目与景区门票、住宿、餐饮、娱乐项目打包融合，延伸产业链，提供增值服务。支持和引导旅游景区、旅游度假区、乡村旅游区等根据自身特点建设特色航空飞行营地，鼓励航空飞行营地与生态、住宅、文化、娱乐、美食街等综合开发建设，打造航空运动服务综合体。

（27）政策支持推动航空会展与交易中心建设。开展"海南国际航空嘉年华""通用航空休闲运动器材展"等主题的航空会展、论坛活动，邀请国家相关政府、协会等单位和国际知名的制造、运营等厂商开展通用航空产品推介会、展销会，带动交通、住宿、餐饮、旅游、金融等服务产业消费链快速发展，提升海南航空会展的国际化水平。结合航空会展业，凭借海南自由贸易港政策优势，建设国际通用航空器展示交易中心，吸引国际知名航空器制造商在海南设立区域总部，鼓励具备一定实力的通航企业建设飞机销售4S店，搭建公务机、商务机交易平台，畅通交易渠道、丰富交易模式，推动通用航空器展销、金融保险等业务发展。

（28）政策支持组织通用航空体育赛事。加强与国际航空联合会、中国民用航空局、国家体育总局、航空类高校、国内外知名俱乐部、航空运动协会等机构单位深度合作，积极承接全国性航空活动或航空赛事，联合有关机构在海南策划举办环岛飞行拉力赛、无人机竞速赛、花样跳伞赛等，开展以年度、季度为周期的航空嘉年华、飞行节、飞行表演活动等，打造面向全国乃至东南亚的航空体育品牌赛事，扩大海南航空运动知名度。三亚、琼海、陵水等市县要依托现有航空飞行营地，建设跳伞、滑翔伞等航空体育项目的国际竞赛基地，吸引国家级和省级跳伞队、滑翔伞队等专业队伍进驻，在海南开展常态化试训活动，带动航空运动项目发展。

（29）政策支持建设三亚通航产业园。建设集低空旅游、航空器维修、托管、通航公务机业务、应急救援等功能于一体的军民融合通航产业园，满足三亚地区通航企业保障需求。围绕三亚通航产业园，打造以低空旅游业务为主的产业集群。

（30）县级以上体育行政主管部门负责本行政区域潜水经营活动的指导、监督和管理工作，建立健全潜水经营安全管理制度。

（31）县级以上海洋、旅游、环境保护、交通运输、公安、工商、物价、安全生产等行政主管部门按照各自职责，协同做好潜水经营活动的监督管理工作。

（32）省体育行政主管部门应当会同海洋、环境保护、旅游等行政主管部门按照本省总体规划的要求，科学布局全省潜水经营场所。

（33）禁止在全省潜水经营场所布局以外的区域开展潜水经营活动。

（34）潜水经营项目开发，应当遵守国家和本省环境保护规定，保护海洋生态资源，防止破坏生态，确保经营场所卫生干净整洁。参与潜水活动的单位和个人应当爱护潜水资源、保护生态环境，不得在潜水活动中采挖、破坏珊瑚和水下文物以及捕捞水下动植物。潜水经营者应当引导潜水人员文明潜水，劝阻潜水人员破坏生态环境和违反社会公德的行为。

（35）潜水经营者应当就潜水经营活动的特殊要求和可能危及潜水人员安全的事项，以明示的方式事先向潜水人员作出说明或者警示，并在服务接待、潜水知识培训、配备潜水器材和下潜时向潜水人员讲解潜水安全注意事项。

（36）对患有高血压、心脏病、糖尿病、癫痫、有关眼耳鼻疾病以及醉酒等其他国家规定不适合潜水的人员，潜水经营者应当以明示的方式告知；对明知有上述情形的人员，潜水经营者应当劝阻。

（37）潜水经营者应当将下列事项张贴在经营场所的醒目位置：

①高危险性体育项目经营许可证；

②安全生产岗位责任制；

③安全操作规程；

④潜水设施、设备、器材的使用说明；

⑤潜水技术指导人员、救助人员名录和照片。

（38）无潜水资格证明的人员应当在潜水技术指导人员陪同下进行潜水活动；潜水人员与潜水技术指导人员的比例为1∶1，但浮潜除外；无潜水资格证明的人员潜水下潜深度不得超过10米；禁止在夜间潜水。

（39）潜水经营者应当按照国家规定投保高风险旅游项目责任保险；鼓励潜水人员依法投保意外伤害保险。

（40）市、县、自治县体育行政主管部门应当定期或者不定期检查潜水经营活动，依法履行监督检查职责；潜水经营者应当予以配合，不得拒绝、阻挠。县级以上体育行政主管部门应当建立潜水经营诚信档案，并及时向社会公布。

（41）潜水经营者违反本办法规定，有下列情形之一的，由市、县、自治县体育行政主管部门责令改正，处1万元以上3万元以下罚款：

①未设置紧急救护医务室，并配备必要的救护药品、器械和医务人员的；

②未配备救助人员和相应的急救器具的；

③未搭建潜水平台并设置潜水安全区域标识的；

④未向潜水人员说明、讲解安全注意事项的；

⑤未向不适合潜水的人员明示告知，或者明知而不予劝阻的；

⑥未将潜水安全评价监督表交由潜水人员签字并存档的；

⑦未在经营场所醒目位置张贴许可证，安全生产岗位责任制，安全操作规程，潜水设施、设备、器材的使用说明以及潜水技术指导人员、救助人员名录和照片的；

⑧未制定突发事件应急预案，组织开展应急救援演练的；

⑨潜水经营者拒绝、阻挠市、县、自治县体育行政主管部门监督检查，或

者在检查中弄虚作假的，由市、县、自治县体育行政主管部门责令改正，处1万元以上3万元以下罚款。

（42）在接待处醒目位置公示潜水价目表（包括内容、价格、时长等）、潜水器材（如一次性咬嘴等）价目表、水下拍摄等延伸服务的价目表以及当日海况（包括风力、风向、气温、水温、海面能见度、海浪预报等）。

（43）经营场所必须提供寄存柜、冲淡房、更衣室、洗手间，潜水培训类必须有固定教室。

（44）询问体验者身体状况，告知禁忌潜水症状，让体验者填写健康声明表。

（45）参与潜水活动人员必须购买相关潜水保险。

（46）潜水企业应在醒目位置处张贴投诉联系方式。潜水企业向游客提供的服务信息和广告宣传应当客观真实，不得虚假宣传、误导消费者。潜水企业制定投诉处理机制，对游客投诉情况进行立案调查，给游客及时反馈，并同步报备至三亚市体育旅游协会冲浪潜水旅游专委会。

（47）在接待处醒目位置公示冲浪价目表（包括内容、价格、时长等）、冲浪器材（如冲浪板等）价目表、无人机航拍等延伸服务的价目表以及当日海况（包括风力、风向、气温、水温、海浪预报等）。

（48）经营场所必须提供寄存柜、冲淡房、更衣室、洗手间，冲浪培训类必须有固定教室。

（49）工作人员必须持健康证上岗，仪表端庄、整洁大方。

（50）询问体验者身体状况，告知禁忌冲浪症状，让体验者填写健康声明表。

（51）参与冲浪活动人员必须购买相关冲浪保险。

（52）年龄要求：最低年龄5岁，最高年龄55岁。

（53）人数比例：教练对学员人数最大比例1∶3。

（54）冲浪场所需配备具有救护员资格证书的专职人员负责对各个冲浪点的环境条件进行风险评估，评估内容包括天气、海流、水面条件。若评估显示不能正常冲浪，则应立即暂停冲浪安排。冲浪场所内下海场地应配备急救氧气瓶、担架、救生杆、救生圈、急救药箱及稳定的通信系统和急救船只等。冲浪场所要对冲浪区域进行标识，禁止其他移动船只进入该区域。冲浪场所要有完善的突发事件应急预案，并定期进行演练。

（55）冲浪企业应在醒目位置处张贴投诉联系方式。冲浪企业向游客提供的服务信息和广告宣传应当客观真实，不得虚假宣传、误导消费者。冲浪企业制定投诉处理机制，对游客投诉情况进行调查，给游客及时反馈。

5. 体育旅游企业奖补类

（56）鼓励市场主体利用资源打造山地、水上、沙滩、低空空域等体育消费新业态、新场景项目，发展户外休闲运动和体育旅游。

（57）设立文体专项奖补资金，总规模1.1亿元。其中对传统品牌赛事予以最高不超过5000万元支持。6000万元用于支持市县政府、企业和社会力量举办文化展演和体育赛事活动。体育赛事活动根据层级、规模、影响力等因素给予实际支出最多不超过30%的事后奖补，国际级体育赛事活动最高不超过500万元、全国级体育赛事活动最高不超过200万元、省级体育赛事活动最高不超过100万元，对重大影响力体育赛事通过一事一议方式给予支持。文艺展演奖补根据观演人数对企业进行补贴，观众人数达3万人（含）以上补贴150万元；观众人数达3万人至2万人（含）补贴100万元，观众人数达2万人至1万人（含）补贴50万元。已获得市县支持资金的，省级按照实际支持资金一定比例予以补贴，其中海口市、三亚市、儋州市按20%补贴，其他市县按30%补贴。鼓励市县参照本措施设立专项奖补资金，刺激社会力量投资办展办赛。

三、基于业务场景的政策综合利好分析

（一）体育旅游企业所得税优惠

根据《财政部 税务总局关于海南自由贸易港企业所得税优惠政策的通知》《财政部 税务总局关于印发〈海南自由贸易港旅游业、现代服务业、高新技术产业企业所得税优惠目录〉的通知》政策，综合测算海南自由贸易港对体育旅游企业缴纳企业所得税的经济性利好。

以海南与内地低空公司缴纳5年企业所得税为例，假如海南省某通航企业丙第一年营业收入为4000万元，营业成本2000万元。受益于海南自贸港低空旅游多项利好政策，低空旅游市场日益发展，该通航企业营业收入与成本以20%的速率增长。如表12-1测算所示，以5年为发展基数，落户海南的通航企业较之于内地可以节省缴纳1488.32万元的企业所得税。

表 12-1　海南与内地通航公司缴纳企业所得税历时比较

要素 \ 时间	第一年	第二年	第三年	第四年	第五年
营业收入（万元）	4000	4800	5760	6912	8294.4
营业成本（万元）	2000	2400	2880	3456	4147.2
营业利润（万元）	2000	2400	2880	3456	4147.2
内地公司所得税（万元）	500	600	720	864	1036.8
海南公司所得税（万元）	300	360	432	518.4	622.08
内地累计所得税（万元）	500	1100	1820	2684	3720.8
海南累计所得税（万元）	300	660	1092	1610.4	2232.48
海南低空旅游企业税收节省金额（万元）	200	440	728	1073.6	1488.32

（二）体育旅游企业个人所得税优惠

根据 TY15—TY18 涉及体育旅游企业个人所得税优惠政策，综合测算海南自由贸易港对高端紧缺体育旅游人才个人所得税的经济性利好。

若通航企业高端紧缺人才年度工资薪金的税前收入为 100 万元，那么按照现行的个人所得税计算（如果不考虑社会保险、公积金、专项附加扣除等因素），应纳税所得额为 100 万元–6 万元=94 万元（扣除基本减除费用，每月 5000 元，一个纳税年度 6 万元），94 万元所对应的税率为 35%，速算扣除数为 85920 元，因此该人才应该缴纳的个人所得税金额为 940000×35%-85920=243080 元，税负为 243080÷940000=25.86%。如果按照 2025 年之前海南自贸港高端紧缺人才个人所得税实际税负超过 15% 免征的优惠政策计算，那么该通航企业高端紧缺人才享受自由贸易港个人所得税减免税额为 940000×（25.86%-15%）= 102084 元，这意味着该人才可以免征约 10.2 万元的个人所得税金额。该项个人所得税优惠政策利于海南省吸引通航企业行业高端人才，对海南通航产业提质升级具有重要的助推意义。

（三）海南首架"零关税"直升机

2021 年 8 月 18 日，由意大利阿古斯塔韦斯特兰公司生产的轻型、双发、八座多用途直升机——阿古斯塔 109 型直升机运抵海南完成清关。这架有着"空中法拉利"之称的直升机，由海南海直通用航空有限公司在墨西哥购入、从美国报关进口，货值401.8万元，在进口过程中免征关税、进口环节增值税等，减免税款达61.3万元，减免幅度约15%。能够成功进口海南自由贸易港首架"零关税"直升机，海南海直通用航空有限公司不仅节省了大量成本，还增添了其在海南发展的信心。"一负三正""零关税"政策清单是海南自由贸易港早期收获重要的税收政策清单。《海南自由贸易港建设总体方案》指出，按照海南自由贸易港建设的不同阶段，分步骤实施零关税、低税率、简税制。

（四）低空旅游企业进驻：金林海口甲子通用机场

金林海口甲子通用机场位于海口市琼山区甲子镇益民村，距市区约40千米，距定安县县城约3千米，属A3类表面直升机场，由海南瀚翔航空体育项目投资有限公司投资建设和运营管理。

金林海口甲子通用机场是海南省首个公众开放性通用机场、首个"国家航空飞行营地"，已建成800米跑道（硬化400米）、机库、航管楼、航空飞行营地、航空科普馆、餐饮住宿服务区等配套服务设施。甲子通用机场可开展通航服务保障、航空运动、航空科普教育、航空主题文化旅游等特色核心业务，将竭力打造最具飞行特色的航空创意休闲小镇。

甲子通用机场通过引入专业通航企业，开展体验飞行、航空体育运动、飞行培训、应急救援、基地服务等通航业务运营，承接青少年航空培养教育、航空主题亲子游、党工团活动、VR体验、模拟飞行体验等主题活动。

甲子通用机场航空知识小课堂、手工航模制作、飞行比赛、飞行器参观介绍、航模展厅游览、VR沉浸式体验、飞行器模拟、飞行体验、航空主题用餐等亲子游活动以及青少年研学活动吸引了无数青少年，如航空科普小课堂通过讲述关于航空发展史上的真人真事，带领青少年了解飞机及其背后的故事、飞行器构成和飞行原理，青少年还可以驾驶着航模在优美的环境和宽阔的场地中自由"翱翔"。据2022年数据，金林甲子通用机场自2017年投入试运行以来，已接待各类游客达数万人。

（五）新兴水上运动聚集地：日月湾的"浪人"与旅居生活

海南拥有国内最好的海浪资源，其中万宁的日月湾是世界级的浪点。日月湾位于万宁市兴隆旅游区南部加新、田新二管区之间，西连陵水黎族自治县，以牛岭为界，距离海口市168千米、三亚市87千米，从东线高速公路日月湾入口进入景区只有500米路程，交通十分便利。湾区毗邻兴隆、石梅湾、神州半岛，具有海门奇观、椰林休闲广场、龙王鼎等主要景观。

海南的浪季主要是10月中旬到2月，在此期间稳定的东北季风会为东线下半段（以万宁大花角为分界点）带来高质量的海浪，可以简单理解为逢降温必有好浪。3—5月为春季，此时会有弱东北风、巴士海峡的东风，也会有小南风，浪况不稳定，浪能不大。6—8月为西南季风，没有东北季风稳定，浪点也相对没有冬季那么多，在此期间若有台风，也有会非常好的浪况。9月到10月初一般西南季风会消失，此期间的浪能主要靠台风形成，台风若来自西太平洋，能量则从巴士海峡泄漏进来，东线除大小东海外的所有浪点都会接收到。

2022年5月数据显示，湾区内正规注册登记的冲浪俱乐部共有35家，全市共有50家（大花角、春园湾、神州半岛、石梅湾、新群湾均有冲浪俱乐部分布），有从业冲浪教练员147人，2021年经济收入5000万元。湾区内有商铺26间，酒店3家，从业人员229人。3家酒店分别为森林客栈、日岛融创传奇酒店、青普酒店，其中：森林客栈客房126间，每日最高接待252人，年开房率为90%；日岛融创传奇酒店客房47间，每日最高接待94人，年开房率为84.97%；青普酒店客房28间，年开房率60%；另湾区后侧腹地田新村有大量民宿，另布局有野奢帐篷等业态。湾区内"浪人"经常组织开展沙滩集市、环保公益、after party等活动，时尚健康的冲浪文化氛围浓厚。

（六）新兴体育赛事的进驻：电动方程式锦标赛在三亚

2019年，国际汽联首次将电动方程式（FE）锦标赛2018—2019赛季安排在海南三亚举办，这也是三亚首次承办电动方程式锦标赛。

从赛事主办方的角度考虑，由于海南经济水平、消费能力以及政策等限制，赛事落地海南的相关效益较难达到预期。但在海南建成自由贸易港后，国际赛事与选定的当地赛事承办商的沟通和运营成本都将大幅降低。海南政府对国际赛事在基建、招商等方面的扶持力度亦逐步加大。

从观众角度来看，诸如FE此类商业价值高、观看人数多的国际性体育赛事落地海南，在有落地签乃至免签等出入境新政下，观众尤其是国际观众到场观赛意愿也将大幅增强。

（七）新兴数字化体育旅游：电竞产业蓬勃发展

2019年底，海南省成立了电子竞技代表队，这是国内成立的第一支省级专业电竞队。与此同时，腾讯电竞也多次将电竞活动放在海南举办，例如2019年的LPL全明星周末、2019全球电竞运动领袖峰会暨腾讯电竞年度发布会等。

同年，海南省发布"海南国际电竞港专项政策"——"海六条"。海南将从资金、人才、税收、出入境、赛事审批和传播六个方面为电竞企业提供支持：将提供10亿电竞产业专项发展基金，探索"零关税"与低税率政策、简化出入境手续推进59国落地免签等。

四、操作指南

（一）申报体育旅游企业所得税优惠

办理事项	责任部门	流程	提交材料	申报入口
企业办理减按15%的税率缴纳企业所得税	海南省税务局	登录网上电子税务局，按照【我要办税】—【税费申报及缴纳】—【常规申报】路径进入填报。 1.预缴申报时，在"中华人民共和国企业所得税月（季）度预缴纳税申报表（A类）"第13行"减：减免所得税额"中选择优惠事项名称"海南自由贸易港鼓励类企业减按15%税率征收企业所得税"并填写本年累计优惠金额。 2.年度申报时，在"中华人民共和国企业所得税年度纳税申报表（A类）"的附表"减免所得税优惠明细表"第28.3行"海南自由贸易港鼓励类企业减按15%的税率征收企业所得税"中填写本年优惠金额。	无	网址：https://etax.hainan.chinatax.gov.cn

（二）申报体育旅游企业个人所得税优惠

办理事项	责任部门	流程	提交材料	申报入口
个人所得税优惠政策	海南省税务局	可在自然人电子税务局WEB端或个人所得税APP上自行申报。 1.登录自然人电子税务局，按照【我要办税】—【税费申报】—【综合所得申报】—【年度汇算】路径进入综合所得年度申报表并填报。 2.选择申报年度和填报方式等有关信息。 3.确认任职受雇单位及其主管税务机关。 4.填报申报表如需查看明细，点击【详情】进入查看明细数据。 5.填报海南自由贸易港高端和紧缺人才个人所得税优惠及其他优惠事项。 6.提交申报。此时申报表已填写完毕，确认无误后，依次点击主表右下角的【提交申报】—【确认提交】完成申报。 7.退（补）税。申报完成后如需退税或补税，根据页面提示点击【立即缴款】或【申请退税】。 8.后续操作。可在系统顶部点击【我要查询】—【申报查询】—【更正/作废申报】查看申报信息、更正申报、作废申报等后续操作。	无	网址：https://etax.chinatax.gov.cn

（三）申报体育旅游高层次人才认定

办理事项	责任部门	流程	提交材料	申报入口
高层次人才认定	海南省人力资源开发局（省人才服务中心），具有认定权限的市县、园区和用人单位	1.个人申报。体育旅游有关人才个人向所在用人单位提出认定申请，提供有关证明材料，对照《海南自由贸易港高层次人才分类标准（2020）》，选择认定类别，填写海南自由贸易港高层次人才认定申请表或海南省柔性引进高层次人才认定申报表。 2.审核和认定（备案）。申报人所在用人单位对申报人各项条件进行审核。 具有认定权限的用人单位，对符合条件的A、B、C、D类人才作出认定意见后，将认定意见与申请材料报省人才服务中心认定备案；对符合条件的E类人才直接进行认定，将认定名单报省人才服务中心备案。 不具有认定权限的用人单位，对符合条件的A、B、C、D、E类人才作出推荐意见，将申请材料报市县或者重点园区人才服务部门。各相关市县或者重点园区人才服务部门对符合条件的A、B、C类人才作出认定意见后，将认定意见与申请材料报省人才服务中心认定备案；对符合条件的D、E类人才直接进行认定，将认定名单报省人才服务中心备案。	1.海南自由贸易港高层次人才认定需提供： （1）近期2寸免冠白底证件照。 （2）劳动合同和任职文件。 （3）身份证件。 （4）申请认定层级和相关佐证材料。 （5）在海南缴纳社会保险记录单和个人所得税清单。 （6）申报人所在单位的营业执照和法人身份证件。 （7）海南自由贸易港高层次人才认定申请表。 2.海南省柔性引进高层次人才认定需提供： （1）近期2寸免冠白底证件照。 （2）柔性引才协议（聘期在3年以上且已在海南服务1年以上）。 （3）身份证件。 （4）申请认定层级和相关佐证材料。	网址：https://wssp.hainan.gov.cn/hnwt/talent-service

续表

办理事项	责任部门	流程	提交材料	申报入口
高层次人才认定	海南省人力资源开发局（省人才服务中心），具有认定权限的市县、园区和用人单位	3.发证。省人力资源开发局（省人才服务中心）对符合条件的A、B、C、D类人才颁发相应的海南自由贸易港高层次人才证书；授权具有认定权限的市县和省重点园区人才服务部门对符合条件的D、E类人才颁发相应的海南自由贸易港高层次人才证书；授权具有认定权限的用人单位对符合条件的E类人才颁发相应的海南自由贸易港高层次人才证书。	（5）为海南提供服务1年以上相关佐证材料（如工资单、个人所得税记录等）。 （6）申报人所服务单位的营业执照和法人身份证件。 （7）海南省柔性引进高层次人才认定申报表。	网址：https://wssp.hainan.gov.cn/hnwt/talent-service

（四）申请潜水经营许可

办理事项	责任部门	流程	提交材料	申报入口
申请潜水经营	经营场所所在地市、县、自治县体育行政主管部门	1.市、县、自治县体育行政主管部门应当在受理之日起30日内进行实地核查，作出批准或者不予批准的决定。批准的，应当发给高危险性体育项目经营许可证；不予批准的，应当书面通知申请人并说明理由。 2.潜水经营者还应当依照法律、法规规定，办理海域使用许可等相关手续。	1.申请书（包括申请人的名称、地址、经营场所等内容）。 2.潜水设施符合相关国家标准的说明性材料。 3.潜水场所所有权或者使用权证明。 4.潜水技术指导人员、救助人员的职业资格证明。 5.安全保障制度和措施。 6.法律、法规规定的其他材料。	网址：https://wssp.hainan.gov.cn/hnwt/handlingGuideline?id=1400902&sourcekey=33287C6415D946839E7F479B3BBD27AB&rowguid=6907B580-10EC-4B0C-8E89-699970C55EB6

五、政策展望

根据项目实地调研和典型企业走访的情况，体育旅游行业对未来发展的政策诉求集中体现在体育旅游用品免税、产业发展和人才发展三个方面。

（一）体育旅游用品免税政策

目前，体育旅游用品进口免税主要政策依据还是《财政部 海关总署 税务总局关于海南自由贸易港自用生产设备"零关税"政策的通知》（财关税〔2021〕7号）和《关于调整海南自由贸易港自用生产设备"零关税"政策的通知》（财关税〔2022〕4号），没有专门针对体育旅游用品的进口免税制定清单和具体政策及实施办法，因此，可以针对体育用品制定专门的免税政策。

（二）体育旅游产业发展政策

从产业发展来看，体育旅游类企业需要更具体的投资项目指引，以明确在自由贸易港政策下体育旅游类企业的投资方向，并探索出台高水平国际赛事引进、国际体育组织落地、低空旅游等具体体育旅游业态发展等相关政策。

（三）体育旅游人才发展政策

体育旅游行业发展需要大量的专业人才，其不仅需要了解体育与保健等专业知识，还需具备旅游和相关服务技能。体育旅游人才与其他人才明显不同，一般体育旅游方面的人才学历不高，但专业性强，比如潜水教练、冲浪教练、低空飞行教练等，学历普遍较低，但具备很强的专业性。若按照海南自由贸易港相关人才政策，其并不符合人才标准，难以享受相应的激励政策。因此，对体育旅游专业人才来说，有必要进行一定程度上的政策填补，可实事求是，对此类人才重技能、轻学历，相应地降低学历标准，可通过加大奖补力度等政策路径来逐步壮大专业人才队伍。对于体育旅游中的一些高危项目，国外团队已经有相对成熟的管理和培训经验，但是国内相关产业发展相对滞后，人才也十分匮乏，对于此类项目需要加大从国外引进相关人才的力度，需要有更为具体可行的政策支持。

后 记

    2018年4月13日，习近平总书记在庆祝海南建省办经济特区30周年大会上发表重要讲话，提出党中央决定支持海南全岛建设自由贸易试验区，支持海南逐步探索、稳步推进中国特色自由贸易港建设。自此，海南掀起了建设自由贸易港的热潮。为了创造优良的营商环境，构建人文和生态可持续发展的中国特色自由贸易港，海南省密集出台了一系列创新性政策，并确立了以旅游业、现代服务业、高新技术产业和热带特色高效农业为主导的四大产业体系。

    在海南自由贸易港建设如火如荼、集成创新政策层出不穷的背景下，为了便于投资者、相关利益主体和各界群众充分了解海南发展旅游业的相关政策，提高政策的能见度，促进政策落地见效，我厅组织各领域专家学者编撰和推出了《利用海南自由贸易港政策发展旅游业指南》（简称《指南》），作为四大主导产业指南丛书之一。

    旅游业作为海南的四大主导产业之首，在多方面得到了有力的政策支持。但政策展现形式较为多元，缺乏集中、生动的展示方式，宣传效果有待进一步提升。于是，我厅通过全面梳理现有政策、组织旅游业企业座谈、实地走访等形式，一方面充分理解政策导向，另一方面全面了解企业需求，以需求为导向，以便于公众理解和接受为目标，通过一个个鲜活的案例对相关政策进行了生动展示，为旅游企业、其他组织和社会公众了解、获得相关优惠政策提供了明确的索引，为有效获得海南旅游业相关政策开启一扇方便之门。

    《指南》在编撰过程中，先后得到海南省财政厅、国家税务总局海南省税务局、海南省自然资源和规划厅、海南省交通运输厅、海南省生态环境厅、中共海南省委人才发展局、海南省市场监督管理局、中华人民共和国海口海关和中国人民银行海口中心支行等相关单位的有效指导与支持，在此一并表示感谢。

海南省旅游和文化广电体育厅

2023年4月10日